Peter Lüdemann-Ravit

KonfliktSprechStunde

Margit
Jan. 95

Peter Lüdemann-Ravit

KONFLIKT-SPRECHSTUNDE

Konfliktbewältigung
Gerechtigkeit • Recht

Von Krisen umgeben
Sympathien und Antipathien
Heiße und kalte Konflikte
Vernachlässigung sozialer Prozesse
Der Streit als Erfahrungsweg
Konfliktbewältigung ohne Richter
Vor Gericht in Strafsachen –
allgemeinen Zivilsachen –
Ehe- und Familiensachen
Trennung, Scheidung und die
Reorganisation der Familie

Urachhaus

Der Autor

Peter Lüdemann-Ravit, Jahrgang 1950, Studium der Rechtswissenschaften in Freiburg. Nach der Referendarzeit tätig als Jugendstaatsanwalt und Richter in Zivilsachen, zuletzt in Familien- und Vormundschaftssachen. Verheiratet, zwei Kinder. Weitere Tätigkeitsfelder im Bereich struktureller Entwicklungsarbeit selbstverwalteter Institutionen sowie im Umkreis der Bochumer GLS-Bank und der biologisch-dynamischen Landwirtschaft.

Die Deutsche Bibliothek - CIP-Einheitsaufnahme

Lüdemann-Ravit, Peter:

Konfliktsprechstunde : Konfliktbewältigung, Gerechtigkeit, Recht ;
Von Krisen umgeben, Sympathien und Antipathien, Heiße und kalte Konflikte, Vernachlässigung sozialer Prozesse, Der Streit als Erfahrungsweg, Konfliktbewältigung ohne Richter, Vor Gericht in Strafsachen – allgemeinen Zivilsachen – Ehe und Familiensachen, Trennung, Scheidung und die Reorganisation der Familie / Peter Lüdemann-Ravit. -
Stuttgart : Urachhaus, 1994.
ISBN 3-8251-7017-9

ISBN 3-8251-7017-9

Umschlaggestaltung: Rudolf P. Gorbach, Gauting-Buchendorf.
Fotos: FPG/Bavaria (links und oben). Stock Image/Bavaria (rechts).
Druck: WB-Druck GmbH & Co. Buchproduktions KG, Rieden.

Inhalt

Vorbemerkung

Das Recht ist Gegenstand jahrhundertelanger, intensiver kultureller Bemühungen. Im Wandel der Zeiten ist zugleich das Selbstbewußtsein der Menschen herangewachsen, die Bereitschaft, Konflikte auszutragen, hat zugenommen. Das Recht wurde daher mehr und mehr Anliegen des einzelnen. Daß einer ein größeres Durchsetzungsvermögen hat, reicher oder mächtiger ist, das alles ist kein Grund mehr, ihm gegenüber klein beizugeben.

»Ich will mein Recht!« Vorsicht, wenn sich meine geballten Empfindungen in diesem Ausruf entladen wollen, ist höchste Wachsamkeit geboten, denn man ist dabei zu verlieren, und zwar zunächst sich selbst, und dann die Aussicht auf einen gedeihlichen Ausgang des Konflikts. Es ist merkwürdigerweise so. Warum, das soll neben anderem Gegenstand der nachfolgenden Betrachtungen sein, für deren Verständnis keine Rechtskenntnisse vorausgesetzt werden. Eine gewisse Offenheit für psychologische Fragen ist allerdings erforderlich, eine solche für esoterische Zusammenhänge sicherlich hilfreich.

Der Mensch im Konflikt

Ich hieß meinen Schmerz willkommen, er ward mir zum Sinnbilde des allgemeinen Lebens, ich glaubte die ewige Zwietracht zu fühlen und zu sehen, durch die alles wird und existiert in dieser ungeheuren Welt von unendlicher Kraft und von unendlichem Kampf.

FRIEDRICH SCHLEGEL

Von Krisen umgeben – Problemstellung

Zweifellos, wir sind von Krisen umgeben, von ihnen mehr oder weniger betroffen und vielfach in sie verstrickt. In besonderer Weise berühren uns Krisen im zwischenmenschlichen Bereich, die wir als Konflikte in unseren unmittelbaren Lebens- und Arbeitszusammenhängen erleben. Sie stellen sich den von uns gewünschten Entwicklungen entgegen, zerstören Hoffnungen, hinterlassen Wunden und kosten Kraft und Zeit.

Das ist die eine Seite. Auf der anderen Seite ist jede Konfliktsituation eine Herausforderung. Jeder Versuch, einen Konflikt zu bewältigen, birgt die Chance in sich, neue Erfahrungen zu machen und neue Fähigkeiten zu entwickeln. Auch wenn dies regelmäßig mit Ungemach verbunden ist und oft mit Leiden in kaum noch erträglichem Maße, darf eines nicht vergessen werden: Die Freiheit beginnt mit einer Auseinandersetzung. Das Eingebundene ist unfrei.

Das läßt sich im Zusammenhang mit unserem Thema am besten verdeutlichen, wenn wir uns in groben Zügen die Sozialgeschichte der Menschheit vor Augen führen. Wie hat sich im Laufe der Menschheitsgeschichte die Stellung des einzelnen zum Mitmenschen und zum sozialen Verband geändert?

Bis weit in die Jungsteinzeit war der einzelne Mensch das Glied einer Gruppe. Seine Stellung und Funktion in der Gesellschaft war hauptsächlich durch seine Geburt bestimmt und erst in zweiter Linie innerhalb einer fest umrissenen Bandbreite durch besondere Fähigkeiten. Das gesamte Leben, vom Tagesablauf angefangen bis hin zur Wahl des Geschlechtspartners, mit dem er für die Nachkommenschaft zu sorgen hatte, wurde teils durch Traditionen, Sitten und Gebräuche, teils durch heilige Frauen oder Männer wie Schamanen, Eingeweihte der Mysterien oder durch Ratsversammlungen geregelt. Der Mensch war eingebunden in den sozialen Verband, dem er zu dienen und für dessen Existenz und Entfaltung er zu leben hatte. Wenn sich einer dem widersetzte, so zeigte er, daß sich in ihm das Eigenwesen regte, was sofortige Bestrafung nach sich zog. Zeigte er zuviel Eigensinn, wurde er getötet oder aus der Gemeinschaft ausgestoßen. Das war in den frühen Zeiten unserer Geschichte sicherlich notwendig, um das Überleben der sozialen Verbände zu garantieren, ohne die der einzelne seinerseits kaum leben konnte, und ferner, um den Gruppen zu ermöglichen, ihre jeweils eigene Kultur zu entfalten. Eine ganz andere Sache ist es, wenn heute noch, und inzwischen ohne jede Berechtigung, versucht wird, einzelne Menschen zu ausschließlich dienenden, abhängigen Gliedern einer Gruppe zu machen.

Denn bereits gegen das Ende der Jungsteinzeit begannen Menschen im südlichen Mesopotamien und in Ägypten sich aus der unbedingten Einbindung in eine Gruppe zu lösen. Sie entwickelten zunehmend ein stärkeres Selbstempfinden. Erkennbar wird dies daran, daß nun erstmals bedeutende Architektur entsteht. Diese setzt voraus, daß der Mensch sich als Raumeswesen fühlt, also ein gutes Gespür für Höhen, Längen und Richtungen hat. Aber nur wer sich selbst empfindet, kann ein Raumempfinden im architektonischen Sinne haben. Aus dem Gruppenempfinden ist allenfalls die Errichtung von Wohnbauten in einfacher geometrischer Anordnung oder in organischer Zusammenstellung möglich, niemals aber die Konzeption von Tempelanlagen mit bestimmten, von den Baumeistern beabsichtigten Wirkungen, welche die Menschen beim Herannahen an die Anlage, beim Durchschreiten von Alleen, Gängen und Hallen erfahren sollten. Derartiges entsteht erstmals zu Beginn des 3. Jahrtausends v. Chr. in den Städten des südlichen Mesopotamiens und in Ägypten.

In dieser Zeit muß es dort auch zur ersten Gesetzgebung im modernen Sinne gekommen sein. Das heißt, neben die oben beschriebenen frühen Formen, mit denen das soziale Leben der Menschen geregelt wurde, traten nun solche Normen, die in typisch gedanklicher Weise Gebote, und vor allem Verbote abstrakt und generell festlegten und zugleich bestimmten, was im Falle eines Verstoßes gegen die Norm zu erfolgen habe. Die früheste uns bekannte schriftliche Fixierung von Gesetzen ist der Codex Hammurabi aus dem 17. Jahrhundert v. Chr., mit welchem zur Regierungszeit dieses babylonischen Königs in erstaunlich guter juristischer Durchbildung weite Bereiche des damaligen Lebens geregelt wurden.

Regelungen solcher Art kamen dem aufkeimenden Selbstbewußtsein dieser Menschen entgegen. Es waren die ersten Schritte der Befreiung aus der alten Gruppeneinbindung, deren Regelungsformen sie nach und nach ablösten. Eine Staatenbildung aus dem alten Gruppenbewußtsein hätte zu Formen geführt, die stark an die von Ameisen- oder Termitenstaaten erinnert hätten.

Andererseits führte das beginnende Selbstbewußtsein dazu, daß für den einzelnen Menschen nun der andere und die Gesamtheit der anderen zum Problem werden konnte. Genau genommen wurde er, wie wir noch sehen werden, sich selbst zum Problem, was aber dazu führte, daß er nur die anderen als zunehmend schwierig erlebte. Diesen erging es nicht anders, weshalb nun erstmals Individualkonflikte entstehen konnten. Diese treten innerhalb eines sozialen Verbandes auf und haben letztlich ihre Ursache darin, daß die Streitenden aus rein seelischen Gründen »nicht miteinander können«. Möglicherweise ist auch ein Gruppenmitglied aufgrund seelischer Fehlentwicklungen in hohem Maße sozial unverträglich. Daß der Individualkonflikt seine Ursache nicht in dem hat, um was gestritten wird, sondern in der seelischen Konstellation des Menschen, liegt bei jeder Straftat klar auf der Hand. Beim Diebstahl eines Rindes zum Beispiel ist die Tat nur der Anlaß zum Konflikt, ursächlich dafür ist vielmehr das Unvermögen des Täters, mit seinem Wunsch, das Tier zu besitzen, so umzugehen, daß er das Vertrauen der anderen Menschen untereinander nicht verletzt. Nicht viel anders ist es bei den übrigen Konfliktbereichen. Ob jemand zum Beispiel in Babylon für einen Kredit Zinsen bezahlen mußte oder gemäß der entsprechenden Regelung des Codex Hammurabi davon für ein Jahr befreit war, weil ein Unwetter seine Ernte vernichtet hatte, stellte auch dann kein unlösbares Problem dar, wenn angenommen nur 2/3 der Ernte vernichtet waren und der Schuldner die Zinszahlung verweigerte. Bei gemeinsamem Bemühen um Aufklärung des Sachverhalts und Ausgleich der wechselseitigen Interessen war auch damals eine Lösung herbeizuführen.

Wie sehr das Auftreten von Selbst- und Raumempfinden sowie Architektur einerseits und das Entstehen von Individualkonflikten und gedanklich gefaßtem Recht andererseits miteinander verwoben sind, wird deutlich, wenn wir uns das Wort *Recht* genauer anschauen. Es hängt mit dem Verb *richten* und dem Adverb *rechts* zusammen. Es ist also schon rein sprachlich der Zusammenhang mit Raumesrichtungen gegeben.

Auch in anderen europäischen Sprachen finden wir, daß diese Begriffe aus einer sprachlichen Wurzel gebildet werden. Im französischen zum Beispiel bei »droit« und »à la droite«, im englischen bei »right« und »to the right« und im spanischen schließlich »derecho« und »a la derecha«.

Das ist kein Zufall, denn die Raumesrichtungen rechts und links haben für das menschliche Bewußtsein ihre eigene Bedeutung. Hierauf weist Jean Gebser in seinem Werk »Ursprung und Gegenwart«[1] hin. Seit alters her ist die linke Seite die des Unbewußten, des Ungekannten, die rechte Seite dagegen die der Bewußtheit, der Wachheit. Aus diesem Grunde gab man zu den Zeiten, als die Menschen noch nicht die Wachheit unseres heutigen Tagesbewußtseins hatten, der Schrift die Richtung von oben nach unten oder von rechts nach links. Erst im 6. Jahrhundert v. Chr. änderte sich dies, als in Griechenland begonnen wurde, in der uns geläufigen Richtung von links nach rechts zu schreiben. Nach Gebser geschah dies erstmals, als der zentrale Satz der delphischen Mysterien – »Erkenne dich selbst!« – als Inschrift am Tempel des Apollon in Delphi angebracht wurde. Nun waren die Menschen dieser Kulturepoche aber auch auf dem Weg zu einer weiteren Entwicklungsstufe des Bewußtseins, welche die Menschen der vorangegangenen Kulturepoche, die sich durch die Blüte der babylonischen und ägyptischen Kulturen auszeichnete, noch nicht erreicht hatten.

Von wenigen, besonders geschulten Persönlichkeiten abgesehen, lebten die Menschen der babylonisch-ägyptischen Kulturepoche in einem sehr bildhaften Bewußtsein, welches weder zu Abstraktionen, noch zu einem gedanklichen Durchdringen des Zusammenhangs von Ursache und Wirkung in der Lage war. So war zum Beispiel den Ägyptern der damaligen Zeit die Ursache für die jährliche Nilschwelle, also das jährliche Hochwasser des Nils, welches für das gesamte ägyptische Leben von außerordentlicher Bedeutung war, unbekannt. Der Zusammenhang zwischen den Sommerregen des äthiopischen Hochlandes und das anschließende Anschwellen des Flusses konnten nicht gedanklich miteinander in Verbindung gebracht werden. Für das Zusammenleben der Menschen stellte sich bei einer so geprägten Bewußtseinsstruktur die Frage, woher die Handlungsorientierungen genommen werden sollten, da ja die zuvor gegebene, magisch über das Unbewußte erfolgende Steuerung des sozialen Lebens im Schwinden war. An deren Stelle trat die Lehre. Die Babylonier und Ägypter lernten durch Lehrsätze, die nach dem Schema »wenn ..., dann ...« aufgebaut waren, wie sie sich in jeder Lebenssituation zu verhalten hatten. Frank Teichmann beschreibt das in seiner »Kultur der Empfindungsseele«[2] sehr anschaulich. So heißt es zum Beispiel in der XIII. Lehre des Ptachhotep (5. Dyn., um 2350)[3]:

> Wenn Du in einer Amtsstube bist,
> dann steh auf und setze Dich, wie es Dir zusteht und
> wie es Dir vom ersten Tage an beigebracht worden ist.

Durch die auswendig zu lernende Lehre wurde der Ägypter also auf eine bestimmte Situation aufmerksam (wenn ...) und wußte dann sogleich aus eben dieser gelernten Lehre, wie er sich zu verhalten hatte (dann ...).

Dieses Schema »Reiz-gelernte Antwort«[4] mußte auch den Gesetzen zugrunde gelegt werden, da sie anders nicht praktikabel gewesen wären. In dieser Art war dann auch der schon erwähnte Codex Hammurabi verfaßt, in dem es zum Beispiel in der 59. Vorschrift heißt:

> Wenn jemand ohne Wissen des Gartenbesitzers in jemandes Garten Holz fällt, soll er eine halbe Mine Silber zahlen.

Da die Kausalität noch nicht denkend durchdrungen wurde, stellte sich für den Menschen der damaligen Zeit gar nicht die Frage, warum er sich in einer Amtsstube so und nicht anders zu verhalten habe oder warum er eine halbe Mine Silber zahlen solle, wenn er nur eine unbedeutende Menge Holz im Garten des Nachbarn gefällt hatte, während ein anderer Missetäter, der ungleich mehr Holz im Garten eines anderen gefällt hatte, gleichfalls eine halbe Mine Silber an den Geschädigten zahlen mußte.

Das änderte sich in der darauffolgenden, im 8. Jh. v. Chr. beginnenden Kulturepoche, die in den Kulturen Griechenlands und Roms ihren Ausgang nahm. Die Menschen dieser Zeit begannen unter anderem kausale Zusammenhänge mit wachem Tagesbewußtsein denkend zu durchschauen. Sie kamen somit in die Lage, zum Beispiel die Verbindung zwischen ihren Handlungen und den Folgen ihrer Taten zu erfassen. Die Möglichkeit eröffnete sich, auf Ereignisse oder Situationen zu reagieren, ohne die Reaktion zuvor nach dem Schema »Reiz-gelernte Antwort« verinnerlicht zu haben. Die eigene Erkenntnis begann also die alten Lebens- und Verhaltenslehren zu verdrängen. Die Verantwortlichkeit für das eigene Handeln begann, was eine Steigerung des Selbstbewußtseins mit sich brachte. Dieses wurde dann noch in besonderer Weise aufgebaut, indem die gesellschaftlichen und rechtlichen Verhältnisse für den römischen Bürger geschaffen wurden, sein Ego zu entwickeln. Eine große Rolle spielte dabei, daß in Rom erstmals die Gelegenheit geboten wurde, Privateigentum zu haben, über welches der Eigentümer (lediglich durch die Sitte beschränkt) frei verfügen konnte. Die vormals gegebenen Schranken bezüglich Nutzung und Veräußerung beweglicher Sachen (zu denen auch die Sklaven zählten) und insbesondere der Grundstücke waren gefallen. Was baut das eigene Ego mehr auf, als eine Sache unter Ausschluß der Einwirkungsmöglichkeit anderer haben zu können ?

Während im alten Ägypten nach der gelernten Lehre gehandelt wurde und die Menschen im Zweifel die Untätigkeit vorzogen, wenn sie sich in einer Situation fanden, für die sie keine Handlungsanweisung gelernt hatten, handelten die Menschen jetzt in der griechisch-römischen Kulturepoche zunehmend aus den in ihnen selbst liegenden Impulsen. Das Handeln aus Erkenntnis brachte (und bringt natürlich heute noch) die Gefahr des Irrtums mit sich. Triebe und Begierden, zur Not klug bemäntelt, konnten nun zu Triebfedern für Taten werden, die in den früheren Zeiten unmöglich gewesen wären. Das durch den Aufbau des Egos gesteigerte Selbstempfinden wurde zur Durchsetzungskraft im Umgang mit anderen Menschen, die sich nicht minder selbstbewußt dagegen zur Wehr setzten. Die Folge war, daß das Konfliktpotential wuchs und die Individualkonflikte zunahmen.

In dieser Zeit tritt aber noch etwas auf, was es ehedem nicht gab: das Gewissen. Vor oder spätestens nach einer Tat, durch die ein anderer Mensch materiell oder seelisch geschädigt wurde, meldet es sich im Täter als lastende Empfindung, die auf das Unrecht des Tuns hinweist. Es tritt in einem innerhalb der Seele stattfindenden Prozeß in den Widerstreit mit Entschuldigungen, Ausflüchten und gewundenen Begründungen des unrechten Handelns. Neben dem sozialen Konfliktfeld eröffnete sich damit ein weiteres: das des innerseelischen Konfliktes mit sich selbst.

Das auf die Kausalität gerichtete Denken der griechisch-römischen Kulturepoche prägt auch heute noch unser Leben. Es hat sogar in den vergangenen einhundertfünfzig Jahren eine deutliche Steigerung erfahren. Dieses im Schema »Ursache bestimmte Wirkung« verhaftete Denken führt jedoch zu Problemen, wenn es auf alle Fragestellungen sozusagen flächendekkend angewendet wird.

In dem uns hier interessierenden Bereich des menschlichen Miteinanders gibt es natürlich auch soziale Gesetzmäßigkeiten, nach denen bestimmte Ursachen zu bestimmten Wirkungen führen. Ein solches Gesetz ist zum Beispiel das von Rudolf Steiner 1905 in der Zeitschrift »Lucifer-Gnosis«[5] formulierte soziale Hauptgesetz:

> »Das Heil einer Gesamtheit von zusammenarbeitenden Menschen ist um so größer, je weniger der Einzelne die Erträgnisse seiner Leistungen für sich beansprucht, das heißt, je mehr er von diesen Erträgnissen an seine Mitarbeiter abgibt, und je mehr seine eigenen Bedürfnisse nicht aus seinen Leistungen, sondern aus den Leistungen der anderen befriedigt werden.«

Auf welchen Erkenntnissen dieses Gesetz beruht und wie es zu verstehen ist, kann kürzer und treffender nicht dargestellt werden, als Rudolf Steiner es tut, weshalb ich den insoweit interessierten Leserinnen und Lesern nahelegen möchte, den zitierten Aufsatz nachzulesen.

Dann gibt es Rechtspositionen, die aufgrund gesetzlicher Regelungen ihre bestimmte Wirkung haben. Wer also zum Beispiel Eigentümer eines Einzelhandelsgeschäfts ist, kann aufgrund seiner Eigentümerstellung über den Gewinn frei verfügen oder das ganze Geschäft verkaufen. Und schließlich gibt es vertragliche Vereinbarungen, die ihrerseits ganz bestimmte Folgen haben. Vereinbare ich mit den Eltern eines Kindes, diesem Klavierunterricht zu geben, dann bin ich bis zur Kündigung des Vertrages verpflichtet, dem Kind den Unterricht zu erteilen, während die Eltern verpflichtet sind, das vereinbarte Honorar zu bezahlen.

Wo sind wir in der gegenwärtigen Kulturepoche, die seit rund fünfhundert Jahren die griechisch-römische abgelöst hat, aufgefordert, Ursache- und Folgewirkungen zu beachten und wo sind wir in der Lage und möglicherweise auch dazu aufgerufen, sie zu durchbrechen?

Aus dem sozialen Hauptgesetz folgt unter anderem, daß Verhältnisse anzustreben sind, in denen das Motiv für die tägliche Arbeit nicht das Eigeninteresse ist (zum Beispiel hohe Gewinne, Karriere, Popularität usw.), sondern vielmehr das Interesse der anderen Menschen an dieser Arbeit bzw. ihrem Ergebnis. Das Schielen nach dem eigenen Vorteil mindert nämlich immer die Qualität der Arbeit, da es notwendig zu der Handlungsmaxime führt: Versuche mit möglichst wenig Einsatz den größten Nutzen für dich herauszuschlagen. Da unsere gesamten Wirtschafts- und Arbeitsverhältnisse darauf ausgerichtet sind, daß wir mit unserer Arbeit die Bedürfnisse anderer befriedigen (die Narkoseärztin betäubt nicht sich selbst, sondern den Patienten, damit er operiert werden kann; der Ingenieur konstruiert nicht sein eigenes Auto), ist es zudem systemwidrig, wenn wir das Motiv unserer, die Bedürfnisse anderer befriedigenden Tätigkeit in uns selbst, das heißt in unserem Eigeninteresse suchen, anstatt es dort zu suchen, wo der Bedarf an unserer Tätigkeit liegt. Das heute noch überwiegend praktizierte systemwidrige Verhalten führt konsequent zu den unschwer wahrnehmbaren sozialen und wirtschaftlichen Problemen der Gegenwart.

Nehmen wir an, der Eigentümer eines Naturkostwarenladens beginnt über das von Rudolf Steiner formulierte soziale

Hauptgesetz nachzudenken. Er kommt zu dem Schluß, daß er nur in sehr beschränktem Maße Einfluß auf eine Änderung unserer letztlich auf den Kräften des Egoismus aufbauenden Wirtschaftsordnung hat, daß er aber aufgrund unserer freiheitlichen Grundordnung durchaus nicht gehindert ist, in seinem unmittelbaren Einflußbereich die notwendigen Einrichtungen zu schaffen, die ein von anderen Intentionen geleitetes Wirtschaften ermöglichen. Er stellt unter anderem fest, daß seine Position als Eigentümer die ständige Versuchung mit sich bringt, mehr das eigene Interesse im Auge zu haben als das der Produzenten einerseits und der Verbraucher andererseits. Die Produzenten sind darauf angewiesen, daß er ihre in Verantwortung für die Erde produzierten und verarbeiteten Produkte vermarktet, während die Verbraucher einen Bedarf nach in dieser Art und Weise produzierten Lebensmitteln haben und beim Kauf in seinem Laden sicher sein wollen, nicht Opfer eines Etikettenschwindels zu werden. Seine wirtschaftliche Aufgabe als Ladner liegt nun darin, beiden Interessen gerecht zu werden. Es stellt sich ihm nun die Frage, wie als Teilaspekt einer umfassenden Veränderung im Sinne des sozialen Hauptgesetzes die Eigentumsverhältnisse an dem Einzelhandelsgeschäft so gestaltet werden können, daß die vom Eigentum ausgehende Versuchung vermindert wird. Wer soll der neue Eigentümer werden, eine Gesellschaft oder eine Genossenschaft? Wer sollen die Gesellschafter oder Mitglieder der Genossenschaft sein? Wie ist es möglich, daß er nach Verlust des Eigentums am Laden in der unternehmerischen Verantwortung bleibt und die notwendigen Gestaltungsmöglichkeiten behält? Und wie können diese unternehmerischen Rechte und Pflichten auf solche Mitarbeiter des Ladens ausgedehnt werden, die im Handel initiativ werden wollen?

Aus den bisher gegebenen Rechtsverhältnissen, in denen das Einzelhandelsgeschäft eingebunden ist, lassen sich keine Antworten auf diese Fragen ableiten. Das bestehende Recht gibt nur Auskunft darüber, welche Rechte und Pflichten der Geschäftsinhaber hat. Wie die bei der beabsichtigten Veränderung auftretenden Probleme zu lösen sind, kann so wenig in der Bibel nachgelesen werden wie klare Handlungsvorgaben bei Philosophen, Volks- oder Betriebswirtschaftlern, Sozialwissenschaftlern und anderen Autoritäten gefunden werden können. Darin unterscheidet sich unsere gegenwärtige Kulturepoche grundsätzlich von der vorangegangenen, in welcher noch Brauchtum, Sitte und Moral einerseits und andererseits die klassischen Philosophen, Kirchenväter und nicht zuletzt die Auslegung der Bibel Handlungsorientierungen gaben.

Wie also in unserem Beispielsfall dem sozialen Hauptgesetz gerecht werdende Verhältnisse geschaffen werden können, läßt sich nicht aus dem Bestehenden ableiten, sondern nur aus dem, was in den von den Vorgängen betroffenen Menschen an Leitbildern für ihre Tätigkeit im Beruf lebt und welche Bedürfnisse ihr Sozialempfinden hat. Hat sich beides genügend herauskristallisiert und kommt es auf dieser Basis zu Vorstellungen, wie die Verhältnisse dementsprechend neu geordnet werden sollen, dann müssen Rechte und Pflichten neu vereinbart werden. Das alte Recht wird abgelöst und neues geschaffen.

An dem Beispiel mit dem Einzelhandelskaufmann wurde deutlich, daß das Selbstbewußtsein des heutigen Menschen soweit entwickelt ist, daß es langsam wieder auf solche Stützen wie das »Eigentum haben« verzichten kann. Da jedoch die sozialen Fähigkeiten der Menschen nicht in entsprechendem Maße gewachsen sind und nahezu alle der früher gegebenen äußeren Handlungsorientierungen entfallen sind, hat sich das Konfliktpotential unter den Menschen noch weiter vergrößert. Werden die auftretenden Konflikte nicht verschlafen und wie ein böser Traum erlebt, sondern wird versucht, in der Auseinandersetzung bewußt zu handeln, ist – wie sich zeigen wird – eine zunehmende Menschenkenntnis und damit auch eine erweiterte Selbsterkenntnis die Folge. Auf dieser Grundlage müßte es doch möglich sein, auch Auseinandersetzungen, bei denen es um Bedeutenderes geht, so zu führen, daß nicht ein Teil der Beteiligten gewissermaßen »auf der Strecke bleibt« und die Sache selbst, um derentwegen gestritten wird, notleidet. Und ferner, sollte das Leben mit Konflikten nicht eine Station auf dem Wege zu Gemeinschaften von Menschen sein, welche ihre Kraft gerade daraus beziehen, daß die einzelnen sehr unterschiedlich, im besten Sinne *eigenartig* sind?

Jeder hat seine Weise, auf Konflikte zu reagieren

So individuell wir Menschen auch sein mögen, zeichnen uns doch Charakteristika aus, die uns trotz aller persönlicher Einfärbungen mit anderen Menschen verbinden. So gibt es vier verschiedene psychische Persönlichkeitsstrukturen[6] und die bekannten vier Temperamente.[7] Jeder Mensch hat eine dieser vier Persönlichkeitsstrukturen ausgebildet und wird von einem der vier Temperamente geprägt, wobei dies natürlich bei jedem einzelnen mehr oder minder stark der Fall ist. Wie wir uns im Streit mit anderen Menschen verhalten und mit welchen Gefühlen wir im Konflikt stehen, ist zunächst außerordentlich stark an unsere Persönlichkeitsstruktur und unser Temperament gebunden.

Wir wollen uns das an einem häufigen Konfliktfall verdeutlichen, wobei zur besseren Charakterisierung die Reaktionen eines der Konfliktbeteiligten überspitzt dargestellt werden. Nehmen wir also an, zwei Autos nähern sich hintereinander herfahrend einer Kreuzung, deren Verkehr durch Ampeln geregelt ist. Als das vordere der beiden Fahrzeuge nicht mehr weit von der Ampel entfernt ist, wechselt diese von grün auf gelb, worauf das vordere Fahrzeug von seinem Fahrer abgebremst und an der Haltelinie zum Stehen gebracht wird. Der Fahrer des nachfolgenden Wagens war nicht voll auf den Verkehr konzentriert und durch das Anhalten des Vordermannes überrascht, da er halbbewußt damit gerechnet hatte, daß dieser noch bei gelb in die Kreuzung einfahren werde. Er bremst seinen Pkw zu spät ab und fährt von hinten auf das stehende Fahrzeug auf, wodurch es an beiden Fahrzeugen zu einem Sachschaden kommt. Beide Fahrer steigen aus und der aus dem hinteren Fahrzeug schreit den anderen auch gleich an: »Was bremsen Sie denn bei grün?« Die Situation ist sofort emotional geladen.

Je nach Gestaltung der psychischen Persönlichkeitsstruktur sind nun vier Reaktionsweisen möglich.

Die erste geht dahin, daß der in dieser Weise Angefahrene einen bohrenden Blick auf seinen Gegner richtet. Gleichzeitig durchzucken ihn blitzschnell folgende Fragen und Erwägungen: Ist der absichtlich aufgefahren? Ich mach' ihn fertig! Was trifft ihn mehr, die zynisch kalte Tour, komme ich ihm überlegen oder drohe ich ihm Schläge an?

Die zweite Reaktionsweise wird durch ein sich sofort einstellendes Schuldgefühl des Geschädigten bestimmt. Und so äußert er dann unwillkürlich: »Ach, ich hätte halt doch noch durchfahren sollen. Ich hatte es mir kurz überlegt und war dann aber der Meinung, es sei vielleicht besser, wenn ich doch noch anhalte.«

Im dritten Falle ist der Vordermann deutlich erregt: »Was machen wir denn jetzt? Lieber Himmel, da ist ja alles im Eimer. Na, das wird ein teurer Spaß für Ihre Versicherung. Das ist ein brandneuer Wagen, mit allen Extras. Aber es ist ja typisch, ein lausiger Golf-Fahrer fährt ihn mir zu Schrott. Daß es bereits rot war, haben Sie wohl nicht gesehen?«

In der vierten Variante bleibt der Fahrer des vorderen Fahrzeuges steif. Mit gepreßter Stimme ordnet er an: »Sie lassen

Ihren Wagen stehen, wie er ist.« Dann holt er aus dem Handschuhfach seines Fahrzeugs Kreide, einen Fotoapparat und ein Maßband. Ohne auf den Gegner weiter einzugehen, beginnt er die Unfallendstellung der Autos auf die Fahrbahn zu zeichnen, die Bremsspuren des aufgefahrenen Wagens zu vermessen und zu markieren sowie die Unfallbeschädigungen an den Fahrzeugen zu fotografieren. Es hat den Anschein, als habe er erst am Abend zuvor einen Kurs über das Verhalten nach einem Verkehrsunfall besucht.

Nach Fritz Riemann[8] stellen sich an den Menschen vier Forderungen. Die erste ist, daß wir ein einmaliges Individuum werden sollen, indem wir aus den kollektiven Prägungen der Zugehörigkeit zu Volk, sozialer Schichtung, Familie, Geschlecht usw. herauswachsen, um unverwechselbare Persönlichkeiten zu werden. Die zweite Forderung ist, daß wir uns der Welt, dem Leben und den Mitmenschen vertraut öffnen, das heißt Hingabefähigkeit entwickeln. Die dritte Forderung ist, daß wir die Dauer anstreben sollen. Das bedeutet, seinen Platz auf dieser Erde zu finden, einzurichten und als Ausgangspunkt für langfristige Planungen zu nehmen. Die vierte Forderung endlich besteht darin, »daß wir immer bereit sein sollen, uns zu wandeln, Veränderungen und Entwicklungen zu bejahen, Vertrautes aufzugeben, Traditionen und Gewohntes hinter uns zu lassen, uns immer wieder vom gerade Erreichten zu lösen und Abschied zu nehmen, alles nur als Durchgang zu erleben«.[9]

Die vier psychischen Persönlichkeitsstrukturen, die Fritz Riemann als (in Reihenfolge unserer Fallvarianten aufgezählt) schizoid, depressiv, hysterisch und zwanghaft bezeichnet, leiden darunter, daß zu einer dieser Forderungen aufgrund bestimmter Fehlentwicklungen im Kindes- und Jugendalter einseitige Affinitäten bestehen.

Um eine unverwechselbare Persönlichkeit zu werden, das heißt den Weg der Individuation zu gehen, muß ich mich auch von anderen Menschen abgrenzen können. Bei der schizoiden Persönlichkeit kommt es zu einer Überbetonung dieser Abgrenzung. Sie möchte so unabhängig als möglich und niemandem verpflichtet sein. Sie hat Angst, sich zu verlieren, wenn sie sich einem Menschen öffnen oder mit einer Aufgabe voll verbinden soll. Auf dieser Linie liegt dann auch ihre Tendenz, sich nur auf die eigene Wahrnehmung, das eigene intellektuelle Erkennen zu stützen. In Konfliktsituationen neigt sie aufgrund des ihr fehlenden Einfühlungsvermögens zu rücksichtslos kalten Reaktionen.

Ganz anders ist die depressive Persönlichkeit. Das Übermaß an Hingabebereitschaft läßt sie allzurasch die eigenen Intentionen opfern. Das Getrenntsein von anderen Menschen ist ihr schwer erträglich, weshalb sie den anderen an sich binden möchte. Ein Mittel hierzu sind Schuldgefühle. Diese für den anderen kaum nachvollziehbaren Schuldgefühle erwecken dessen Interesse, dessen Mitleid und veranlassen ihn, sich mit der depressiven Persönlichkeit zu befassen, womit Nähe erzeugt wird. Ein anderes Mittel sind die eigenen, für den anderen erbrachten Opfer. Droht ein Verlust an Zuwendung, wird auf diese Opfer hingewiesen, womit beim anderen ein Schuldgefühl hervorgerufen wird, welches diesen veranlaßt, die von der depressiven Persönlichkeit gewünschte Nähe wieder herzustellen. Durch dieses Verhalten wird die Konfrontation mit anderen Menschen weitgehend vermieden. Tatsächlich vorhandene Konflikte brechen nicht auf. Sie bleiben unterschwellig und damit auf schwer durchschaubare Weise wirksam.

Das überbetonte Bedürfnis der hysterischen Persönlichkeit nach Veränderung und Wandlung läßt sie immer wieder Grenzen überschreiten. Sie wird unberechenbar, weshalb ihr Problem der damit verbundene Vertrauensverlust ist. Es gibt Grenzen, die nicht überschritten werden können, wie zum Beispiel die Grenzen der eigenen Leistungsfähigkeit. In solchen Fällen neigt die hysterische Persönlichkeit dazu, Scheinwelten aufzubauen. Solches fällt ihr leicht, denn die beweglichen Gefilde der Illusion liegen ihr nahe. Um sich in einem Konflikt durchzusetzen, greift sie daher gerne zu den Mitteln des Imponiergehabes und der Unwahrheit.

Demgegenüber finden wir beim zwanghaften Menschen ein überwertiges Sicherungsbedürfnis als Folge einer dominierenden Affinität zu allem, was Dauer, Vorhersehbarkeit und Kalkulierbarkeit verspricht. Um Überraschungen zu vermeiden, will er weitgehend alles unter Kontrolle haben. Die dadurch bedingte Engigkeit bringt es mit sich, daß er im Konflikt unflexibel ist und zur Rechthaberei neigt. Am liebsten aber vermeidet er den Konflikt, denn dieser deutet oft auf die Notwendigkeit längst fälliger Veränderungen hin oder bringt doch zumindest die Gefahr von Veränderungen mit sich.

Man könnte zunächst meinen, daß es sich bei den vier Riemannschen Persönlichkeitsstrukturen um eine psychologisierende Darstellung der vier Temperamente handelt. Das ist jedoch nicht der Fall. Damit wir unser Bild von den vier Temperamenten auffrischen, sollen auch ihre typischen Reaktionsweisen an dem Beispiel mit dem Auffahrunfall charakterisiert werden.

Kaum ist die unheilvolle Stille nach dem Aufprall eingetreten, öffnet der Choleriker ruckartig die Fahrertür, steigt aus, geht auf den Hintermann zu und entgegnet ihm: »Was heißt hier ›bei grün‹? Sie Idiot, Sie dämlicher, haben Sie denn keine Augen im Kopf? Selbst blind wie ein Huhn, und dann noch anderen Vorwürfe machen!«

Der Phlegmatiker schält sich schwerfällig aus dem Auto. »Was soll denn das? Jetzt regen Sie sich mal wieder ab. Es wird sich schon klären, wer da schuld ist. Ich habe überhaupt keine Lust, mit Ihnen herumzustreiten. Wenn es sein muß, können die Anwälte das ja tun.«

Nachdem der Sanguiniker behend aus seinem Fahrzeug gekommen ist, wendet er sich an den Hintermann, ohne auf dessen Gebrüll einzugehen: »Jetzt holen Sie wenigstens die Polizei.« Dann tröstet er die weinenden Kinder in seinem Auto, erklärt den umherstehenden Schaulustigen, was er gemacht und gedacht hatte, ehe es zum Aufprall kam, schickt einen der Herumstehenden los, um einen Zeugen, der inzwischen weitergegangen ist, zurückzuholen und stellt den noch immer laufenden Motor des von hinten aufgefahrenen Wagens ab.

Der Melancholiker denkt sich, als der andere ihn anschreit: »Natürlich habe ich einen Unfallgegner, der alles abstreitet.« Zum Unfallgegner gewandt sagt er: »Durch Ihr Geschrei wird es auch nicht besser«, und scharrt mit dem Fuß die Splitter zu einem Häufchen, während er überlegt, warum gerade ihm das passieren muß, ob es lange dauern werde, bis die Polizei eintreffe und wie er sich verhalten solle, wenn bis dahin der Unfallgegner erneut beleidigend werden sollte.

Der Choleriker zeichnet sich durch sein feuriges Temperament aus, das ihn immer wieder zu impulsiven und oft auch aggressiven Handlungen hinreißen läßt. Er hat ein willensstarkes Durchsetzungsvermögen. Im Streit aufbrausend, kann er sehr verletzend sein. So schnell, wie er in Zorn gerät, so schnell verraucht sein Zorn auch wieder, und er schaut verwundert auf den sozialen oder seelischen Scherbenhaufen, den er angerichtet hat, um alsbald dem Gegner den Vorwurf zu machen, er sei ja so verletzlich.

In seiner Neigung zu allem, was behaglich ist, ruht der Phlegmatiker lieber in sich selbst. Er will mitgenommen werden, da er von sich aus wenig Interesse an der Welt um ihn her hat. Er ist unangenehm berührt, wenn die Interessen anderer stark auf ihn eindringen. Das ist ja nun bei Konflikten so der Fall. Er vermeidet sie darum und sucht sein soziales Umfeld so friedlich als nur möglich zu gestalten, auch wenn dadurch fällige Entwicklungen verschlafen oder blockiert werden.

Die Umtriebigkeit des Sanguinikers kann bis zur Flatterhaftigkeit gehen. Es fällt ihm schwer, sein Interesse mit der erforderlichen Beharrlichkeit auf einen Gegenstand zu richten. Einer Konfrontation geht er nicht aus dem Wege. Bald aber sucht er nach einer Lösung des Konflikts, da er wenig Neigung hat, sich in eine Sache zu verbeißen, und es gibt ja so unendlich viel für ihn zu tun, daß er sich gar nicht leisten kann, so glaubt er, sich länger mit einer Streiterei aufzuhalten.

Der Melancholiker sieht überdeutlich alle Hemmnisse und Schwierigkeiten, die sich ihm möglicherweise in den Weg stellen werden oder ihm bereits im Wege stehen. Eine Situation, die den Choleriker zur raschen und bestimmenden Tat hinreißen würde, bewegt er in sich schmerzlich berührt und gedankenschwer. Im Konflikt kommen daher seine durchdachten Reaktionen mit einiger zeitlicher Verzögerung, wenn sie kommen. Es kann durchaus sein, daß er, seinem Naturell entsprechend, nach außen hin auf einen sich anbahnenden Streit gar nicht reagiert.

Die vier Persönlichkeitsstrukturen und die Temperamente haben gewisse Ähnlichkeiten miteinander. So sind jeweils zwei mehr extrovertiert (die schizoide und die hysterische Persönlichkeit einerseits sowie der Choleriker und der Sanguiniker andererseits) und zwei mehr introvertiert (die depressive und die zwanghafte Persönlichkeit sowie der Phlegmatiker und der Melancholiker). Die extrovertierten Typen haben eine größere Konfliktbereitschaft, die sich bis zur Streitsucht steigern kann, wenn die Persönlichkeitsstruktur sehr einseitig oder eine Temperamentsfärbung sehr übergewichtig ist. Bei den introvertierten Typen besteht nur eine geringe Konfliktbereitschaft, welche sich in dem Maße weiter vermindert, als die zur Introvertiertheit führende Dominanz in der Persönlichkeitsstruktur oder im Temperament zunimmt.

Die vier Persönlichkeitsstrukturen sind geprägt von der seelischen Einstellung der Persönlichkeit zu den vier seelischen Grundforderungen. Wie Riemann an einer Reihe von Fallbeispielen nachweist, sind diesbezüglich auftretende Unausgewogenheiten die Folge von Erziehungseinflüssen nahestehender Menschen, also namentlich des Verhaltens von Eltern gegenüber ihren Kindern. Bei stärkerer Ausprägung führen die Einseitigkeiten zu den vier Grundformen der Angst, auf welche noch eingegangen werden wird (s. S. 58 f.).

Das Temperament hingegen ist mehr als eine seelische Formung. Rudolf Steiner weist darauf hin[10], daß in einem Menschen, so wie wir ihn in seinem gegenwärtigen Leben wahrnehmen, zwei Strömungen zusammenfließen. Mit dem einen Strom kommen die Einflüsse der Vererbung, der andere bringt eine Anzahl von Anlagen, Eigenschaften, innere Fähigkeiten und nicht zuletzt äußeres Schicksal.

»Zwischen diesen beiden, zwischen dem, was wir uns mitbringen aus unserem früheren Leben, und dem, was uns Familie, Vorfahrenschaft und Rasse aufprägen, gibt es eine Vermittlung, etwas, was zu gleicher Zeit mehr allgemeine Eigenschaften trägt, aber doch fähig ist, individualisiert zu werden. Dasjenige, was sich mitten hineinstellt zwischen die Vererbungslinie und die Linie, die unsere Individualität darstellt, das drückt sich aus in dem Worte Temperament. In dem, was uns im Temperament des Menschen entgegentritt, haben wir etwas, in gewisser Beziehung, wie eine Physiognomie seiner innersten Individualität.«

Diese »Physiognomie« erhält ihre temperamentsbezogene Färbung, je nach dem, ob die cholerische, die sanguinische usw. Seite stärker ausgeprägt ist als die übrigen drei Varianten. Auch im Extrem unterscheiden sich einseitig betonte Persönlichkeitsstrukturen und Temperament voneinander. Während erstere zu Ängsten führen, endet das radikalste des melancholischen Temperaments im Wahnsinn, das des phlegmatischen im Schwachsinn, beim Sanguiniker im Irrsinn und beim Choleriker in der Tobsucht.[11]

Es besteht aber auch die Möglichkeit, daß Einseitigkeiten der Persönlichkeitsstruktur das Temperament verstärken, wie zum Beispiel beim hysterischen Sanguiniker. Und schließlich kann die Übergewichtigkeit eines jeweiligen Strukturmerkmals zusammen mit der Temperamentsprägung zu einem spannungsvollen Gemenge führen. Das wäre zum Beispiel bei einem schizoiden Melancholiker der Fall.

Unsere Einseitigkeiten in der Ausbildung unserer Persönlichkeitsstruktur und/oder das Übergewicht eines Temperamentes wirken in kritischen Situationen, also gerade auch in der Auseinandersetzung zwischen Menschen besonders problematisch. Sie lassen uns den Konflikt unnötig verschärfen, wenn wir eine schizoide Persönlichkeitsstruktur haben und/oder Choleriker sind, oder ihn zu schnell beilegen, wie dies bei der hysterischen Persönlichkeit und/oder beim Vorliegen einer Sanguinik der Fall ist. Wo ein Konflikt seiner klärenden Wirkung wegen ausgefochten werden müßte, drängt es die eher depressive Persönlichkeit oder den Phlegmatiker zur Konfliktvermeidung. Die zwanghafte Persönlichkeit weicht in den Versuch aus, den Konflikt durch Regelungen zu vermeiden oder durch Autoritäten entscheiden zu lassen, während der Melancholiker die Reflexion des Erlebten wie auch die Furcht vor zukünftigen Entwicklungen gewissermaßen in sich hineinfrißt.

Das ist nun einmal so. Diese Ausgangssituation zu erkennen und als mitgegebene Entwicklungsgrundlage zu bejahen, ist eine Voraussetzung, um mit diesen Gegebenheiten umgehen zu können und sie vielleicht sogar zur Ausgewogenheit zu bringen. Bereits das erstere ist ein Schritt in Richtung einer bewußten Konfliktgestaltung.

Der Konflikt

Wer wach einen Konflikt zu einer sozial heilenden Lösung führen will, wird bald bemerken, daß dies eine hoch komplexe Angelegenheit ist. Zunächst geht es dabei darum, zum einen zu durchschauen, was tatsächlich seine Ursachen sind, und zum anderen, um was eigentlich gestritten wird. Das sind, wie die Erfahrung zeigt, durchaus keine Selbstverständlichkeiten. Schließlich muß man den am Konflikt beteiligten anderen so gut als irgend möglich *erkennen*, das heißt, so schwer es auch werden mag, ihn verinnerlichen, um ein klares Bild von seinen Fähigkeiten und deren Grenzen zu erhalten. Sodann ist zu versuchen, das eigene Konfliktverhalten bewußt zu steuern, was einen sehr schnell zum Erleben der eigenen Mängel und der Notwendigkeit eigener Weiterentwicklung führt.

In diesem Kapitel wollen wir versuchen, uns mit den häufigsten Grundursachen der Konflikte vertraut zu machen. Ein Versuch ist es, weil es sich dabei um ein weites Feld handelt. Denn letztlich haben wir es dabei mit der Frage zu tun, was der Mensch ist, was ihn mit den anderen Menschen verbindet und wie sein Zusammenhang mit Welt und Kosmos ist. Aus diesem Grunde kann ein Teil der folgenden Ausführungen für die, die sich mit diesen Fragen bislang weniger beschäftigt haben, nur ein gewisser Hinweis auf bestimmte Gegebenheiten sein und vielleicht ein Anreiz, sich weiter mit psychologischen, menschenkundlichen und esoterisch-geisteswissenschaftlichen Themen zu beschäftigen.

Aber wozu der Umstand? Ursache für den Konflikt mit meinem Vermieter ist doch zum Beispiel die Unrichtigkeit seiner Heizkostenabrechnung. Oder, um ein anderes Beispiel zu nennen, ist nicht die Tatsache, daß mein früherer Ehemann keinen Unterhalt mehr bezahlt, Ursache für meine Klage?

Wir haben es hier mit zwei typischen *Anlässen* für das Zutagetreten einer Konfliktsituation zu tun. Ihre jeweilige *Ursache* muß allerdings an anderer Stelle gesucht werden, denn nicht jede fehlerhafte Heizkostenabrechnung führt zu einer Mietstreitigkeit, da sie einverständlich korrigierbar ist, und es soll auch Fälle geben, bei welchen nach der Beseitigung von Mißverständnissen die Unterhaltszahlungen wieder aufgenommen werden.

Der aktuelle Anlaß für einen Konflikt ist von allen Gründen oftmals der unbedeutendste. Trotzdem sind wir geneigt, diesem unsere ganze Aufmerksamkeit zuzuwenden. Wir sehen nur den äußeren Geschehensablauf und versuchen, aus ihm zwingende Rückschlüsse auf die eigenen und fremden Handlungsmotivationen abzuleiten. Sollte tatsächlich das eine wie das andere gelingen, dann handelte es sich um einen leicht zu bewältigenden Konflikt, mag der durch ihn verursachte Schaden auch groß sein, und alle Kräfte können sich auf die Schadensbegrenzung und die Folgenbeseitigung konzentrieren.

Wenn dagegen kaum eine übereinstimmende Würdigung des vordergründigen Geschehens und noch weniger Einigkeit hinsichtlich der zugrundeliegenden Intentionen zu erzielen ist, dann liegt ein Konflikt vor, der tiefere Ursachen hat. Ohne deren Berücksichtigung kann er kaschiert, unterdrückt oder irgendwie sonst beendet, nicht aber gelöst werden. Diese tieferen Ursachen sind jeweils so eigenartig, wie die gegeneinander stehenden Menschen individuell sind. Sie lassen sich jedoch in Gruppen von Grundursachen zusammenfassen, von denen wir drei genauer anschauen wollen.

In diesem Zusammenhang liegt es nahe, auch an den Aspekt der Schicksalshaftigkeit von Konflikten zu denken. Dieser Aspekt soll aber unter der Fragestellung nach deren Sinnhaftigkeit angegangen werden, da wir ja immer, wenn es gilt, einen Konflikt zu vermeiden oder zu bewältigen, schon in der unabänderlichen Situation stehen, die sich als konflikthaft erweist. Das, was hierzu geführt hat und als Schicksal bezeichnet werden kann, bildet also vielmehr die Grundlage, nicht aber die Ursache des Konflikts.

Grundursachen

1. Ungenaues Wahrnehmen

Mangelnde Selbstwahrnehmung

In vielen Fällen liegen die Gründe für anhaltende Auseinandersetzungen weniger im Fehlverhalten des anderen als in der eigenen unbewußten Wirkung auf den anderen, die oftmals zwingend den Konflikt auslöst. Ich möchte das an einem Fall aus meiner familiengerichtlichen Praxis darstellen.

Während ihrer recht kurzen Ehe bekamen Frau und Herr M. das Töchterchen Zoe. Nicht lange nach deren Geburt trennten sie sich und ließen sich scheiden. Die Umstände, die zur Trennung führten, wie auch die Tatsache der Trennung selbst haben Frau M. ungewöhnlich stark verbittert. Auch nach fünf Jahren war ihre Einstellung zum früheren Ehemann von einer tiefgehenden Abneigung geprägt. Zoe lebte seit der Trennung der Eltern bei der Mutter, der auch bei der Scheidung das Sorgerecht übertragen worden war. Nachdem das Kind drei Jahre alt geworden war, wurde das Besuchs- und Umgangsrecht des Vaters so geregelt, daß er sein Töchterchen alle vierzehn Tage über das Wochenende zu sich nehmen durfte. Wenn er Zoe abholte, durfte er die Wohnung der Mutter nicht betreten. Das lag nicht etwa daran, daß er ein rabiater Widerling war. Im Gegenteil, er war in seiner Art eher umständlich und vorsichtig. Frau M., eine intelligente Frau in beruflich leitender Position, bestand aber darauf, daß er vor dem Haus auf die Übergabe des Kindes wartete.

An den Besuchswochenenden ließ Herr M. sich zu allermeist etwas einfallen, was Kindern in diesem Alter Spaß macht. So fragwürdig das nun auch pädagogisch sein mag: aus der Erlebniswelt des Kindes gesehen, führt derartiges bei kleinen Kindern sicherlich zu keiner Abneigung gegen den Vater. Zoe aber begann sich gegen Ende ihres fünften Lebensjahres zu weigern, den Vater zu besuchen.

Für Frau M. war dies ohne weiteres erklärlich. Es mußte am Verhalten ihres früheren Mannes liegen, zumal sie sich seit längerem in Gegenwart des Kindes nicht mehr abfällig über ihn geäußert hatte.

Herr M. hingegen glaubte, daß die Mutter das Kind gezielt gegen ihn aufbringe, und leitete zur Durchsetzung seines Umgangsrechtes ein Verfahren beim Familiengericht ein. In diesem stellte sich dann heraus, daß die Probleme tiefer lagen, als dies von den Parteien angenommen worden war. Hilfreich war hier ein familienpsychologisches Gutachten, welches mir aufgrund meiner Erfahrungen mit den Parteien sehr gut nachvollziehbar war. Die vom Gericht beauftragte Psychologin stellte fest, daß Frau M. nach all den Jahren das Scheitern der Ehe noch nicht verarbeitet hatte. Sie verharrte in jenem psychischen Konfliktstadium, das in fast jeder Ehekrise zumindest kurzzeitig auftaucht, und in welchem dem Ehepartner die Alleinschuld an der Auseinandersetzung zugewiesen wird. Frau M. war sich dessen nicht nur nicht bewußt, sie wehrte sich auch gegen entsprechende Einsichten. Dies führte dazu, daß sich ihre Aversionen gegen den früheren Ehemann in einem Maße verstärkten, das in keinem Verhältnis mehr zu seinem Beitrag am Auseinanderbrechen der Ehe stand. Das konnte nicht ohne Wirkung auf die kleine Zoe bleiben. Da Kinder in ihrem Alter noch sehr stark mit dem Seelenleben der Mutter verbunden sind, spürte sie deren tiefgehende Abneigung gegen alles, was mit dem Vater zusammenhing, auch wenn in ihrer Gegenwart kein böses Wort über ihn gesprochen wurde.

So fühlte sie unter anderem den Schmerz, den die Mutter empfand, wenn sie begeistert von den Unternehmungen mit dem Vater berichtete, und kam dadurch in einen Loyalitätskonflikt. Denn Zoe hatte beide lieb, Mutter und Vater. Bei der Mutter aber lebte sie, und zu ihr hatte sie, wie alle bei der Mutter aufwachsenden Kinder im ersten Lebensjahrsiebt, ein besonders enges Verhältnis. Diesen Konflikt konnte sie aber nur dadurch lösen, daß sie versuchte, den Vater aus ihrer kindlichen Seelenwelt zu tilgen.

Frau M. war sich auch dessen nicht bewußt. Hätte sie eine Wahrnehmung von ihrer Wirkung auf das Kind gehabt, so wäre der erste Schritt zu einem Wandel getan worden. Ein Wandel, der zunächst das erstarrte Feindbild vom früheren Ehemann in Bewegung gebracht und sie selbst zu einer realistischeren Einschätzung ihrer eigenen Beiträge zum Ehekonflikt geführt hätte. Die Erlösung des Kindes aus seinem traumatischen Loyalitätskonflikt wäre nun möglich geworden. Ob das dann auch zu einer Wiederaufnahme der Wochenendbesuche geführt hätte, mag dahinstehen. Jedenfalls wäre die Basis geschaffen worden für eine Gestaltung der Beziehung von Tochter und Vater, die sich heilend auf das gestörte Vaterbild des Kindes ausgewirkt hätte.

Im Umgang mit anderen Menschen sollte man stets prüfen, inwieweit die eigene seelische Ausstrahlung konfliktfördernd ist. Ein häufiger Auslöser sind *Erwartungen,* die man an den anderen hat. Sind sie sehr stark entwickelt, wird der andere hierdurch beengt, er fühlt sich beobachtet und kontrolliert. In dieser Beklemmung unterlaufen ihm prompt Fehler, die er sonst nicht gemacht hätte. Sehen wir nun ausschließlich seine

Fehlleistung, ohne unseren Anteil daran, ist die Chance vertan, daß aus dem Fehler gelernt wird. Der andere spürt, daß die Ursache nicht ganz allein bei ihm liegt, er kann es aber nicht darstellen, weil im Gegensatz zu seiner offen daliegenden Fehlleistung das Mitwirken unserer Erwartungshaltung verborgener ist. Er beginnt sich zu rechtfertigen, um sein Gesicht zu wahren. Beide Seiten beziehen Kampf- bzw. Abwehrstellung, und der Streit beginnt.

Ebenso problematisch wirkt sich *Mißtrauen* aus. Im Verhältnis der potentiellen und schließlich tatsächlichen Konfliktparteien ist der Geschehensablauf ganz ähnlich dem eben geschilderten. Aber gerade auch im fortgeschrittenen Konflikt verhindert Mißtrauen auf einem wenig beachteten Felde des Beziehungsgewebes eine für die Parteien tragbare Lösung. Gemeint ist hier das mangelnde Vertrauen beispielsweise einer Partei in ihren Rechtsanwalt oder ihre Rechtsanwältin. In vielen Fällen ist es ratsam, die Hilfe eines Rechtsanwaltes als professionellen »Konfliktologen« in Anspruch zu nehmen. Seine Fähigkeit zu gutem Rat und sinnvoller Mitgestaltung des Konfliktdramas gründet sich auf dreierlei: Während der unmittelbar Betroffene in das Geschehen emotional verstrickt ist und deshalb manche Realität nicht mehr zu erkennen vermag, hat jener die notwendige Distanz, um den vielzitierten kühlen Kopf zu bewahren. Zudem hat er durch seinen täglichen Umgang mit streitenden Menschen auf den unterschiedlichsten Lebensgebieten die nötige Erfahrung, um Möglichkeiten einer Problemlösung zu erkennen. Und schließlich vermag er aufgrund seiner juristischen Fachkenntnis abzuschätzen, mit welchen Chancen man in eine gerichtliche Auseinandersetzung gehen könnte. Das klingt nun alles sehr nach dem optimalen Anwalt, den es in Wirklichkeit natürlich ebenso selten gibt wie die optimale Ärztin oder Psychotherapeutin. Wie man den völligen Fehlgriff bei der Wahl des Anwalts verhindert, darauf werden wir später zurückkommen. Zunächst gehen wir davon aus, daß eben ein Rechtsanwalt zu Rate gezogen wurde. Bringt man ihm nun von vornherein das Vertrauen entgegen, daß er seinen Beruf beherrscht, dann ist auch schon ein wesentlicher Schritt getan.

Bei einem Könner in seinem Bereich rechtfertigt sich dieses Vertrauen selbstredend. Und bei einem weniger Begabten führt es dazu, daß er zumindest seine vorhandenen Fähigkeiten voll nutzt. Denn Vertrauen wirkt beflügelnd, während Mißtrauen einengt und gerade den weniger Befähigten weiter verunsichert, was bei ihm zu vermeidbaren Fehlleistungen mit weitreichenden Folgen führen kann.

Das Mißtrauen eines Mandanten gegenüber seinem Anwalt führt auch dazu, daß dieser sich scheut, einen Vorschlag zur Konfliktlösung zu unterbreiten, dem zu folgen sich der Mandant wiederum schwertut, da er infolge seiner emotionalen Belastung und mangels der erforderlichen Fachkenntnisse die sachliche Richtigkeit des Rates nicht zu erkennen vermag. Der Rechtsanwalt wird in einem solchen Falle eher dazu neigen, einen solchen Weg einzuschlagen, der ihn selbst von der Verantwortung für den Ausgang der Sache enthebt. In der Regel bedeutet dies, daß er es auf eine streitige Entscheidung durch das Gericht ankommen läßt, auch wenn eine gütliche Einigung der Parteien eher geeignet wäre, den Konflikt zu lösen und künftige Auseinandersetzungen zu vermeiden. Denn dann trägt das Gericht die Verantwortung für das von ihm zu fällende Urteil.

Der Vertrauensvorschuß, von welchem hier die Rede ist, darf nicht mit einer Haltung verwechselt werden, die man als vertrauensselig bezeichnet. Es handelt sich im Grunde vielmehr darum, daß wir mit weitaus weniger Reibungsverlusten zusammen leben und arbeiten, wenn wir mit großer Sorgfalt denjenigen auswählen, dessen spezielle Fähigkeiten wir für uns in Anspruch nehmen wollen, um ihn sodann in allergrößter Freiheit und emotionaler Unbelastetheit seiner Tätigkeit nachgehen zu lassen.

Ich sehe den Mitmenschen, aber ich nehme ihn unzureichend wahr

Nicht nur die mangelnde Selbstwahrnehmung führt, wie an den wenigen Beispielen deutlich werden sollte, zu sozialen Stolpersteinen. Genauso häufig geschieht es, daß wir ohne die nötige Aufmerksamkeit den anderen angeschaut und in ihn hinein gehorcht haben.

In der Regel sehen wir von unseren Mitmenschen nicht mehr als die sprichwörtliche Spitze des Eisbergs. Unserer Aufmerksamkeit entgehen bereits eine Vielzahl von Eigentümlichkeiten der äußeren Gestalt. Nicht nur Kriminalbeamte, welche sich mit Zeugen um eine Täterbeschreibung bemühen, machen diese Erfahrung. Wie oft bemerken wir erst nach geraumer Zeit, daß bei einem Arbeitskollegen der Oberlippenbart verschwunden ist oder die Brille gegen Kontaktlinsen ausgetauscht wurde. Und zur Kontrolle: Welche Kleidung trägt Ihr Lebensgefährte oder Ihre Lebensgefährtin heute?

Wenn wir schon unsere Schwierigkeiten damit haben, das Äußere eines Menschen ausreichend wahrzunehmen, wie sieht es dann mit unseren Beobachtungen hinsichtlich seiner seelischen Eigenheiten, Möglichkeiten und Grenzen aus?

Rätselhaft und schwer zu ergründen ist die Seele des Menschen! Wie schnell entgehen uns bereits eher vordergründige seelische Bewegungen oder Einstellungen unseres Gesprächspartners.

Stellen wir uns einen Vertreter vor, der für eine Fertighausherstellerin tätig ist. Da er von dieser für jeden Vertrag über die Erstellung eines Fertighauses Provision erhält, also ein gewisser Prozentsatz der Vertragssumme ihm selbst zugute kommt, hat er ein sehr hohes Interesse daran, daß bei ihm Fertighäuser bestellt werden. Ihm gegenüber sitzt ein Lehrer, der ein Eigenheim erwerben möchte. Ein von dem Vertreter angebotener Haustyp entspricht weitgehend seinen Vorstellungen über Stil, Ausstattung und Preis. Allerdings hat er noch kein Grundstück, wenn er auch bereits mit zwei Grundeigentümern in aussichtsreichen Verhandlungen steht. Und dann ist auch die Finanzierung noch nicht vollständig geklärt. Unser Lehrer hat deshalb Hemmungen, sich wegen der Errichtung eines Fertighauses vertraglich zu binden, zumal er letztlich auch wieder unsicher geworden ist, ob das angebotene Haus für seine Familie und ihn das Richtige wäre. Das behält er aber für sich, während über die Probleme der Grundstücksbeschaffung und der Finanzierung ausführlich gesprochen wird.

Der Vertreter will nun endlich den Vertrag abgeschlossen haben. Die Hemmungen seines Gegenübers bemerkt er zwar, er ist aber nicht bereit, diesen weitere Beachtung zu schenken. Sie wirken bei ihm lediglich als Stimulanz seines verkäuferischen Talents, das er nunmehr voll zur Entfaltung bringt. Er spielt seine beiden letzten Trümpfe aus: erstens eine Preisgarantie bis Ende des nächsten Jahres und zweitens Abschluß des Vertrages unter dem Vorbehalt, daß der Lehrer ein geeignetes Grundstück erwirbt und eine gesicherte Finanzierung möglich ist. Er fügt

Preisgarantie und Vorbehalt in das Vertragsformular ein und schiebt es zur Unterzeichnung über den Tisch. Unser Lehrer unterschreibt.

Hierbei verhindern gewisse, ihm unbewußt bleibende seelische Kräfte, die Frage danach zu stellen, wie dieser Vertrag von den Mitarbeitern der Fertighausfirma, die ja bei den Vertragsverhandlungen nicht zugegen waren, verstanden werden soll. Sein Bewußtsein klammert sich vielmehr an den Begriff »Vorbehalt«, was in ihm die Meinung entstehen läßt, das Ganze sei unverbindlich. Für sich genommen, erlaubt der Vertragstext jedoch nur eine Auslegung: wann auch immer der Lehrer Bauland erwirbt und die Finanzierung von Haus und Grund irgendwie möglich ist, muß er das Grundstück von der Fertighausfirma mit dem ausgewählten Haustyp bebauen lassen.

Der Vertreter hinwiederum hatte seinerseits die Augen vor der Tatsache verschlossen, daß das »Ja« des Verhandlungspartners nur äußerlich nach einem solchen aussah, im Grunde aber dieser weder bereit noch willens war, sich zu binden.

Wie diese Geschichte letztlich ausgegangen ist, kann dahingestellt bleiben. Der Keim zu schweren Auseinandersetzungen ist jedenfalls gelegt. Denn versucht der Lehrer nun, unter Hinweis auf seinen mangelnden Bindungswillen von dem Vertrag loszukommen, wird die Firma auf den Vertragstext pochen und auf die Abnahme eines Hauses drängen, sobald die Gründe des Vorbehaltes entfallen sind, also ein Grundstück erworben und die Finanzierung des Vorhabens möglich wurde. Kann sie sich insoweit durchsetzen, so werden eine ganze Reihe von Auseinandersetzungen die Folge sein. Denn dem sich genötigt und unfair behandelt fühlenden Kunden wird sie jetzt kaum noch etwas recht machen können. Mit Argusaugen wird er über der Bauausführung wachen. Und dabei wird es zu

Fehlern kommen, denn erstens ist es nahezu unmöglich, völlig mangelfrei ein Fertighaus aufzustellen, und zweitens wird das Mißtrauen des Bauherrn, wie wir bereits gesehen haben, fast zwingend zu weiteren vermeidbaren Mängeln führen. Da es in dieser gereizten Atmosphäre nicht mehr möglich ist, in Ruhe festzustellen, ob ein Mangel erheblich und wie er gegebenenfalls zu beseitigen ist, wird die Vertragsausführung für beide Seiten zur Quälerei. Eine Quälerei freilich, die unschwer zu vermeiden gewesen wäre, wenn der Vertreter das Zögern des Lehrers beachtet und von einem Vertragsabschluß abgesehen hätte oder, wenn der Lehrer sich bemüht hätte, den Vertragstext mit dem Vorbehalt einmal mit den Augen eines Menschen zu lesen, der an den Verhandlungen nicht teilgenommen hat.

Auch bei Straftaten ist oft eine unzureichende Wahrnehmung der Täterpersönlichkeit und damit der Motivation ihres Handelns gegeben. Nehmen wir an, in der Versandabteilung eines Unternehmens kommt es seit einiger Zeit wiederholt zu Gelddiebstählen aus Schreibtischschubladen und abgelegten Handtaschen. Die in der Abteilung Beschäftigten werden unruhig. Mißtrauen schleicht sich in das bisher sehr kollegiale Betriebsklima ein. Die Betroffenen sind aufgebracht; einige von ihnen wurden erheblich finanziell geschädigt. Durch eine mit präpariertem Geld gelegte Diebesfalle wird schließlich die Mitarbeiterin Carmen B. als Täterin überführt. Die Stimmung ist einhellig: »Die muß fliegen!« Wer stellt sich jetzt noch ernsthaft die Fragen: Haben wir in der vergangenen Zeit übersehen, daß Carmen B. in einer materiellen Notlage war? War es gar keine materielle Not, sondern eine seelische? Waren die Diebereien eine Art von Hilferuf, den sie nicht anders äußern konnte?

Der allergrößte Teil unserer Handlungen wird von schicksalhaften und seelischen Beweggründen bestimmt, die unserem Bewußtsein zunächst einmal entzogen, welche aber für das Entstehen und den Verlauf von Konflikten von ausschlaggebender Bedeutung sind. Natürlich handeln wir nicht in dem Bewußtseinszustand einer rankenden Pflanze, sondern haben gewisse Vorstellungen davon, warum wir etwas tun oder lassen. Bei intensiverem Hinschauen bemerken wir jedoch sehr bald, daß es sich dabei um Erkenntnissplitter, Teilwahrheiten oder Illusionen, wenn nicht gar um ein Gemenge von alldem handelt. Man versuche doch einmal, ganz konsequent eine beliebige Handlung aus dem Alltag unter diesem Gesichtspunkt zu betrachten, und zwar eine solche, bei der man sich ziemlich sicher ist zu wissen, warum man sie getan hat.

Zum besseren Verständnis möchte ich das an einem Beispiel demonstrieren. Ich habe gerade das Fernsehgerät aus meinem Arbeitszimmer in das Zimmer meines elfjährigen Sohnes getragen, damit er sich gemeinsam mit seinem Freund eine Sportsendung anschauen kann. Als die beiden mit der Frage: »Dürfen wir ...?« zu mir herein kamen, lebte in meinem Bewußtsein: Der Junge hat bis vor einem Monat ein nahezu fernsehfreies Dasein geführt (wir haben uns das Gerät erst jetzt angeschafft, und da wir gerade bei dem Thema sind, ich habe im nachhinein so meine Zweifel, ob das Bewußte oder das Unbewußte bei dieser Entscheidung ausschlaggebend war), er ist sportbegeistert, die beiden haben zuvor einige Zeit mit der Eisenbahn gespielt, draußen regnet es; warum also nicht?

Gut, aber wollte ich nicht vielleicht im Grunde nur meine Ruhe haben, um an diesem Buch hier weiter arbeiten zu können, und was schafft schneller Ruhe als die rasche Erfüllung eines Wunsches? Aber warum habe ich mir gerade an diesem Sonntagnachmittag vorgenommen, anstatt mit den Kindern etwas zu unternehmen, an dieser Sache weiter zu arbeiten? »Ich hatte Lust dazu« ist auch nicht sonderlich erhellend. Daß die Kinder dann womöglich irgendeinem Zeitvertreib nachgehen werden, hätte ich bedenken können, habe ich aber nicht. Verdrängung? Habe ich eigentlich dieses Gerät tatsächlich ins Kinderzimmer tragen *wollen,* oder wurde es einfach von einer väterlichen Gönnerrolle hingetragen und ich bzw. mein Ich war irgendwo ganz anders?

Wir ahnen bereits nach einem so unbedeutenden Versuch, wie dünn die Decke unseres Bewußtseins ist.

Da das Unbewußte nur verstanden werden kann, indem es mehr und mehr als vorhanden und in seiner ungeheueren Wirksamkeit erkannt wird, sind Mißverständnissen auf diesem Felde Tür und Tor geöffnet. Sind doch die Handlungen eines Menschen oft nur erwartbar oder verständlich, wenn man ahnt, welche verborgenen seelischen Kräfte am Wirken sind.

Das hier angesprochene Konfliktpotential zu verringern heißt dann aber, den eigenen Blick schulen für das, was eine Persönlichkeit, eine Individualität insgesamt ausmacht.

Nun, wir begreifen vom Wesen und Handeln eines anderen nur so viel, wie wir von uns selbst Kenntnis haben. Das bedeutet im Hinblick auf den anderen und uns selbst, daß wir aufgerufen sind, von dem zitierten Eisberg mehr und mehr wahrzunehmen, was ihn trägt, was seine Größe ausmacht und ihm Gewicht gibt.

Wertvolle Beobachtungshinweise haben uns hier die geisteswissenschaftlichen Forschungen Rudolf Steiners[12] und die zahlreichen tiefenpsychologischen Untersuchungen von Psychologen und Psychiatern[13] in die Hand gegeben. Ich führe sie bewußt als Beobachtungshinweise ein, denn allzuleicht unterliegt man der Versuchung, die Schlüsse, die diese Wissenschaftler gezogen haben, isoliert als Dogma oder Theorie zu nehmen, um sich damit eine intelligente Scheinwelt zu errichten. Sehr viel fruchtbarer ist es jedoch, angeregt durch unbestechliche Beobachter und radikale Frager, sich den Blick auf Phänomene lenken zu lassen, welche einem ansonsten lange verborgen geblieben wären, und sich von ihnen schulen und ermutigen zu lassen, das Geschaute rücksichtslos sachgemäß zu deuten.

Lerne ich auf diesem Wege zum Beispiel Ursache, Wirkung und Bedeutung meiner Sympathien und Antipathien kennen, dann habe ich den Schlüssel zum Verständnis ebensolcher Empfindungen meiner Mitmenschen. Jede Selbsttäuschung, der ich unterliege, verhindert wirkliches Verstehen des anderen, während mit zunehmender Selbsterkenntnis in gleichem Maße sich auch die Seelenlandschaft anderer Menschen offenbart.

Daneben werde ich fortlaufend mit gänzlich fremden Betrachtungsweisen, Empfindungen und Handlungsmotivationen meiner Mitmenschen konfrontiert. Richtig verstehen werde ich sie erst, wenn ich in mir entdecke, daß auch ich zu ihnen fähig bin, und sie dann seelisch nachvollziehe. Das läuft darauf hinaus, den anderen, mit dem man möglicherweise nicht in Harmonie lebt, der einem vielleicht widerlich ist, so offen wie nur möglich anzuschauen und in sich aufzunehmen. Gerade dagegen will sich jedoch unser Innerstes sträuben, denn davor steht die berechtigte Befürchtung, daß dies nicht nur zu schönen, sondern erwartbar auch zu unerfreulichen Entdeckungen in den tieferen Schichten der eigenen Seele führt.

Ohne die Bereitschaft, meine Mitmenschen frei von Vorurteilen zu erkennen (siehe dazu ausführlicher Seite 150 f.), bleiben sie mir ein Rätsel. Ihr Wesen bleibt für mich im dunkeln, und das läßt Angst aufkommen, auch wenn ich mir das nicht eingestehe.

Die Angst, ob nun bewußt erlebt oder nicht, engt aber nicht nur unser Wahrnehmungsvermögen ein, sondern auch unseren Handlungsspielraum. Die verengte Perspektive läßt scheinbar nur noch die eine oder andere Reaktion zu. Etwas Zwanghaftes tritt auf. Aus einem vielleicht unbedeutenden Anlaß eskalieren Handlungen und Reaktionen zum Zerwürfnis.

Der unsichtbare Doppelgänger

Wer Widerwillen, Laschheit und Angst überwindend den Weg zu der mit Selbsterkenntnis verwobenen Menschenkenntnis geht und nicht zu staunen und zu fragen aufhört, begibt sich auf die große Reise, eine Odyssee, welche durch Irrungen und Wirrungen zu immer neuen Entdeckungen führt. Zu diesen gehört der sogenannte, von Rudolf Steiner verschiedentlich beschriebene Doppelgänger.[14] Er ist ein Teil von uns und setzt sich aus zur Gewohnheit gewordenen Schwächenzusammen, die er mit einer oft verblüffenden Intelligenz einerseits zu beschönigen und zu rechtfertigen und andererseits für egoistische Zwecke einzusetzen weiß, wie zum Beispiel zur Befriedigung aller möglichen Triebe vom Sexual- bis zum Machttrieb. Der Doppelgänger ist nicht der Trieb bzw. das Triebleben selbst oder eine der bekannten Formen tief sitzender Ängste. Er ist vielmehr die an diese Triebe, Ängste us. gekettete Kraft, die die Handlungen aus solchen Ängsten oder zur Triebbefriedigung steuert und sich, wie jeder Therapeut erleben kann, gegen jede Triebsublimierung oder Befreiung von Ängsten wehrt.[15]

Wer sich in dem beschriebenen Sinne auf den Weg gemacht hat, wird sich dieses Doppelgängers in sich bewußt, wenn er auf eine Handlung zurückschaut, die von ihm ohne Berücksichtigung außerhalb seiner Persönlichkeit liegender Bedürfnisse oder Notwendigkeiten zur Befriedigung seines eigenen, kleinen Egos rasch und intelligent begangen wurde und von der er im nachhinein das Gefühl hat, daß er sie selbst im Innersten nicht gewollt hat.

Wenn uns dieser gewissermaßen autonom handelnde Teil von uns bildhaft, also als Imagination erscheint, sieht er unheimlich übel aus. In Oscar Wildes »Bildnis des Dorian Gray« kommt uns etwas davon entgegen.

Der Roman handelt von einem Maler, der den jungen Dorian Gray entdeckt und ihn wiederholt malt, da er von ungewöhnlicher Schönheit ist. Schließlich fertigt er ein Porträt von ihm. Ein Freund des Malers, Lord Henry, bewundert das Bild und wünscht, den Porträtierten kennenzulernen. Er weiß schließlich die Sympathie des jungen Mannes zu gewinnen und führt ihn einem lasterhaften Leben zu. Dorian Gray, der seine eigene bezwingende Schönheit in dem Bildnis erkennt, erkrankt innerlich an Eigenliebe und wünscht so zu bleiben, wie das Bild ihn darstellt, um nie zu altern. Das Bild soll an seiner Statt altern, was dann auch auf geheimnisvolle Weise geschieht. Dorian Gray ergibt sich seinen Lastern, ohne seine Schönheit zu verlieren. Sein Bild aber erschreckt ihn zunehmend, da es die Spuren seines Lebenswandels zeigt. Ungeachtet seiner Verstrickung in Verbrechen, in Mord und Selbstmorde, lebt Dorian weiter als Liebling der Gesellschaft. Seinen moralischen Verfall in dem Porträt erblickend, sticht er eines Tages in das Bild. Seine Diener hören einen grauenhaften Aufschrei und finden einen ihnen unbekannten, schauderhaft verlebten Mann neben einem wunderschönen Bildnis, das nunmehr mit dem Tod Dorians seine ursprüngliche Reinheit wiedererlangt hat.

Das soziale Problem liegt darin, daß wir den eigenen Doppelgänger in der Regel nicht bewußt wahrnehmen, während wir eine um so schärfere Wahrnehmung für Doppelgängerwirkungen haben, die durch andere auf uns zukommen, ohne sie jedoch als solche zu durchschauen. Wir sind vielmehr ständig geneigt, diesen Doppelgänger als die Gesamtheit der uns gegenüberstehenden Person anzusehen. Damit verbauen wir uns aber den Weg, im Umgang mit dem anderen zu versuchen, dessen eigentliches »Ich-Wesen« anzusprechen. Kommt es unter solchen Bedingungen zum Konflikt, dann gehen gewissermaßen die Doppelgänger aufeinander los, das heißt, das Konfliktgeschehen wird unter Inanspruchnahme der vorhandenen Intelligenz mit den Waffen jenes seelischen Inventars geführt, das sich aus Grundsätzen, Ängsten, unreflektierten Erfahrungen, taktischem Verhalten und eingefahrenen Gewohnheiten fest zusammengefügt hat. Bezeichnend für solche Doppelgängerauseinandersetzungen ist, daß weder am Streitgegenstand, noch bei den am Streit beteiligten Personen eine Entwicklung stattfindet. Ihr Ergebnis ist ein blockierendes Patt oder, daß sich eine Partei auf Kosten der anderen durchsetzt. Schließlich wird vielfach der Boden jeder Logik und Sachlichkeit verlassen. Dabei treten oft tiefsitzender Groll, bis dahin nie geäußerte Vorwürfe zutage. Steigert man sich nun gegenseitig, oder gelingt es, innezuhalten und eine reinigende Aussprache herbeizuführen?

Mit der ihm eigenen humorvollen Prägnanz schildert Loriot in seinen »Szenen einer Ehe« derartig menschliches Miteinander. Da nicht Doppelgänger die Verhandlungen über eine Veröffentlichung miteinander führten, ist es uns mit freundlicher Genehmigung des Diogenes-Verlages möglich, dieses Kapitel mit der Eheszene »Das Ei« abzuschließen.

Das Ei

Das Ehepaar sitzt am Frühstückstisch. Der Ehemann hat sein Ei geöffnet und beginnt nach einer längeren Denkpause das Gespräch.

Er Berta!
Sie Ja …
Er Das Ei ist hart!
Sie *(schweigt)*
Er Das Ei ist hart!
Sie Ich habe es gehört …
Er Wie lange hat das Ei denn gekocht …
Sie Zu viel Eier sind gar nicht gesund …
Er Ich meine, wie lange dieses Ei gekocht hat …
Sie Du willst es doch immer viereinhalb Minuten haben …
Er Das weiß ich …
Sie Was fragst du denn dann?
Er Weil dieses Ei nicht viereinhalb Minuten gekocht haben *kann!*
Sie Ich koche es aber jeden Morgen viereinhalb Minuten!
Er Wieso ist es dann mal zu hart und mal zu weich?
Sie Ich weiß es nicht … ich bin kein Huhn!
Er Ach! … Und woher weißt du, wann das Ei gut ist?
Sie Ich nehme es nach viereinhalb Minuten heraus, mein Gott!
Er Nach der Uhr oder wie?
Sie Nach Gefühl … eine Hausfrau hat das im Gefühl …
Er Im Gefühl? … Was hast du im Gefühl?
Sie Ich habe es im Gefühl, wann das Ei weich ist …
Er Aber es ist hart … vielleicht stimmt da mit deinem Gefühl was nicht …

Sie Mit meinem Gefühl stimmt was nicht? Ich stehe den ganzen Tag in der Küche, mache die Wäsche, bring deine Sachen in Ordnung, mache die Wohnung gemütlich, ärgere mich mit den Kindern rum, und du sagst, mit meinem Gefühl stimmt was nicht?

Er Jaja ... jaja ... jaja ... wenn ein Ei nach Gefühl kocht, dann kocht es eben nur *zufällig* genau viereinhalb Minuten!

Sie Es kann dir doch ganz egal sein, ob das Ei *zufällig* viereinhalb Minuten kocht ... Hauptsache, es *kocht* viereinhalb Minuten!

Er Ich hätte nur gern ein weiches Ei und nicht ein *zufällig* weiches Ei! Es ist mir egal, wie lange es kocht!

Sie Aha! Das ist dir egal ... es ist dir also egal, ob ich viereinhalb Minuten in der Küche schufte!

Er Nein-nein ...

Sie Aber es ist nicht egal ... das Ei *muß* nämlich viereinhalb Minuten kochen ...

Er Das habe ich doch gesagt ...

Sie Aber eben hast du doch gesagt, es ist dir egal!

Er Ich hätte nur gern ein weiches Ei ...

Sie Gott, was sind Männer primitiv!

Er *(düster vor sich hin)* Ich bringe sie um ... morgen bringe ich sie um ...

Durch Humor wird wie von einer höheren Warte aus die Diskrepanz zwischen Eigentlichem und Uneigentlichem deutlich. Wem es gelingt, mit der heiteren Gelassenheit eines Loriot solche Szenen anzuschauen, der wird schließlich zu einem versöhnlichen Lächeln finden.

Manchmal aber sitzt der Stachel tief. Ein völlig harmloser

Anlaß wird benutzt, den anderen zu kränken. Sollte es nicht möglich sein, sich einmal ganz ehrlich zu fragen: Warum bin ich jetzt eigentlich so eklig? Also: mit einem Lachen die Szene beenden, dann aber in einem ruhigen Gespräch, vielleicht zu einem anderen Zeitpunkt, der Sache auf den Grund gehen.

2. Mangel an seelischer Ausgewogenheit

Nachdem wir uns im vorangehenden Kapitel der Frage zugewandt hatten, wie die getrübte oder unausgebildete Wahrnehmung konfliktfördernd wirkt und dabei auch einige psychische Phänomene angesprochen haben, wollen wir uns nun Eigenheiten zuwenden, die, erkannt oder nicht, ein harmonisches Zusammenleben oder ein konfliktarmes Zusammenarbeiten sehr erschweren.

Ängste

In diesem Bereich sind wohl zuerst die Ängste anzuschauen. Wir alle haben sie und müssen mit ihnen leben. Sie gehören zum Menschen, der voll in der gegenwärtigen Kulturepoche steht, wie die Gottesfurcht oder die Furcht vor den Göttern die Menschen der vergangenen Kulturepochen zeichnete. Diese waren in ihrem Erleben noch nicht so auf sich bezogen, wie wir es sind, sondern lebten weit mehr in ihrem Umkreis, das heißt verbunden mit ihrem sozialen Verband, der Natur und die das soziale Leben und die Natur durchziehende Geistigkeit. Die unerbittlichen Konsequenzen, die jede Fehlhandlung nach sich zog, wurden sehr stark empfunden und zu Recht als übermenschliche Antwort auf menschliches Tun gefürchtet. Wir wissen heute, daß jeder mehr als nur geringfügige Eingriff in die Natur Folgen hat, die der Verursacher allein nicht mehr korrigieren kann, und daß es sich bei sozial schädlichen Handlungen ebenso verhält. Die Tat verläßt den persönlichen Rahmen und ist in ihrer Wirkung überpersönlich und hat Konsequenzen.

Davon zu unterscheiden sind die zunehmend auftretenden Ängste. Sie hängen damit zusammen, daß wir beginnen, uns als Individuen zu begreifen. In den Vordergrund rückt nun das Erleben des persönlichen Unglücks und eigener Unzulänglichkeiten. Noch ehe wir gehandelt haben, stellen sich Lebensängste, Versagensängste, Bindungs- und Verlustängste ein. Mit diesen weiß die Welt der Medien gekonnt umzugehen. Mit ihren Bildern von Katastrophen, Kriegselend, Gewalt, Verbrechen und Wettkämpfen stimuliert sie beim Betrachter jene Ängste, die im Medienalltag der Konsumenten als Nervenkitzel willkommen sind. Auf Dauer hat das schlimme Folgen, denn es führt bei vielen Menschen, insbesondere bei Kindern, zu akuten Angstzuständen.

Wer kennt nicht das erstmals in der Pubertät auftretende Gefühl, macht- und hilflos einer Welt gegenüber zu stehen, die »nicht gut« ist und in ihrer erdrückenden Vielfalt und Komplexität anscheinend keinen Raum für ein sinnvolles Dasein läßt, wobei gleichzeitig aber die Last der Verantwortung gespürt wird? Geläufig sind uns die Beklemmungen vor Prüfungen in weitestem Sinne, wenn ein Mißlingen die soziale Stellung in Gefahr bringt, wie auch das unsichere Zögern, wenn wir vor der Entscheidung stehen, uns mit einem Menschen oder Menschenkreis zu verbinden. Werde ich durch diese Beziehung zu stark gebunden? Werde ich den Schmerz verkraften, wenn es zum Bruch kommt?

Sozial unproblematisch ist es, wenn man sich in seinen Handlungen nicht allzusehr von einer derartigen Angst beeinflussen läßt, also mit einer gewissen inneren Distanz, vielleicht sogar mit einem Anflug von Humor über sie sprechen kann. Das setzt voraus, daß unser unbewußtes Seelenleben von einem Urvertrauen getragen wird. Dieses gründet sich in der gleichfalls unbewußten, bei manchen Menschen allerdings auch erarbeiteten Erkenntnis, daß, wie auch immer die Dinge sich entwickeln, unser Schicksal zutiefst und untrennbar mit unserem innersten Wesenskern zusammenhängt und letztlich sinnhaft ist.

Es gibt nun aber Menschen, deren Ängste immer wieder Ursachen von Konflikten werden, da ihre Handlungen und insbesondere ihr Sozialverhalten von diesen bestimmt werden. Solchen Ängsten liegen die von Fritz Riemann beschriebenen vier Grundformen der Angst zugrunde.[16]

Mit jeder der im vorangegangenen (s. S. 28 f.) beschriebenen vier seelischen Forderungen ist jeweils eine spezifische Form der Angst verbunden.

Die Forderung, ein einmaliges Individuum zu werden, das heißt unser Eigensein zu bejahen und zu entwickeln, führt im Gegenzug zu der Angst vor der Selbsthingabe. Wer vorwiegend die Selbstfindung zu leben versucht, also eine schizoide Persönlichkeitsstruktur hat, erlebt die Selbsthingabe als Ich-Verlust und Abhängigkeit. Infolgedessen sucht er kühle Distanz zu anderen Menschen zu wahren und die Beziehungen zu ihnen zu versachlichen. Er isoliert sich und hat demnach zu wenig Kenntnis von den anderen. Da er zur eigenen Vorstellungs- und

Gedankenwelt das meiste Vertrauen hat, sucht er diesen Mangel dadurch zu ersetzen, daß er die wenigen und sich zumeist auf Äußeres beschränkenden Wahrnehmungen rational auswertet und sich auf diese Weise Vorstellungen von den Mitmenschen bildet. Diese Vorstellungen spiegeln dann natürlich die Realität unzureichend oder gar nicht. Es kommt zu Fehleinschätzungen des anderen, dessen Handlungen und Reaktionen demzufolge für ihn überraschend sind. Das führt zu Mißtrauen sowie Enttäuschungen und wird Anlaß für den schizoiden Menschen, sich innerlich noch mehr zurückzuziehen und jede tiefere Bindung zu meiden, da er sie als bedrohlich erleben muß. Die Eigenheiten des schizoiden Menschen können sich bis zur krankhaften Selbstbezogenheit, zu wahnhaften Einbildungen und Wahrnehmungstäuschungen steigern.

Demgegenüber ist die Angst vor der Selbstwerdung das Gegenstück zu der zweiten an die Seele gestellten Forderung nach vertrauensvoller Öffnung für die Welt und die Mitmenschen. Die starke Neigung zu dieser Forderung, die dem depressiven Typus eigen ist, läßt ihn den Akt der Selbstwerdung als Herausfallen aus der Geborgenheit und Sturz in die Isolation erleben. Der deshalb starke Wunsch nach vertrautem Nahkontakt bringt die bei der depressiven Persönlichkeit vorherrschende Verlustangst mit sich. Um diese zu kompensieren ist sie zu großen Opfern bereit. Im übrigen versucht sie die erstrebte Nähe zum anderen Menschen herbeizuzwingen durch Verzichtsbereitschaft, Friedfertigkeit, Selbstlosigkeit und nicht zuletzt Bescheidenheit, die – scheinbar – nichts für sich fordert. Insgeheim aber fordert sie doch. Da unausgesprochene Bedürfnisse und Wünsche selten erfüllt werden, kommt es oft zur Enttäuschung über die »undankbaren« Mitmenschen, was ihre depressive Stimmung verstärkt. Der depressive Mensch wagt nicht, seine Enttäuschung in nach außen gerichteter Aggression zu entladen. Er unterdrückt sie. »Wir können sagen, daß die unterdrückte Aggression Depressiver eine ansteigende Linie erkennen läßt, die von der Überbesorgtheit, dem Ideologisieren von Bescheidenheit, Friedfertigkeit und Demut, über das lamentierende Jammern und die Dulderhaltung zur Wendung gegen sich selbst in Selbstvorwürfen, Selbstanklagen, Selbstbestrafung bis zur Selbstzerstörung führt.«[17]

Mit der dritten Forderung nach Bereitschaft zur Wandlung und Entwicklung ist die Angst vor dem Endgültigen und dem Unausweichlichen verbunden. Die überbetonte Wandlungsbereitschaft der hysterischen Persönlichkeit läßt sie jede verbindliche Ordnung, jede vereinbarte Regelung als Einschränkung erleben. Besagte Angst läßt sie diese ebenso wie gesellschaftliche Konventionen oder gar die Grundsätze der Logik (»Ich habe eine eigene Logik!«) durchbrechen. Das stößt die soziale Umwelt vor den Kopf. Die bereits angeführte Affinität der hysterischen Persönlichkeit zu den grenzenlosen Welten von Wunsch, Traum und Illusion (s.o. Seite 30) läßt ihre Mitmenschen oftmals fassungslos werden. Die Brücke des gegenseitigen Verstehens kommt hierdurch ins Wanken. Der Versuch, sie durch klare Absprachen oder bestimmte Anordnungen zu stabilisieren, hat wenig Aussicht auf Erfolg, denn eben deren richtunggebende und den Handlungsspielraum einengende Wirkung schürt die Angst der hysterischen Persönlichkeit, die sie wiederum dazu veranlassen wird, die Vereinbarung zu durchbrechen oder sich über die Anordnungen hinwegzusetzen.

Zuletzt kommen wir zu der vierten Grundform der Angst.[18] Das ist die Angst vor der Wandelbarkeit der Verhältnisse. Sie ist gewissermaßen der Schatten von der seelischen Forderung nach Dauer und Beharrlichkeit. In seiner einseitigen Ausrichtung auf diese Forderung erleidet der zwanghafte Mensch bei jedem Wandel das Gefühl tiefster Unsicherheit. Ist eine Änderung der Verhältnisse unausweichlich, wie zum Beispiel bei einem Mieter nach wirksamer Kündigung des Mietvertrages, und gilt es nun zwischen mehreren Möglichkeiten zu wählen, in unserem Beispiel also zwischen zwei angebotenen Wohnungen, wird die Entscheidung für ihn zu einer quälenden Angelegenheit. Allein der bevorstehende Wohnungswechsel ist für ihn schlimm genug. Dazu aber kommt die Ungewißheit, welche der beiden Wohnungen nun die bessere für ihn sei. Jede Entscheidung ist mit Ungewißheit und Risiken verbunden. Beide verstärken seine Angstgefühle. In unserem Beispiel fortfahrend, kann es deshalb dazu kommen, daß die beiden zur Auswahl stehenden Wohnungen an andere vermietet werden, ehe sich der Mieter für eine der beiden entscheiden kann. Infolge seiner zwanghaften Persönlichkeitsstruktur und den mit dieser verbundenen Ängsten wird seine Entscheidungsfähigkeit beeinträchtigt und in ausgeprägten Fällen sogar gelähmt. Verhält es sich so, dann kann der Mieter nicht fristgemäß ausziehen und besteht die Gefahr, daß der Vermieter gegen ihn Räumungsklage erhebt.

Die Konfliktbedeutung ausgeprägter und schließlich bestimmend werdender Ängste liegt darin, daß sie zumindest partiell irrationales, sozial rücksichtsloses Verhalten erzeugen. Die angstbedingte Selbstbezogenheit verhindert ein vorbehaltloses Sich-Öffnen gegenüber Lebenssituationen und anderen Menschen. Fehleinschätzungen sind die Folge. Die allein hierdurch schon irrationale Handlung wird dann oft noch mit sehr eigenartigen Sicherungshandlungen verbunden, so daß die gesamte Reaktion des von Ängsten Heimgesuchten für seine Umwelt überraschend und zumeist kränkend ist.

Die Möglichkeiten der sozialen Umwelt, solche Konfliktursachen zu beseitigen, sind gering, da sie schicksalshafter Natur sind und im frühkindlichen Alter veranlagt werden. Der von Ängsten Befallene kann sich nur selbst von ihnen befreien, und sei es, indem er sich der Hilfe eines Therapeuten anvertraut. Die Menschen um ihn herum können solches nur freilassend unterstützen, denn im seelischen Bereich kann eine Therapie ausschließlich nur dann hilfreich sein, wenn sie vom Patienten selbst wirklich gewollt wird.

Im übrigen kann die soziale Umwelt versuchen, von Ängsten geleitete, sozial kränkende Handlungen nicht moralisch abzuqualifizieren, sondern sie als Krankheitssymptom, als Folge einer beklagenswerten Deformation der Psyche zu sehen. Durch diese liebevolle Sachlichkeit, die nicht einmal einen Anschein von Herzlosigkeit haben darf, kann dann ein sozial heilendes Klima entstehen, das der vorangegangenen Destruktion entgegenwirkt. In einer solchen zwischenmenschlichen Atmosphäre kann ein aus Ängsten handelnder Mensch auch energisch in seine Schranken verwiesen werden, ohne daß es zum dauerhaften Bruch mit ihm kommen muß. Heillos wirkt derartiges dann, wenn diese Abwehr von einer inneren Vorwurfhaltung durchdrungen ist.

Seelische Sklerosen oder: »Der Herzen Härtigkeit«

Im Grunde genommen ist die soeben beschriebene Haltung gegenüber allen an Neurosen leidenden Menschen die einzige, die den Betroffenen und damit auch seiner Umgebung helfen kann, auch wenn dies schwerfällt und man sicher manche Kränkung hinnehmen muß. Darüber hinaus werden dadurch

Rahmenbedingungen geschaffen, innerhalb derer ein etwa hinzutretender Therapeut optimal wirken kann. Vielleicht fällt es uns leichter, solchen Phänomenen mit der notwendigen Sachlichkeit zu begegnen, wenn wir uns immer wieder vor Augen halten, daß wir einem Menschen mit körperlichen Gebrechen ja auch keine moralischen Vorhaltungen machen, sondern vielmehr versuchen, ihn zu nehmen, wie er ist.

Und genau das mißlingt mir persönlich allzuoft bei Menschen mit einer seelischen Grundverfassung, die so normal wie fürchterlich ist. Ich meine die, die ich in meinem Sprachgebrauch als seelische Sklerotiker bezeichne. Sie leiden an keiner Neurose oder Psychose, obschon gewisse autistische Symptome durchschimmern. Diese Menschen können sich einem anderen Menschen, einer neuen Idee oder einer bislang noch nicht gemachten Erfahrung nur soweit öffnen, als dies eben notwendig ist, um ihre soziale Stellung und ihren Wohlstand zu sichern oder zu mehren. Sie haben gewissermaßen ihre Seele imprägniert und ihr Herz mit einem Panzer umgeben. Damit wehren sie all jene Eindrücke aus Religion, Kunst und Wissenschaft ab, die ihre als voll berechtigt empfundene Selbstbezogenheit in Frage stellen könnten. Imprägnierstoff und Panzerschmiede sind wissenschaftliche, weltanschauliche und religiöse Versatzstücke, die sie mit unterschiedlicher, zum Teil hoher Intelligenz so miteinander verbinden, daß ihre unreflektiert bleibende Lebenseinstellung gerechtfertigt werden kann.

Als in einer Firma der Geschäftsführer in den Ruhestand ging, wurde von den Firmeneignern ein neuer eingestellt. Der neue Geschäftsführer genoß ihr besonderes Vertrauen, da er mit ihnen derselben religiösen Vereinigung angehörte und überdies zuvor eine soziale Einrichtung dieser Religionsgemeinschaft geleitet hatte. Kaum war er da, war er »ganz der Chef«. Der bisher gepflegte kooperativ kollegiale Arbeitsstil wurde durch eine bis in die Einzelheiten gehende hierarchische Struktur ersetzt. Frau F., die bisher sehr selbständig und mit Erfolg unter anderem die Außenstände zu bearbeiten hatte, wollte sich damit nicht ohne weiteres abfinden. Vergebens versuchte sie in einem Gespräch mit ihm, wenigstens einen Teil ihres Freiraumes zu erhalten. Dieser Versuch hatte für Frau F. die fatale Folge, daß der neue Geschäftsführer sich vornahm, ein Exempel zu statuieren, aus welchem für alle Mitarbeiter deutlich werden sollte, daß, wo er sei, keine Opposition geduldet werde; wer sich nicht in die Hierarchie widerspruchslos füge, habe zu gehen. Er gab Frau F. in der Folgezeit mündlich die Anweisung, wie sie mit bestimmten Kunden bezüglich noch nicht beglichener Rechnungen zu verfahren habe. Sie sollte diese Kunden vor Ablauf der vertraglich vereinbarten Zahlungsfristen anmahnen. Frau F. folgte der Anordnung, und der Protest dieser Kunden blieb nicht aus. Er war Anlaß für den Geschäftsführer, Frau F. eine schriftliche Abmahnung mit Kündigungsandrohung zukommen zu lassen. In der Buchhaltung von Frau F. verschwanden Belege und tauchten später nach langem Suchen an verkehrter Stelle wieder auf. Auch dies wurde schriftlich abgemahnt. Nach einer Reihe derartiger Vorfälle bestellte der Geschäftsführer Frau F. zu sich und eröffnete ihr, es falle ihm aus sozialen Gründen schwer, ihr zu kündigen, er habe aber, wenn es so weitergehe, keine andere Wahl; um ihr entgegenzukommen, biete er ihr jedoch eine einverständliche Aufhebung des Arbeitsvertrages an.

Das Konfliktverhalten dieser Menschen ist so berechenbar wie zerstörerisch. Ihr Recht ist ihnen alles, was ihrem Vorteil dient und im bürgerlichen Rahmen als noch tolerierbar erscheint. Zur Realität haben sie ein sonderbares Verhältnis. Absprachen, die man zum Beispiel mit ihnen trifft, werden von ihnen von vornherein so aufgefaßt oder später interpretiert, wie es ihnen am nützlichsten ist. Man weiß nie so genau, wo bereits die Wahrnehmung eines Geschehens von ihrem Egoismus fehlgeleitet wurde und wo die bewußte Lüge anfängt, die sie natürlich vor sich selbst mit gewundenen Begründungen zu rechtfertigen wissen.

Aus diesem Grunde empfiehlt es sich, im geschäftlichen Umgang mit ihnen alle Verträge schriftlich festzuhalten sowie im Laufe der weiteren Abwicklung alles irgendwie Bedeutsame zu dokumentieren, also still und emsig für den möglichen Konfliktfall Beweise zu sichern. Denn in diesem Falle und besonders vor Gericht wird man von Menschen diesen Schlags mit erstaunlichen Dingen konfrontiert.

Die feste Ummantelung des Wesenskernes eines solchen Menschen kann durch normale Konfliktfälle nie, und durch existentielle Auseinandersetzungen wie zum Beispiel bei einem Scheidungsverfahren höchst selten durchbrochen werden. Nur durch hohe, leidensschwere Opfer anderer Menschen kann hier etwas von außen her bewegt werden.

Während meiner Tätigkeit als Jugendstaatsanwalt war ich immer wieder tief berührt, wenn ich erlebte, wie manche Eltern von Drogenabhängigen, bewegt von der Sorge um ihre Tochter oder ihren Sohn, durch deren Festnahme aus ihrer Selbstbezogenheit und Verhärtung gerissen wurden. Bei der Suche nach den Ursachen der Abhängigkeit begannen sie das Leben als Entwicklungsweg zu verstehen, der im Falle ihres Kindes durch ihr eigenes Verschulden und durch gesellschaftliche Fehlentwicklungen empfindlich gestört worden war. Um helfen zu können waren sie bereit, etwas außerordentlich

Schweres zu lernen, nämlich ihr Kind tatsächlich selbstlos zu lieben. Das bedeutet, es zu lieben ohne Erwartung irgendeiner Gegenleistung, ja, trotz unzähliger Enttäuschungen, und das ohne Rücksicht auf die Meinung anderer. Und nur dies machte sie fähig, immer deutlicher zu erkennen, wann Nachsicht und wann beinharte Konsequenz dem Abhängigen gegenüber notwendig waren, um ihm bei der Überwindung der Sucht zu helfen. Wenn ich solches erlebte, hat sich mir oft die Frage aufgedrängt, ob die Drogenabhängigkeit eines Menschen nicht neben manch anderem unbewußt auch das zum Motiv hat, andere Menschen vor der Erstarrung zu bewahren?

Sympathien und Antipathien

Menschenbegegnungen sind von wechselseitigen Empfindungen der Sympathie oder Antipathie begleitet, die mit unterschiedlicher Intensität gefühlt werden. Ob unser seelischer »Belichtungsmesser« mehr in die eine Richtung oder mehr in die andere ausschlägt, hat, so vermute ich, viele Gründe. Sicherlich spielen dabei sogenannte Seelenverwandtschaften bzw. deren Gegenteil eine Rolle wie auch als angenehm empfundene Ergänzungen und abstoßend wirkende seelische Disharmonien. Des weiteren sind oft auch Erfahrungen mit Menschen ähnlichen Temperaments oder Charakters ausschlaggebend.

Die Tatsache allein, daß Menschenbegegnungen unwillkürlich von solchen Gefühlen begleitet sind, führt nicht zu Auseinandersetzungen. Die Gefahr von Konflikten wächst jedoch mit zunehmender Nähe zum anderen und wie die Wahrnehmung von ihm durch Sympathie oder Antipathie getrübt und unser Handeln unmittelbar, mithin unreflektiert davon bestimmt wird.

Finden wir einen Menschen sympathisch, neigen wir allzu schnell dazu, uns damit zufriedenzugeben. Mangels kritischer Distanz kann es dann auch geschehen, daß wir vieles von dem, was seine Gesamtpersönlichkeit ausmacht, nicht sehen. Deshalb kann er uns vielleicht eines Tages mit einer Bemerkung überraschen, die kränkt oder unerwartet unsere Pläne durchkreuzt.

Widerwille kommt in uns auf, der schnell zum Ausgangspunkt eines Streits werden kann. Enttäuschung kann man das nicht nennen, denn unsere Wahrnehmungsfähigkeit wird nunmehr durch den Widerwillen getrübt, das Bild vom anderen bleibt unvollständig oder gar verzerrt; wir bleiben getäuscht und werden nicht enttäuscht.

In Gruppen wirken ausgeprägte Sympathiebeziehungen oftmals sozusagen übers Eck konfliktfördernd. Wird ein Gruppenmitglied, das unsere Sympathie genießt, zu Recht kritisiert, fühlen wir uns spontan zu dessen Verteidigung veranlaßt. Folgen wir diesem Gefühl, muß das kritisierende Gruppenmitglied noch deutlicher werden, und die Situation wird unnötigerweise konfliktträchtig.

Finden wir einen Menschen unsympathisch, dann bringt uns, sofern der Kontakt zu ihm nicht ganz oberflächlich bleibt, unsere Antipathie in die Gefahr, bei jeder sich bietenden Gelegenheit Beweise dafür zu suchen, daß unser ablehnendes Gefühl berechtigt ist. Mit überscharfer Brille registrieren wir nicht nur jeden tatsächlichen Fehler des anderen, sondern auch das, was ein Fehler sein könnte. Häufig erlebt man derartiges in Arbeitszusammenhängen und besonders schmerzhaft trifft es uns, wenn wir in einem Abhängigkeitsverhältnis stehen und das Objekt der Antipathie einer Chefin, einer Lehrerin oder eines Ausbilders sind. Fehlhandlungen werden hierdurch geradezu provoziert. Die Atmosphäre ist latent konflikthaft, und kommt es zum offenen Streit, dann wird er häufig in der Form einer Doppelgängerauseinandersetzung ausgefochten.

Sind in einer Gruppe Sympathien und Antipathien ungleich verteilt und ist die Fraktion derer, die sich gegenseitig sympathisch sind, größer, dann muß sich diese sehr davor hüten, daß sie die anderen nicht ausgrenzt. Denn werden Ausgrenzungstendenzen spürbar, wächst auch die Konfliktgefahr und die Gefahr, daß die Gruppe auseinanderbricht.

3. Handeln ohne genügende Umsicht

Bei der Betrachtung exemplarischer Konfliktursachen wollen wir uns nun solchen zuwenden, die bei der Ausführung eines Vorhabens, also kurz gesagt im Handlungsbereich auftreten können.

Handeln, ohne die Erwartungshaltung des anderen im Bewußtsein zu haben.

Stellen Sie sich vor, Sie fahren mit Ihrem Pkw auf einer Straße im innerstädtischen Bereich. Die Straße hat in jeder Fahrtrichtung eine Fahrbahn. Vor ihnen fährt ein Lieferwagen mit einer Geschwindigkeit von rund 50 km/h. Sie folgen ihm mit einem »normalen« Sicherheitsabstand. Als Sie etwa 100 Meter vor einer Kreuzung sind, blinkt der LKW links, verzögert leicht seine Geschwindigkeit und ordnet sich nach links ein. Sie gehen etwas vom Gas und schließen leicht auf. Da bremst der LKW plötzlich stärker ab und biegt in eine 20 Meter vor der Kreuzung gelegene Einfahrt zu einem Farbenhandel links ab. Sie müssen eine Gefahrbremsung einleiten und haben alle Mühe, einen Auffahrunfall zu vermeiden. Gleich darauf stehen sie mit klopfendem Herzen und feuchten Händen an der Kreuzung und müssen erst einmal tief Luft holen. Was ist geschehen? Nun, Sie hatten sich darauf eingerichtet, daß der Lieferwagen erst an der Kreuzung links abbiegen und seine Geschwindigkeit weiter kontinuierlich reduzieren werde. Von dem tatsächlichen Geschehensverlauf waren Sie begreiflicherweise vollständig überrascht worden. Im Gegensatz zu Ihnen wußte der Fahrer des LKW, daß er rund 20 Meter vor der Kreuzung und nicht erst bei dieser links abbiegen werde. Er hätte als erfahrener Kraftfahrer wissen müssen, daß eben dies für den nachfolgenden Verkehr überraschend sein werde. Im Hinblick darauf hätte er seine Geschwindigkeit gleichmäßig langsam bis zu der Geschwindigkeit reduzieren müssen, mit der er dann schließlich in die Einfahrt hätte abbiegen können.

Was in diesem Straßenverkehrsfall deutlich wurde, können wir täglich im Beruf, im Freundeskreis und im Familienleben beobachten. Es kommt zu Konfliktsituationen, weil gehandelt wird, ohne die vorhersehbare Erwartungshaltung der Mitmenschen zu berücksichtigen. In einer Zivilisation mit komplexen Handlungsabläufen, die so schnell vonstatten gehen müssen, daß man sich nicht mehr in jedem Einzelfall mit den Betroffenen absprechen kann, ist ein ständig waches Bewußtsein davon erforderlich, wie die eigene Handlung sich in den Gesamtrahmen stellt und wie sie aus der Sicht der anderen wirkt. Das heißt nichts anderes, als daß in einer von Lieblosigkeit geprägten Kultursituation bereits die Notwendigkeit besteht, sich in andere oder – wie zum Beispiel im Straßenverkehr – auch völlig Fremde hineinzuversetzen, um Schäden aller Art und Konflikte zu vermeiden. Man muß sich also ihnen öffnen, was man durchaus als »Fingerübungen« für eine erneuerte Liebefähigkeit ansehen kann. Es ist so, als wenn im Winter mit klammen Fingern an störrischem Bindfaden das Schleifenbinden geübt wird; später im Mai können dann üppige Blumenarrangements gebunden werden.

Vernachlässigung sozialer Prozesse

Wer heute in einem Wirtschaftsunternehmen, in der öffentlichen Verwaltung oder in einer sonstigen Institution irgend etwas regeln möchte, kommt nicht daran vorbei, die unmittelbar von dieser Regelung Betroffenen zumindest vorher anzuhören und ihre Erfahrungen und Wünsche in die zu treffende Regelung einfließen zu lassen.[19] Nur so ist gewährleistet, daß die neue Regelung akzeptiert wird, praktikabel ist und von einiger Dauer sein kann. Es sind also bestimmte soziale Prozesse einzuleiten und einer Entscheidung voranzustellen. Aber wie häufig gerade dagegen verstoßen wird, möchte ich an dem folgenden Beispiel zeigen: Ich gebe im Winterhalbjahr an einer Fachschule jungen Landwirten Rechtskundeunterricht. In der Vergangenheit tat ich dies nach einem Lehrplan, der den Schülern ein breit angelegtes Grundwissen vermittelte. Nun erhalte ich plötzlich kommentarlos einen neuen, vom Landwirtschaftsministerium ausgearbeiteten und für die Fachschulen verbindlichen Lehrplan. Ich lese ihn, und Ärger steigt in mir auf. Da stolpere ich über didaktische Mängel beim Stoffaufbau und ausgemachten Unsinn wie der, daß mit dem Lernziel »Überblick über das Wesen des Rechts« der Lehrinhalt »Abgrenzung Gesetzes- und Gewohnheitsrecht, Privatrecht, Öffentliches Recht« verbunden wird. Kann denn eine Abgrenzung verschiedener Anspruchsgrundlagen und unterschiedlicher Rechtsgebiete an sich schon ein tauglicher Lehrinhalt für einen Laienkurs sein und zudem einen Überblick über das Wesen des Rechts verschaffen? Ein Konflikt bahnt sich an. Eine Änderung des neuen Lehrplanes wird in absehbarer Zeit nicht zu erreichen sein. Es widerstrebt mir jedoch, meinen Unterricht nach diesem auszurichten. Trete ich von meinem Lehrauftrag zurück, wird sich bis zum Schulbeginn kein Nachfolger finden lassen und die Schüler werden meutern. Fahre ich aber mit dem alten Lehrplan fort, was rechtswidrig wäre, dann könnten die Schüler in der schriftlichen Prüfung Nachteile haben. Es gibt noch weitere Verhaltensvarianten bis zu der, das Ganze einfach hinzunehmen. Letzteres schafft aber eine potentiell konfliktgefährdete Situation, denn meine damit verbundene Resignation hat den Konflikt nicht bewältigt, sondern nur verdrängt, weshalb es an anderen, unvorhersehbaren Schauplätzen zu Auseinandersetzungen kommen kann, die unterschwellig mit der Lehrplanänderung in Zusammenhang stehen. Denn wer unmotiviert tätig ist, dem fehlt die seelische Spannkraft, was zu vermindertem Leistungswillen wie auch einer Häufung von Fehlentscheidungen und sozial belastendem Verhalten führt.

Dieses Beispiel und viele uns allen schon begegnete Situationen ähnlicher Art zeigen, daß es eine Illusion ist, zu glauben, mit Anordnungen von »oben« könnte ohne weiteres irgend etwas schnell, durchgreifend und mit hinreichendem Erfolg bewerkstelligt werden.

Gruppen, die sich diese Erfahrung bewußt gemacht haben, neigen darum oft dazu, ins andere Extrem zu verfallen. In diesem Falle geht der Wille nun dahin, alles gemeinsam zu beraten und zu entscheiden. Das ist bei kleinen Gruppen, die sich auf eine zum Beispiel geisteswissenschaftliche Erkenntnisarbeit beschränken, und solchen, die bei einer Tätigkeit primär Sozial- und Selbsterfahrung suchen, in aller Regel auch richtig so. Anders verhält es sich aber bei Gruppierungen, die gemeinsam initiativ werden, etwas unternehmen wollen. Hier wird es problematisch, wenn zur Bewältigung der gestellten Aufgabe viele und unterschiedliche Aktivitäten entfaltet werden müssen und eine ganze Reihe von Menschen mitarbeiten. Denn jetzt wird der Prozeß der Entscheidungsfindung immer langwieriger, da eine Vielzahl von Dingen im Plenum besprochen und beschlossen werden muß und bei den meisten Mitgliedern das natürliche Bedürfnis besteht, sich zu jeder Sache geäußert zu haben. Das geht so lange gut, bis die Besprechungen Zeit und Kraft nehmen, die zur Erledigung der laufenden Arbeit erforderlich wären. Infolgedessen wird die Stimmung in den Besprechungen angespannter und schließlich immer gereizter. In solcher Atmosphäre können sich harmlose Meinungsverschiedenheiten zu beachtlichen Auseinandersetzungen und schließlich zu erregten Grundsatzdebatten aufblähen. Der Entscheidungsfindung dient das nicht, die Sitzung wird eben länger, und ihre Teilnehmer werden sie erschöpfter als zuvor verlassen. Enttäuschung macht sich breit, und schließlich beginnt auch hier die Motivation zu leiden.

Nach meinen Erfahrungen in und mit solchen Gruppen wird es in derartigen Fällen notwendig, die Rechtsstruktur der gemeinsamen Arbeit der Differenzierung der Arbeitsgebiete anzupassen. Dabei ist zu berücksichtigen, daß die Menschen heute nicht nur soweit als möglich an den sie betreffenden Entscheidungen beteiligt sein wollen, sondern mit gleicher Intensität den Wunsch und Willen haben, eigenverantwortlich handelnd Erfahrungen zu machen. Nur wenn sie das auch können und dürfen, wird ihre Motivation erhalten bleiben. Die Binnenrechtsstruktur einer solchen Gruppe wird also darauf auszurichten sein, die Gemeinsamkeit bei Beratung und Beschlußfassung aufs Notwendigste zu beschränken und die Delegation von Aufgaben zu fördern.

Die Arbeit im Plenum wird sich demnach auf vier Aufgaben beschränken: die Beschlußfassung in Angelegenheiten von großer Bedeutung, die Pflege des Überblicks aller Mitwirkenden über das Gesamtgeschehen der Unternehmung, die Besetzung und Beauftragung der Delegationen beziehungsweise die Verteilung von Aufgaben an einzelne und schließlich die regelmäßige Entgegennahme von Rechenschaftsberichten der Delegationen beziehungsweise derer, denen bestimmte Aufgaben übertragen wurden. Die dem Plenum vorbehaltene Beschlußfassung sollte jeweils durch die Delegation, in deren Sachgebiet die Angelegenheit fällt, vorbereitet werden, indem sie die erforderlichen Fakten zusammenstellt, wertet und dies zu Beginn der Beratung vorträgt.

Auf diese Weise wird ein Ausgleich zwischen den Notwendigkeiten von umfassender Mitbestimmung und freier Einzelinitiative möglich, was zu einer deutlichen Verminderung von Konflikten führen kann.

Zuletzt ist zur Vermeidung von Auseinandersetzungen bei der Beschlußfassung selbst noch einiges zu beachten. Nach langen, kontrovers geführten Beratungen neigen Gruppen dazu, mit einer Abstimmung in die Beschlußfassung einzutreten, ob »es« nun von den Mitgliedern gewollt werde oder nicht. Bevor dies geschieht, wäre aber zunächst zu prüfen, ob sich noch alle darüber einig und im klaren sind, um was es sich bei diesem »es« eigentlich handelt. Die unverzichtbare Nagelprobe ist hierfür die wörtliche Formulierung des zur Abstimmung stehenden Beschlusses. Sollte bereits eine formulierte Beschlußvorlage vorliegen, wäre zumindest zu fragen, ob sie auch unter Berücksichtigung der vorausgegangenen Beratung noch unverändert der Abstimmung zugrunde gelegt werden soll, oder ob sie zu modifizieren ist. Sollte keine ausformulierte Beschlußvorlage eingebracht worden sein, oder soll über sie in veränderter Form abgestimmt werden, bringt nur die Arbeit am genauen Wortlaut des Beschlusses die erforderliche Klarheit darüber, was gewollt wird. Das mag pedantisch klingen. Aber nur so kann gewährleistet sein, daß alle wissen, worüber abgestimmt wird. Das ist nach längeren Debatten, bei denen womöglich noch Alternativvorschläge erörtert wurden, durchaus keine Selbstverständlichkeit. Im nächsten Schritt wäre zu fragen, ob Alternativvorschläge vorliegen und ob über diese ebenfalls abgestimmt werden soll. Ist das der Fall, dann wären auch diese zu formulieren. Mit der Beschlußfassung sollte dann begonnen werden, wenn auch das geschehen ist. Der schließlich gefaßte Beschluß wäre zuletzt noch zu protokollieren. Ohne diese Prozedur besteht die Gefahr, daß über kurz oder lang Schwierigkeiten auftreten, sei es dadurch, daß bei der Ausführung des Beschlusses von diesem abgewichen wird, oder dadurch, daß trotz genauer Ausführung des Beschlusses Mißtrauen gesät wird, der Beschluß werde nicht eingehalten, wobei dieses Mißtrauen seine Nahrung aus der Unsicherheit von Gruppenmitgliedern bezüglich des Beschlußinhaltes bezieht.

Ausgrenzung von Gruppenmitgliedern

Durch gemeinsames Tun lernen sich Menschen kennen. In Verhältnissen dagegen, in denen hauptsächlich angeordnet und ausgeführt wird, erleben sie nur einen beschränkten Ausschnitt ihrer Persönlichkeiten. So bleibt es nicht aus, daß in einem Kreis von Menschen, die irgend etwas zusammen unternehmen, nach und nach Gemeinsamkeiten und Unterschiede deutlich hervortreten.

Wir kennen alle das Phänomen, daß nach kurzer Zeit in einer solchen Gruppe diejenigen, die Gemeinsamkeiten miteinander haben, jeweils näher zueinander rücken. Übrig bleiben vereinzelte, die zwar irgendwie dazugehören, aber mit den anderen nicht so viel gemeinsam haben, wie es unter diesen der Fall ist.

Die vereinzelten fallen in der Gruppe nicht nur deshalb auf, weil sie oft eine von den übrigen abweichende Ansicht äußern und einen eigenen Arbeitsstil haben, sondern häufig sind sie auch im sozialen Umgang sperriger, für die anderen schwieriger.

Natürlich gibt es in Gruppen auch immer wieder sehr individuelle Persönlichkeiten mit Ansichten, die nicht ohne weiteres von den anderen akzeptiert werden, die aber zugleich eine gut entwickelte Kontaktfähigkeit haben und in ihrem Sozialverhalten beweglich sind. Diese interessieren uns hier weniger, denn sie wirken konfliktabbauend, da sie zwischen »Fraktionen« vermitteln können.

Wenn man nun im Extremfall im Zusammensein oder in der Zusammenarbeit einfach das wirken läßt, was man als den Doppelgänger der Gruppe oder als die Kräfte bezeichnen könnte, die in ihrem Schatten wachsen, zeigt sich sehr schnell die Tendenz, daß die Gruppe die ungeliebten vereinzelten vor die Wahl stellt, sich anzupassen, oder zu gehen. Im nächsten

Schritt tritt eine Eskalation ein, indem die stärkste »Fraktion« dasselbe von den übrigen erwartet. Ist eine andere, annähernd gleichstarke Untergruppe vorhanden, beginnen die »Fraktionen« um die Anerkennung zu ringen, das Gruppenanliegen in seiner reinsten, besten Form zu vertreten. Derartiges geht nicht ohne Konflikte ab, seien es nun offen geführte oder untergründig schwelende.

Diese in jedem Zusammenschluß von Menschen auftretende Tendenz rührt unter anderem daher, daß wir uns schwer tun, Realitäten zu akzeptieren. Viel lieber folgen wir unseren höchst persönlichen und zudem recht oft begrenzten Vorstellungen. Ohne wachen Bewußtseinswillensakt steigen in uns ständig Vorstellungen auf, die dahin gehen, daß es für die Gruppe am besten wäre, ihre Mitglieder verhielten sich so, wie ich mich verhalten würde.

Die Realität ist jedoch die, daß um so mehr unterschiedliche Sichtweisen, Erfahrungen und Fähigkeiten zusammenkommen müssen, je umfassender die gemeinsam gesetzten Ziele sind. Und dazu gehören, sobald wir die Ebene der Lottogemeinschaften verlassen, immer auch solche, die einem fremd sind und sogar in Opposition zu dem Potential stehen, das man selbst in die Gruppe einbringt. Es gilt also, die Einfalt zu überwinden, die schlichte Wunschvorstellungen mit Realitäten oder Idealen verwechselt, damit die koordinierte Vielfalt im Ringen um die Erkenntnis des rechten Weges zu fruchtbaren Ergebnissen führen kann.

Wenn Seelenverwandtschaften oder die Übereinstimmung persönlicher Interessen bei einzelnen Gruppenmitgliedern zu Fraktionsbildungen führen, durch die das Geschehen da und dort bereits beeinflußt wird, ist es an der Zeit, daß die Karten auf den Tisch gelegt werden. Zunächst sollte im Plenum von jedem einzelnen geschildert werden, was er an Positivem in die Gruppe einbringt. Da man das von sich selbst nicht gut sagen kann, könnte ausgelost werden, wer welches Gruppenmitglied in diesem Sinne schildert. Anschließend sollte offen darüber gesprochen werden, wer zu welcher »Fraktion« gehört. Es soll damit das vorhandene Potential an Fähigkeiten und seine beginnende Zersplitterung in Grüppchen ins Bewußtsein gehoben werden, und zwar ohne jeden moralisierenden oder kritisierenden Unterton. Eine ruhige, klare Bestandsaufnahme in der Gruppe hat eine viel tiefergehende Wirkung, als alle Kritik und beschwörenden Appelle je erreichen können. Das Ganze muß allerdings in einem sehr frühen Stadium in die Wege geleitet werden, da es bei fortschreitender Polarisierung unmöglich wird, dies in der geeigneten Form und vor allem in sachlich-humorvoller Stimmung zu tun. In einer späteren Sitzung sollte dann darüber gesprochen werden, ob die ursprünglichen Intentionen der Gruppe noch lebendig sind, oder ob eine Kurskorrektur vorgenommen werden sollte.

Erscheinungsformen von Konflikten

Die Konfliktforschung verdankt Friedrich Glasl eine Vielzahl wesentlicher Erkenntnisse. Aus der Sicht des Unternehmensberaters wendet er sich in seinem umfassenden Werk »Konfliktmanagement«[20] der Diagnose und Behandlung von Konflikten in Organisationen zu. In diesem Zusammenhang kommt er zur Unterscheidung von formgebundenen und formfreien sowie von heißen und kalten Konflikten.

1. Formfreie und formgebundene Konflikte

Beim formfreien Konflikt wird die Konfrontation mit Mitteln betrieben, die keiner gesellschaftlichen Norm folgen. Weder die traditionellen »Spielregeln« noch Vereinbarungen oder Gesetze bestimmen das Handeln, es wird vielmehr nach der Maxime »Der Zweck heiligt die Mittel« vorgegangen.

Diese Konfliktform wird typischerweise von Gruppen oder auch Einzelpersönlichkeiten gewählt, wenn sie aus einer unterlegenen Position heraus die Gesamtstruktur eines gesellschaftlichen Verbandes ändern wollen. Im makrosozialen Bereich finden wir derartiges in der Strategie von terroristischen Vereinigungen, im mesosozialen Bereich kann solches Verhalten bei Fraktionskämpfen und im mikrosozialen Bereich zum Beispiel bei ehelichen Auseinandersetzungen auftreten.

Sind die Parteien ähnlich stark oder wertet die stärkere die schwächere dadurch auf, daß sie sich und ihre Ziele ernsthaft in Frage stellen läßt, kommt es kaum zu Auseinandersetzungen, bei denen es um Sein oder Nichtsein der Gesamtstruktur des Verbandes geht. In diesen Fällen sorgt die Bewegung im sozialen Miteinander für die erforderlichen Korrekturen und Reformen. Die Konfliktparteien haben Vertrauen in die von ihnen getragenen, wenn nicht gar von ihnen gemeinsam für den Konfliktfall geschaffenen Regeln und Institutionen. Sie neigen deshalb dazu, die Begrenzung und die Bewältigung von Konflikten durch Anwendung bestimmter Formen garantieren zu wollen, wie dies zum Beispiel bei der Anrufung von Schiedsstellen, Schiedsgerichten oder staatlichen Gerichten der Fall ist.

Erleben wir also, daß unser Gegner bei einer Konfrontation zu »unfairen«, »gemeinen«, »regelwidrigen« Mitteln greift, sollten wir uns zunächst einmal fragen, ob wir das nicht selbst provoziert haben, indem wir zu lange unsere Position als unbezweifelbar richtig dargestellt haben oder zur Konfliktbewältigung geschaffene Formen als Mittel zur Festigung der eigenen Position mißbrauchten.

Erkennen wir, daß wir nahezu jedes Mittel für recht halten, um unser Ziel zu erreichen, dann haben wir bereits den gleichen Fehler begangen wie unser Gegner, indem wir unsererseits die eigene Position zur einzig möglichen und richtigen hochstilisiert haben.

Aber wie ist es zu verstehen, wenn die andere Seite im Streit zu derartigen Mitteln greift, obschon wir dazu nicht den geringsten Anlaß gegeben haben? In dem Konfliktfall der F. mit dem neuen Geschäftsführer (s. S. 63 f.) hatte Frau F. allen

Grund, sich diese Frage zu stellen, denn der Geschäftsführer hatte ihr mehrere Fallen gestellt, um sie als völlig unzuverlässige Arbeitnehmerin erscheinen zu lassen, obschon sie nichts anderes getan hatte, als in einem offenen Gespräch mit ihm zu versuchen, ihre bisherigen Kompetenzen zu bewahren. Der Geschäftsführer war als Vorgesetzter zweifellos in der stärkeren Position. Dies aber nur, solange er sich in den Grenzen des Arbeitsrechts bewegte. Zum Arbeitsrecht gehört auch der gesetzliche Kündigungsschutz, der Frau F. dann eine gewisse Stärke gibt, wenn ihr ohne anerkannten Kündigungsgrund gekündigt werden sollte. Da Frau F. nun keinen Anlaß für eine wirksame Kündigung bot und der Geschäftsführer sie gleichwohl vor die Tür setzen wollte, griff er zu den Mitteln des formfreien Konflikts. Auf diese Weise wollte er »Tatsachen« schaffen, die als Grundlage für eine wirksame Kündigung dienen sollten und die gegebenenfalls ihm in einem Arbeitsgerichtsprozeß zum Sieg verhelfen sollten.

Je mehr die Selbstbezogenheit der Menschen und ihre seelischen Verhärtungen zunehmen und gleichzeitig die Bereitschaft schwindet, sich an die gesellschaftlichen Regeln, Gesetze usw. zu halten, um so mehr werden sich derartige formfreie Konflikte häufen. Sie werden so angelegt, daß mit unrechtmäßigen Methoden die Voraussetzungen geschaffen werden, die es möglich machen, bei einer formgebundenen Fortführung des Konflikts – in unserem Beispiel also mit der Kündigung – und im Gerichtsverfahren zum Ziel zu kommen.

Zuletzt soll ein weiterer Typ formfreier Auseinandersetzungen am Arbeitsplatz erwähnt werden, da auch er zunehmend an Bedeutung gewinnt. Dieser besteht darin, daß eine Gruppe von Beschäftigten eine Kollegin oder einen Kollegen »fertigmachen«. Das Opfer zählt in aller Regel zu denen, die nicht mit dem Rudel heulen und ist oft schon gesundheitlich oder seelisch angeschlagen. Es wird durch Gerede und Intrigen dieser Gruppe sozial isoliert und bei jeder sich bietenden Gelegenheit seelisch attackiert, indem man es deutlich spüren läßt, daß man es für minderwertig hält und es eine Zumutung sei, mit ihm zusammenarbeiten zu müssen. Was sich in diesen Fällen abspielt, ist das hemmungslose Schüren und Ausleben von Antipathien, um, wie ich vermute, Spannung in den öden Berufsalltag zu bringen und Frustrationen abzureagieren.

2. Heiße und kalte Konflikte

Namentlich von Rudolf Steiners Ausführungen zu »warmen und kalten Krankheitstypen«[21] und ihrem Erfordernis unterschiedlicher Behandlung wurde Friedrich Glasl angeregt, Auseinandersetzungen in heiße und kalte Konflikte zu unterscheiden.

Heiße Konflikte

Schauen wir uns zunächst ein Beispiel aus dem mikrosozialen Bereich an.

Frau P.-K. und Herr K. sind seit acht Jahren verheiratet. Herr K. ist als erfolgreicher Physiker in einem Industrieunternehmen beschäftigt, seine Frau ist ausgebildete Krankenschwester und war bis zu ihrer ersten Schwangerschaft berufstätig. Danach versorgte sie den Haushalt und die beiden inzwischen 5 und 6 1/

2 Jahre alten Kinder. Als das sorgsam geplante eigene Haus gebaut und bezogen war, nutzte Frau P.-K. die für andere Dinge frei gewordene Zeit und besuchte bei der Volkshochschule einen Kurs über Anthroposophie. Sie war begeistert davon. Dort wurde sie zu Gedanken angeregt wie die, daß der Mensch ein zur Freiheit veranlagtes Wesen sei, daß das von ihr während der Berufsausbildung so häufig erlebte schwere Leid nicht ohne Sinn sei und daß man Kranken noch mehr helfen könne, wenn die Medizin zur Heilkunst erweitert werde.

Mit ihrem Mann konnte sie wenig darüber sprechen. In seinem Beruf wurde sehr viel von ihm verlangt, was ihn mit Freude und Leistungswillen erfüllte. Er wollte ausspannen, wenn er nach Hause kam. Im übrigen konnte er mit derlei Gedanken kaum etwas anfangen; natürlich seien wir freie Menschen, in gewissen Grenzen verständlicherweise, und Leid, du lieber Himmel, arm dran, wen es erwische, in den Kliniken und bei den Sozialdiensten versuche man ja zu helfen, wo es nur gehe; und Heilkunst?, das sei doch ein Schmarrn; es möge sein, daß Einbildung da und dort geholfen habe, aber unverantwortlich sei es schon, mit anderen Kriterien als denen der exakten Wissenschaft an Krankheiten heranzugehen.

Frau P.-K. versuchte immer wieder, ihn in Diskussionen zu überzeugen, was jedesmal mit einer Verstimmung endete. Er sah, daß hinter ihrer Begeisterung wenig faktisches Wissen stand, und sie fühlte, daß ihr Weg langfristig aber der weiterführendere sei.

Die Kinder in der Waldorfschule anzumelden lehnte er ab; sie würden dort nicht genügend auf das reale, harte Leben draußen vorbereitet. Da meldete Frau P.-K. die beiden einfach auf eigene Faust an.

Sie besuchte schließlich einen von einem Waldorflehrer veranstalteten Malkurs und nahm an einem anthroposophischen Arbeitskreis teil, worauf ihr Mann ihr zum Vorwurf machte, sie sei zu wenig für die Familie da. In dieser Zeit empfand sie ein bisher selten erlebtes Glücksgefühl bei der Vorstellung, sich künstlerisch fortzubilden und Maltherapeutin zu werden. Er war dagegen, zumal dies für ihn Orts- und Arbeitsplatzwechsel sowie einen Verzicht auf die berufliche Karriere bedeutet hätte. In der Endphase einer Periode nächtlicher Diskussionen über dieses Thema war Frau P.-K. bereits soweit, in der Nähe einer entsprechenden Ausbildungsstätte nach einer Wohnung zu suchen » … für alleinstehende Mutter mit zwei Kindern«.

Von da an entwickelten sich die Dinge mit einer gewissen Hektik. In einer heftigen Auseinandersetzung warf Herr K. seiner Frau vor, sich über seine Lebensziele, die auch der Familie zugute kämen, das Bedürfnis der Kinder nach einem harmonischen Familienleben und die gemeinsame Planung für die Zukunft hinwegzusetzen, während sie ihm zum Vorwurf machte, daß er nur für seine Interessen, das heißt für seinen Beruf lebe und dabei ihre Persönlichkeitsentwicklung blockiere, was insgesamt nicht gut für die Kinder sei. Als sie ihn als primitiven, materialistischen Egoisten beschimpfte, schlug er nach ihr. Am nächsten Tage packte sie das Notwendigste zusammen und zog mit den Kindern zu einer Freundin, um von dort aus verstärkt nach einer Wohnung zu suchen. Die weitere Auseinandersetzung war geprägt von wechselseitig bei Gericht gestellten Anträgen auf Erlaß von einstweiligen Anordnungen. Jeder wollte sofort das Sorgerecht für die Kinder auf sich übertragen haben. Das Umgangsrecht des Vaters mit den Kindern mußte ebenso gerichtlich geregelt werden wie dessen monatliche Unterhaltsleistungen für Frau und Kinder.

Wir haben in diesem Beispiel einen typischen heißen Konflikt vor uns. Unabhängig von Art und Größe einer Gruppe ist Ausgangspunkt und bewegendes Moment derartiger Konflikte die Begeisterung für die eigenen Ziele, Ideale oder Glaubensinhalte. Diese Gemütslage bringt es mit sich, daß sie verabsolutiert werden. Die kritische Distanz zur eigenen Handlungsmotivation schwindet. Die Konfrontation wird zwar nicht gesucht, sie wird aber der eigenen Ideale wegen auch nicht vermieden. Ja, durch eben diese beflügelt, kommt es zum Wunsch, den anderen zu überzeugen, zur Überschätzung der eigenen Fähigkeiten und zu einer gesteigerten Aktivität, was andere, die nicht so ohne weiteres in gleicher Richtung begeistert werden können, zu Gegen- und Abwehrreaktionen veranlaßt.

Was in derartigen Auseinandersetzungen getan werden kann, wird noch unter verschiedenen Gesichtspunkten behandelt werden (s. S. 152 ff. und S. 234 ff.).

Kalte Konflikte

Das Gegenstück zu den heißen bilden die kalten Konflikte. Sie entstehen in Situationen, wenn die Stimmung der Parteien langwierig von Enttäuschungen, Desillusionierung und Frustration geprägt wird. Begeisterung kann hier nicht mehr aufkommen, sie wird als kindisch abgetan.

Die Parteien beurteilen ihre Situation nüchtern, oft von einem zynischen oder sarkastischen Unterton begleitet. Den anderen überzeugen zu wollen, hat man längst aufgegeben. Tief im Inneren hat man sich von ihm verabschiedet. Nur die äußeren Gegebenheiten, wie zum Beispiel die gemeinsame Wohnung, gemeinsame Kinder, der Trauschein oder der Arbeitsplatz nötigen zu einer Aufrechterhaltung der als quälend empfundenen Verbindung.

Diese für den kalten Konflikt typische Vereinzelungstendenz der Beteiligten führt dazu, daß zunehmend eine direkte Begegnung mit der anderen Seite und bei Gruppen mit mehr als zwei Beteiligten schließlich die mit den ursprünglichen Mitstreitern vermieden wird. In Behörden und Betrieben nimmt die schriftliche Kommunikation zu. Regelungen und Formen werden dazu benutzt, die eigene Position zu festigen und bei Gelegenheit der Gegenseite zu beweisen, wie unfähig sie doch sei. Da einen nichts mehr recht beflügelt, verkommt jede Aktivität im Dunstkreis des kalten Konflikts doppelt anstrengend zur reinen Pflichterfüllung. Zuletzt wird keine Chance mehr gesehen, den von Erstarrung und Abwehr geprägten Zustand zu ändern.

Das äußere Erscheinungsbild entbehrt jeder Turbulenz, bei entsprechendem Druck kommt allenfalls verkrampfte Hektik auf. Minister, Behördenleiter, führende Manager oder in Zweierbeziehungen die Lebensgefährten geben sich deshalb leicht der Illusion hin, es gäbe in ihrem Lebens- oder Zuständigkeitsbereich keine nennenswerte Konflikte. Für die Erkennbarkeit derartiger Konflikte kommt erschwerend hinzu, daß sie sich nicht an einem bestimmten Streitgegenstand entzünden. Ein kalter Konflikt baut sich vielmehr langsam auf und legt sich wie ein Schatten über einen ganzen Lebens- oder Arbeitsbereich, in welchem sich Anfeindung und Perspektivlosigkeit breitgemacht haben.

Eine der Ursachen für kalte Konflikte ist die Vernachlässigung sozialer Prozesse durch die Handhabung veralteter Führungsstile, die letztlich auf Befehl und Gehorsam, Anordnung und Ausführung beruhen, wie sie bereits (Seite 70 f.) angesprochen wurden. Das dort geschilderte Beispiel von der Fachschule könnte der Anfang eines solchen Konfliktes sein.

So ist es nur verständlich, daß diese Konfliktart typisch ist für große Industrieunternehmen, die öffentliche Verwaltung und, wie die jüngere Geschichte gezeigt hat, für ganze Staaten, solange sie von sozialistischen Diktaturen beherrscht wurden. In letzteren hatte man sich so sehr an diese Konfliktart als Dauerzustand gewöhnt, daß erfreulicherweise die Organe der Staatssicherheit ohne taugliche Handlungskonzepte dastanden, als sich im Jahre 1989 heiße Konfliktherde innerhalb des permanenten kalten Konfliktes auszubreiten begannen.

Eine andere mögliche Ursache sind gesellschaftliche Verhältnisse, die dem einzelnen nicht einmal die Hoffnung lassen, eigene Intentionen in seine Arbeits- oder Lebenszusammenhänge einzubringen. Vor nicht allzulanger Zeit noch wäre die im vorigen Kapitel geschilderte Konfrontation der Eheleute P.-K./K. ausgeblieben.

Die früher einschneidende und auch heute noch nicht völlig überwundene Diskriminierung der geschiedenen, alleinerziehenden Frau hätte damals dazu geführt, daß Frau P.-K. von der Unveränderlichkeit der Verhältnisse ausgegangen wäre, ihre Erfahrungen verdrängt und ihre Wünsche unterdrückt hätte. Unterschwellig wären die Erfahrungen und Wünsche jedoch wirksam geblieben mit der Folge, daß sie sich in latenter Unzufriedenheit und diversen Krankheiten und Leiden Ausdruck verschafft hätten. Es wäre einer der vielen von Gesprächsarmut und wechselseitiger Nörgelei geprägten Ehen geworden. Da sich die soziale Stellung alleinerziehender Frauen wenigstens soweit verbessert hat, daß Frau P.-K. die damit verbundenen Probleme für bewältigbar hielt, konnte sie versuchen, ihre Intentionen in die Ehe einzubringen und mußte die offene Auseinandersetzung mit ihrem Mann nicht scheuen.

Allerdings darf nicht übersehen werden, daß in dem geschilderten Fall, wie in allzu vielen anderen auch, nur der erste Schritt geleistet wurde, indem es der Frau möglich wurde, ihrer Wünsche bewußt zu werden, sie zu äußern und ihren Erfahrungshorizont zu erweitern. Gescheitert sind beide an der Aufgabe, dies in eine gemeinsame Lebensführung zu integrieren.

Als Außenstehender hüte ich mich davor, einem der beiden den größeren Teil der Schuld anzulasten. Unter keinen Umständen dürfen wir aber in derartigen Fällen vergessen, daß die Trennung der Eltern bei den Kindern nahezu immer zu schweren seelischen Verwundungen führt, da Kinder wie selbstverständlich in ihrem Innersten davon ausgehen, daß Mama und Papa zusammenbleiben, während sie sich nun von einem geliebten Elternteil trennen müssen. Und ferner, daß in vielen Fällen der Elternteil, der allein zurückbleibt, schwer daran trägt, die Beziehung zu den eigenen Kindern nur noch im Rahmen eines Umgangsrechts pflegen zu können.

Fragen zum Thema:

Frage:
Daß in Gruppen oder Betriebsgemeinschaften alle an sämtlichen Überlegungen und Beschlüssen beteiligt sein wollen, ist verständlich und zeitgemäß. Andererseits zeigt die Erfahrung, daß Opfer dafür nicht gebracht werden möchten (Sitzungen nach Dienstschluß oder am Wochenende usw.). Muß es nicht doch bestimmte »Hierarchien« geben?

Antwort:
Es ist tatsächlich so, daß die Mitarbeiter in Institutionen oder Betrieben, welche über das gesetzliche Maß hinaus Mitbestimmungsrechte einräumen oder gar nach den Prinzipien der Selbstverwaltung arbeiten, wesentlich mehr Zeit für ihren Beruf aufwenden als ihre Kolleginnen und Kollegen, die in konventionelle hierarchische Strukturen eingebunden sind. Wenn man zwischen einem Arbeitsplatz in einem hierarchisch geführten Betrieb und einem selbstverwalteten Unternehmen wählen kann, dann muß man sich entscheiden, ob man die Fremdbestimmung am Arbeitsplatz ertragen oder die Kraft für die Selbstbestimmung aufbringen möchte.

Diese Selbstbestimmung ist eine neue Kulturerrungenschaft. Wir haben deshalb wenig Erfahrung damit. Wenn wir uns also entschließen, in einen Betrieb mit wirklicher Mitbestimmung oder gar in ein selbstverwaltetes Unternehmen einzutreten, begeben wir uns in einen Kreis von übenden Menschen. An die Stelle des Schemas »Anordnung – Ausführung« treten nun soziale Prozesse, die sich zwischen den Beteiligten abspielen. Die sozialen Prozesse leben von der Kommunikation. Diese nimmt mehr Zeit in Anspruch, als wenn ein Vorgesetzter eine Entscheidung trifft und entsprechende Anordnungen gibt. Begegnen sich Menschen als Vorgesetzte und Untergebene, dann können sie sich darauf zurückziehen, sich nur in ihrer jeweiligen Rolle zu begegnen und das, was ihre Persönlichkeit im übrigen ausmacht, bedeckt zu halten. Begegnen sich aber Menschen in der Zusammenarbeit als rechtlich gleichgestellte, müssen sie sehr viel mehr von ihrer gesamten Persönlichkeit einbringen. Da sind dann nicht nur Sachkompetenz und die Fähigkeit, sich verständlich zu machen, gefragt, sondern auch soziale Fähigkeiten wie Kooperationsbereitschaft, Takt, die Gabe des sich

Zurücknehmenkönnens und was dergleichen mehr ist. Es spielen dann auch Sympathien und Antipathien, Verletzlichkeiten und Befindlichkeiten eine größere Rolle. Kurzum, das Berufsleben wird nicht leichter, aber bunter und befriedigender, da über viele Stunden am Tag nicht nur ein Persönlichkeitsausschnitt zum Tragen kommt, sondern die Gesamtpersönlichkeit gefordert und dadurch in ihrer Entwickung gefördert wird.

Natürlich nehmen auch Konflikte im selben Maße zu, wie die hierarchischen Strukturen schwinden. Von vorgesetzter Stelle kommende Regelungen mögen bei den davon Betroffenen Unmut erregen. Da die Untergebenen aber in der schwächeren Position sind, lassen sie es nur in seltenen Fällen zum offenen Konflikt kommen. Kommt es innerhalb einer hierarchischen Ebene zwischen den Mitarbeitern zu Konflikten, dann können diese »von oben« gewissermaßen weggeregelt werden, indem zum Beispiel bei persönlichen Reibereien Versetzungen vorgenommen werden oder bei sachbezogenen Problemen bestimmte Anordnungen erfolgen. Sind die Konfliktparteien jedoch durch die Selbstverwaltungsstruktur gleichgestellt, müssen sie ihre Konflikte selbst bewältigen. Auch das fördert die Persönlichkeitsentwicklung der Beteiligten, wie wir noch sehen werden (s. S. 160 f.). Die Arbeit in einem nach Selbstverwaltungsprinzipien aufgebauten Unternehmen führt also zu einem sozialen Erfahrungsweg.

Dieser soziale Erfahrungsweg ist für jeden der Beteiligten auch ein innerer Weg, da die meisten sozialen Fähigkeiten im Leben erst erworben werden müssen, und das setzt die Bereitschaft und den Willen voraus, sie zu erringen, das heißt an sich zu arbeiten. Diese Arbeit bringt als Gewinn eine Reifung der Persönlichkeit, wofür jedoch das Opfer größerer beruflicher Beanspruchung erbracht werden muß.

Die Bereitschaft, an sich zu arbeiten und dafür Opfer zu bringen, kann nicht erzwungen werden. Sie kann nur Folge eines freien Willensentschlusses sein. Für alle, die in ihrem Leben andere Schwerpunkte setzen wollen, gibt es genügend Arbeitsfelder, die keine derartigen Opfer verlangen.

Muß aber für alle diejenigen, die den sozialen Erfahrungsweg gehen wollen, die Selbstverwaltung so kraftraubend sein, wie sie es vielfach ist? Ich meine, nein. Ein Schlüssel zu einer weniger kräftezehrenden Selbstverwaltung liegt in der Einrichtung der »bestimmten Hierarchien«, die in der Eingangsfrage angeführt sind. Jede Zusammenarbeit von Menschen benötigt das Element der Führung. Die Frage ist nur, wer mit welchen Kompetenzen und in welchem zeitlichen Rahmen die Führung ausübt. Wenn in einer selbstverwalteten Institution, die mehr zu bearbeiten hat als ein kleines, sehr überschaubares Arbeitsfeld, alle Gruppenmitglieder undifferenziert gemeinsam führen wollen, dann führt das zu den vorstehend aufgezeigten Problemen (s. S. 72). Die Problemlösung liegt darin, die anfallenden Selbstverwaltungsarbeiten auf einzelne Gruppenmitglieder oder kleine Gruppen zu delegieren.

Der Einfachheit halber möchte ich auch die Übertragung von bestimmten Aufgaben auf einzelne als Delegation bezeichnen. Die Gesamtheit aller, die an der Selbstverwaltung beteiligt sind, richtet zunächst Delegationen ein, indem sie genau beschreibt, welche Aufgabe jede einzelne Delegation hat, welche Kompetenzen die in der Delegation Tätigen haben sollen und für welche Zeitdauer Institutionsmitglieder in die Delegation gewählt werden. Sodann werden die Delegationen besetzt, indem die darin tätig sein sollenden Menschen von der Gesamtheit der in der Selbstverwaltung arbeitenden gewählt werden.

Mit der Einrichtung und Besetzung der Delegationen wurde die Führung auf ein flach organisiertes Netzwerk von Kleingruppen und Einzelpersönlichkeiten delegiert. Während ihrer Arbeitsperiode kann nun jede Delegation innerhalb des ihr gesetzten Aufgabenbereichs und im Rahmen der ihr zugeteilten Kompetenzen frei arbeiten. Ihre Arbeitsresultate sind während der laufenden Mandatszeit von den übrigen Institutsmitgliedern hinzunehmen, ihre Beschlußfassungen sind für alle davon Betroffenen verbindlich. Damit sind in neuer Form Hierarchien entstanden, die sich aber von den Hierarchien herkömmlicher Führungsstrukturen dadurch unterscheiden, daß sie zum einen rein sachbezogen sind und auf der Sachkompetenz der Delegationen beruhen, zum anderen zeitlich begrenzt sind und zum dritten ihre Rechtsposition durch eine demokratische Entscheidung aller an der Selbstverwaltung Beteiligten erhalten. Die Aufgaben, die dann noch der Gesamtkonferenz oder dem Plenum verbleiben, sind oben auf Seite 73 dargestellt. Ganz wesentlich ist hierbei die vom Plenum zu leistende Kontrolle der Delegationen, die dadurch gewährleistet ist, daß diese dem Plenum periodisch zur Rechenschaft verpflichtet sind.

Der hier vorgeschlagene Weg kann zu einer wesentlichen Entlastung im Bereich der Selbstverwaltung führen, wobei der Entlastungseffekt in dem Maße steigt, in welchem Aufgaben und Kompetenzen vom Plenum delegiert werden. Das bedeutet aber zugleich Machtverlust, denn mit Beginn der Arbeit nach dem Delegationsprinzip endet die Möglichkeit jedes Mitglieds, zu jeder Zeit in jeden Selbstverwaltungsbereich eingreifen zu können. Deshalb stößt die Einrichtung einer derartig flachen Organisationsstruktur bei Menschen mit einem aus vergangenen Zeiten tradierten Machtbewußtsein auf erhebliche Widerstände.

Alle anderen Formen von hierarchischen Strukturen stammen aus der Vergangenheit und entsprechen nicht mehr dem gegenwärtigen Bewußtsein. Je länger sie aufrechterhalten werden, desto kränkender werden sie sich auf das soziale Leben auswirken. Dies zeigt sich in den Erschöpfungszuständen selbstverwalteter Unternehmen und Institutionen ohne differenzierte Organisationsstrukturen. Bei herkömmlich hierarchisch geführten Unternehmen, sozialen Verbänden und staatlichen Einrichtungen ist hierfür die Zunahme von Korruption und Ämterpatronage ein deutliches Zeichen.

Frage:
In manchen Betrieben bzw. Gruppen wird über Informationsmangel geklagt. Aber gibt es nicht auch Überinformation? Muß nicht an einer Stelle vorentschieden werden?

Antwort:
Unzureichender Informationsfluß ist ein typisches Problem der im herkömmlichen Sinne hierarchisch geführten Unternehmen und staatlichen Einrichtungen. Das liegt unter anderem daran, daß Kommunikation und Information eng miteinander verbunden sind und überall dort, wo die Kommunikation mangelhaft ist, auch Information nicht zu den Selbstverständlichkeiten gehört. Bei der vorigen Fragenbeantwortung wurde auf die mangelnde Kommunikation in derartigen Einrichtungen hingewiesen. Ein weiterer Grund hierfür ist der, daß sich in allen Institutionen, die nach dem Schema »Anordnung – Ausführung« arbeiten, Obrigkeitsdenken einnistet. Aus dieser Sicht ist die Information der ausführenden Organe nur in dem Maße notwendig, als sie für

die anordnungsgemäße Ausführung gerade erforderlich ist. Da derartigen Strukturen ein mechanistisches Bild zugrunde liegt, wonach jeder Mitarbeitende ein Rädchen einer großen Maschinerie ist, wird der Faktor Mensch übersehen. Für die Motivation eines Menschen am Arbeitsplatz ist es jedoch unerläßlich, daß er einen gewissen Überblick über die Gesamtzusammenhänge hat und den Sinn seiner Arbeit sehen kann. Aus diesem Grunde ist oftmals der Mangel an Information eine der Ursachen, die schließlich zu einem kalten Konflikt (s. S. 84) führen.

Das Problem der Überinformation ist dagegen typisch für die Leitungsebenen herkömmlich strukturierter Institutionen und für selbstverwaltete Unternehmungen, sofern diese nicht nach dem Delegationsprinzip dezentral flach organisiert sind. Das hängt bei beiden mit dem ungelösten Machtproblem zusammen. Wer Macht ausüben will oder meint, Macht ausüben zu müssen, muß kontrollieren. Wer kontrolliert, hat das Bestreben, seine Kontrolle so lückenlos wie möglich zu gestalten. Um das zu erreichen, zieht er sich immer mehr Informationen bei. Auch wenn die sich schließlich häufenden Informationen gar nicht mehr verarbeitet werden können, so verbreitet ihr regelmäßiger Zufluß doch das beruhigende Gefühl, alles unter Kontrolle zu haben. Das Überangebot an Informationen macht es denen, die davon überschwemmt werden, schwer, das Wesentliche vom Unwesentlichen zu unterscheiden. Die Folge hiervon ist, daß die Quote der Fehlentscheidungen wächst, wodurch Konfliktherde entstehen.

Aus meiner Erfahrung als Vorstandsmitglied einer Freien Waldorfschule, die dabei ist, sich nach dem Delegationsprinzip dezentral flach zu strukturieren, kann ich nur feststellen, wie ungemein entlastend es ist, nicht mehr über alles Bescheid wissen zu müssen, sondern darauf vertrauen zu können, daß die Organe der Selbstverwaltung ihre Aufgaben selbständig erledigen. Der Informationsfluß zu den Vorstandsmitgliedern unserer Schule ist so geregelt, daß sie soviel an Informationen erhalten, wie gerade notwendig ist, um konkrete Gefährdungen der Schule oder die Gefährdung Außenstehender durch die Schule rechtzeitig erkennen zu können.

Gleichgültig, um welche Art von Organisationsstruktur es sich handelt, ist die Informationsfrage immer ein Problem, da es schwer ist, die Mitte zwischen zuviel und zuwenig einzuhalten. Vorentscheidungen an anderer Stelle sind hier nicht sehr hilfreich. Wesentlicher ist vielmehr, daß diejenigen, die andere informieren sollen, sich in deren Lage versetzen. Das bedeutet, daß sie sich deren Vorinformationen vergegenwärtigen und die Aufgabenstellung vor Augen halten, für welche diese weitere Informationen benötigen. Hinzu kommt, daß das unter diesen Gesichtspunkten zusammengestellte Informationsmaterial so aufbereitet wird, daß es sofort verständlich ist und in seinen wesentlichen Punkten erinnert werden kann.

»Vorentscheidung« ist in selbstverwalteten Institutionen dann angebracht, wenn sich das Plenum der Mitarbeiter in einer bestimmten Frage die Entscheidung vorbehalten hat und eine Delegation damit beauftragt wurde, diese Entscheidung vorzubereiten. In solchem Falle hat die Delegation sämtliche Informationen, die zur Entscheidung erforderlich sind, beizuziehen und zu sichten. Die Delegation kann nun des weiteren – und es ist sinnvoll den Delegationsauftrag von vornherein entsprechend zu erteilen – die Informationen beurteilen und einen aus dieser Beurteilung folgenden Entscheidungsvorschlag als Beschlußvorlage erarbeiten. Im Plenum werden sodann die wesentlichen Informationen so vorgetragen, daß sich für die Zuhörer ein Bild ergibt. Anschließend erläutert die Delegation, zu welchen Urteilen sie aufgrund des gewonnenen Bildes gekommen ist, und begründet damit ihren Entscheidungsvorschlag. Ein derartiges Vorgehen kann die Sitzungen des Plenums straffen, wenn anschließend nur noch Verständnisfragen zugelassen werden und dann zur Abstimmung übergegangen wird. Das setzt jedoch voraus, daß die Mitglieder des Plenums Vertrauen in die Sachkompetenz der Delegation haben. Bei einem derartigen Vorgehen werden tatsächlich von der Delegation Vorentscheidungen getroffen, denn ihre Beschlußvorlage kann vom Plenum nur noch angenommen oder mit der Folge abgelehnt werden, daß eine neu zu besetzende Delegation von neuem mit der Arbeit beginnt. Die ursprünglich beauftragte Delegation ist dann von der weiteren Arbeit an dem Projekt zu entbinden, da sie, wie aus der Ablehnung ihrer Beschlußvorlage deutlich wurde, nach Ansicht der Mehrheit im Plenum nicht die genügende Sachkompetenz hatte, eine annehmbare Beschlußvorlage zu erstellen.[22]

Frage:
Sicher kann man sich fragen, ob man es nicht selbst provoziert hat, wenn der Gegner zu unfairen oder gemeinen Mitteln greift. Aber, wie verhält man sich, wenn er wirklich gemein ist und man sich zudem in einem Abhängigkeitsverhältnis (zum Beispiel Arbeitgeber oder alleinverdienender Ehemann) befindet und man ihm vollkommen wehrlos ausgeliefert ist?

Antwort:
Ein derartiger Fall ist in dem Beispiel von Frau F. und dem neuen Geschäftsführer (s. S. 63) und in den Fällen gegeben, bei

welchen eine Kollegin oder ein Kollege »fertiggemacht« werden soll (s. S. 80 f.). Es handelt sich hierbei um Fälle des sogenannten »job mobbing«. Solche und andere Fälle des formfreien Konfliktes im Rahmen von Abhängigkeitsverhältnissen sind außerordentlich problematisch. Da es dabei auf die Art des Abhängigkeitsverhältnisses (Arbeitsverhältnis, Ehe, nichteheliche Partnerschaft, Ausbildungsverhältnis usw.) ankommt und die seelische wie auch körperliche Verfassung des oder der jeweils Betroffenen eine große Rolle spielt, ist eine generelle Beantwortung der Frage nicht möglich. Grundsätzlich kann nur soviel gesagt werden, daß in allen solchen Fällen das Opfer verloren ist, wenn es sein Selbstbewußtsein verliert und unsicher wird. Infolge dieses Zustandes nämlich macht das Opfer bei der Erledigung seiner Aufgaben Fehler und begeht auf sozialem Felde Ungeschicklichkeiten, welche die ersten tatsächlichen Angriffsflächen schaffen. Wer in derartige Situationen kommt, sollte sich frühzeitig Rat und Hilfe holen. Findet der Konflikt am Arbeitsplatz statt, ist in diesem Zusammenhang an den Betriebsrat zu denken und/oder an eine Rechtsanwältin oder einen Rechtsanwalt. Handelt es sich um einen Partnerschaftskonfikt, kann sich das Opfer an das Jugendamt oder Amt für Jugend und Familie seiner Gemeinde bzw. seines Kreises wenden, die es entweder selbst beraten oder andere Beratungsstellen nennen. Sind die Übergriffe derart, daß gegen den Täter rechtliche Maßnahmen in Erwägung zu ziehen sind, sollte mit der Konsultation eines Rechtsanwalts oder einer Rechtsanwältin nicht gezögert werden. Wer nicht in der Lage ist, eine solche Konsultation zu bezahlen, kann bei dem für seinen Wohnort zuständigen Amtsgericht einen Beratungsschein für eine kostenlose Erstberatung erhalten.

In unserem Beispielsfall wäre Frau F. zu raten, bei jeder weiteren Anordnung ihres Geschäftsführers diesen zu bitten, ihr die Anordnung schriftlich zu erteilen oder, sollte er dies verweigern, selbst die Anordnung niederzuschreiben und ihm zur Unterschrift vorzulegen. Darüber hinaus wäre Frau F. zu empfehlen, bezüglich aller Ungewöhnlichkeiten, die sich im Zusammenhang mit ihrer Arbeit ergeben, Beweise zu sammeln, das heißt die Vorfälle unauffällig zu dokumentieren und die Richtigkeit der Dokumentation von einer Kollegin oder einem Kollegen bestätigen zu lassen. Sollten diese aus Angst vor dem Arbeitsplatz hierzu nicht bereit sein, muß nach Rücksprache mit einer Anwältin oder einem Anwalt an eine andere Form der Beweissicherung gedacht werden.

Allen diesen Fällen gemeinsam ist, daß das, was helfen kann, in der gegebenen Situation außerordentlich schwerfällt: sein Selbstbewußtsein aufrechtzuerhalten, unbeirrbar überlegt zu reagieren und unerschütterlich korrekt zu handeln.

Recht und Gerechtigkeit

Es gibt keine Einzelschuld, es gibt nur Gesamtschuld. Wir müssen uns durchaus gegenwärtig halten, daß die Bestrafung eines Verbrechers durch unsere Behörden nur den Schein der Gerechtigkeit für sich hat, nicht die Gerechtigkeit selbst, denn wie könnte die wahre Gerechtigkeit sich gegen einen einzelnen wenden, sie, die das ganze Gewebe des Lebens vor sich ausgebreitet sähe.

Christian Morgenstern

Das Recht

Die Frage nach Recht und Gerechtigkeit stellt sich durchaus nicht bei allen Kontroversen. Um feststellen zu können, auf welcher Ebene zwischenmenschlicher Beziehungen sich diese Frage stellt, muß zunächst geklärt werden, was es mit dem Institut des Rechts und dem Walten der Gerechtigkeit auf sich hat.

Im Eingangskapitel »Von Krisen umgeben« (S. 13 ff.) wurde dargestellt, wie sich die Menschen bereits in der Jungsteinzeit aus einem ursprünglichen Gruppenbewußtsein herauszuentwickeln begannen und ein Gefühl für ihr Eigensein erwarben; wie aus diesem Grunde im Umgang miteinander immer weniger Handlungen und Reaktionen vorbestimmt waren und gedanklich faßbare Regeln an die Stelle magisch oder mythisch geprägter Verhaltensmuster traten. Damit war in groben Zügen die Entstehung des Rechts umrissen worden.

Das Recht wird für unser Tun und Lassen auf jener sozialen Beziehungsebene prägend, auf welcher es um Rechte und Pflichten, also um die Erwartbarkeit von Verhalten[23] geht. Damit soll das menschliche Zusammenleben so geregelt werden, daß Konflikte weitgehend vermieden werden können.

Zur Verdeutlichung: Damit unser Straßenverkehr funktionieren kann, muß von vornherein für jede Einmündung und Kreuzung feststehen, wer vorfahrtsberechtigt und wer wartepflichtig ist. Die hierfür getroffenen Regelungen müssen für jedermann gelten, unbesehen des Grades seiner Persönlichkeitsentwicklung oder seines sozialen Status, denn ich muß an jeder Kreuzung oder Einmündung, an der ich Vorfahrt habe, erwarten können, daß mir diese von jedem Verkehrsteilnehmer eingeräumt wird. Ansonsten wäre ein flüssiger Verkehr nicht möglich, da man an jeder Ecke vorsichtshalber die Geschwindigkeit reduzieren oder anhalten müßte. Es wird schon hier deutlich, daß auf dieser Ebene neben dem Prinzip der Erwartbarkeit von Verhalten das Gleichheitsprinzip tritt, das heißt die Menschen begegnen sich auf der Rechtsebene als Gleiche.

Mit dem letztgenannten Prinzip ist notwendig eine gewisse Nivellierung[24] verbunden, die offenbar nicht ohne weiteres hingenommen wird. Es ist in diesem Zusammenhang an gewisse Verkehrsteilnehmer zu erinnern, die anscheinend ein Fahrzeug mit »eingebauter Vorfahrt« haben, und an solche, die ihrer besonderen Dynamik dadurch Ausdruck verleihen, daß sie auf der Überholspur drängeln, dann schneidig rechts überholen und schließlich mit unverminderter Geschwindigkeit in eine Nebelbank eintauchen.

Das Ausleben individueller Fähigkeiten ist zweifellos sehr berechtigt, aber nur innerhalb des entsprechenden Lebensbereiches und nicht, wenn es um die Einhaltung von Regeln geht, die ein gemeinsames Leben und Arbeiten wie auch die Entwicklung des einzelnen erst möglich machen und das notwendige Mindestmaß an Sicherheit vor Gefährdungen garantieren sollen.

Diese Regeln, seien es nun Gesetze, Satzungen (zum Beispiel von Vereinen), Gesellschaftsverträge oder sonstige Vereinbarungen, sind von allen Betroffenen, das heißt von allen mündigen Betroffenen zu beschließen. Ob die Beteiligung an der Beschlußfassung mittelbar oder unmittelbar zu sein hat, hängt von der Anzahl der Betroffenen und auch davon ab, wie diese sich in bestimmten Fragen das Zustandekommen einer Regelung einrichten wollen (s. S. 72 f.). Wie sich Anordnungen ohne Beteiligungsmöglichkeit der Betroffenen auswirken können, wurde im Lehrplanfall (S. 70 f.) und bei der Darstellung kalter Konflikte (S. 84 ff.) angedeutet. Aber auch hier muß wieder ein Stück Nivellierung in Kauf genommen werden. Denn das Recht zur Teilnahme am Beschluß einer rechtlichen Regelung wird nur an den Kriterien der Mündigkeit und der Betroffenheit festgemacht. Die Berücksichtigung individueller Faktoren wie Herkunft, Bildung usw. auf der Rechtsebene würde einen Rückfall in die Verhältnisse der Ständegesellschaft bedeuten.

Aus einer Reihe von Diskussionen weiß ich, daß auch Beispiele aus einem so überschaubaren Bereich wie der des Verkehrsrechts nicht immer davon zu überzeugen vermögen, daß gesunde gesellschaftliche Verhältnisse nur gegeben sein können, wenn sich die Menschen Regeln geben, die für alle davon Betroffenen Gültigkeit haben und von diesen auch eingehalten werden. Gerade fortschrittliche, moderne Menschen, die bei der sozialen Gestaltung von Gemeinschaften nach neuen Ufern Ausschau halten, hatten hier ihre grundsätzlichen Fragen. Es war bei ihnen zu spüren, daß sie eigentlich zutiefst in ihrem Inneren nach Sozialformen suchen, die letztlich ohne Regeln auskommen könnten, weil jeder aus Einsicht und Verantwortungsgefühl im richtigen Moment das Richtige tue.

Diese Skepsis gegenüber allem, was mit dem Rechtsleben zusammenhängt, hat wohl drei Wurzeln:

1. Im makrosozialen Bereich (also auf staatlicher Ebene) liegen Negativerfahrungen vor, die Jahrhunderte alt sind und da-

her entsprechend schwer wiegen. Zum einen war Recht als Herrschaftsinstrument mißbraucht worden und kann auch heute noch so erlebt werden, trotz manchen Fortschritts. Da Rechte zumindest scheinbar Legitimation verschaffen, ist die Versuchung nahezu unwiderstehlich, erworbene Machtpositionen rechtlich abzusichern, um jeden Angriff auf diese Machtpositionen als Rechtsbruch diskreditieren zu können. Zum anderen hatte die zunehmende Zahl sprachlich für den Bürger schwer verstehbarer Gesetze und ihre unbekannten Regeln folgende Auslegungstechnik zu einer weiteren Entfremdung der Bürger zu allem, was Juristerei ist, geführt.

2. Im mesosozialen Bereich der Industrie- und Handwerksunternehmen, der gemeinnützigen Institutionen, der Schulen und Universitäten oder des Gesundheitswesens mit seinen Krankenkassen und Versicherungen etc. wurde seit den vergangenen 100 Jahren eine Verrechtlichung der Verhältnisse herbeigeführt, die es den einzelnen Institutionen oder Unternehmen immer schwerer macht, ihrer eigentlichen Aufgabe nachzugehen. Im Bestreben, Mißbräuche zu verhindern und politische Ziele durchzusetzen, werden Dinge einer rechtlichen Regelung unterworfen, die entweder so gar nicht geregelt werden können, weil es sich um Erkenntnisfragen des Einzelfalls handelt (wie zum Beispiel welche Medikamente der Arzt M. dem Patienten U. verschreiben möchte), oder die sinnvoll nur von den Betroffenen selbst geregelt werden können (wie zum Beispiel die Regeln, nach denen Lehrer in einem Kollegium miteinander arbeiten wollen).

3. Schließlich läßt der Wunsch des einzelnen nach weitestgehender Selbstbestimmung und individueller Lebensführung jede verbindliche Regelung als Einengung der eigenen Entfaltungsmöglichkeit empfinden.

Bei aller berechtigter Skepsis kann letztlich nicht geleugnet werden, daß es ohne klare rechtliche Regelungen nicht geht. Und auch in ferner Zukunft wird sich daran wenig ändern, selbst wenn Einsichtsfähigkeit und Verantwortungsgefühl der Menschen stark zunehmen würden.

Ist doch die Annahme, das verbindliche Netz von Rechten und Pflichten könne durch Einsicht und guten Willen ersetzt werden, eine Illusion, die letztlich Initiativkräfte lähmt.

Nehmen wir an, drei Personen A, B und C wollen eine Messe für kindgerechtes Spielzeug vorbereiten. Um zusammenkommen zu können, müssen sie Ort und Zeit für eine Besprechung vereinbaren. Sie machen daher miteinander aus, sich am 15. März um 9.00 Uhr bei A zu treffen. Damit haben sie auf der Rechtsebene ihrer Beziehung eine Regelung getroffen. Sollte nun C, aus welchen Gründen auch immer, die Einsicht haben, es sei viel günstiger, sich um 14.00 Uhr bei B zu treffen, werden die drei nicht zusammenkommen, wenn C im besten Willen einfach aus seiner Einsicht handelt. Gelingt es ihm, noch rechtzeitig mit den anderen eine Terminverlegung abzusprechen, ist auf der Rechtsebene die alte Vereinbarung aufgehoben und eine neue geschlossen worden. Es bleibt dabei: Nur wenn sich alle an das Vereinbarte halten, können die drei ihre Initiative entfalten, die vorbereitende Erkenntnisarbeit leisten und später den Bedarf der Spielwarenhändler nach einer Messe für kindgerechtes Spielzeug befriedigen.

Was hier im überschaubar kleinen gilt, trifft auch im großen zu. Je mehr Menschen allerdings von einer Regelung betroffen sind, desto schwerer wird es, notwendig erscheinende Rechtsanpassungen herbeizuführen. Solange das nicht geschehen ist, muß man sich an die Regeln halten, da die anderen ja ihr Verhalten im Vertrauen auf deren Befolgung einrichten. Auch das ist nicht ohne tieferen Sinn. Wir werden so, wenn auch schmerzlich, daran erinnert, daß wir keine uns selbst versorgenden Einsiedler sind, sondern in sozialen Verbänden leben und nicht nur die Vorteile davon abschöpfen können, sondern auch die damit verbundenen Lasten zu tragen haben.

Das hat jedoch da seine Grenze, wo die Wahrnehmung von Rechten oder die Erfüllung von Pflichten mit unserem Gewissen unvereinbar ist.

Lähmend wirkt es, wenn die Rechtsebene dominierend wird, da sie von den sozialen Grundbedingungen her sozusagen dienend zwischen zwei anderen sozialen Beziehungsebenen zu stehen hat.

Von diesen wird eine Beziehungsebene dadurch geprägt, daß jedes Individuum über bestimmte körperliche und seelische Fähigkeiten verfügt (zum Beispiel Geschicklichkeit, Intelligenz, Fachwissen, soziale Fähigkeiten usw.) und diese um so wirkungsvoller einsetzen und steigern kann, je freier es in ihrer Entfaltung ist. Wir wollen sie daher in Anlehnung an Christof Lindenau[25] als Fähigkeitsebene bezeichnen.

Bei Künstlern leuchtet das unmittelbar ein. Die Ödnis linientreuer Kunst faschistischer oder sozialistischer Regime sagt da genug; ebenso die miserable ärztliche Versorgung in Systemen mit staatlich verordneter Fürsorge und vorgegebenen Therapieplänen. Und weil das so ist, wird in der Industrie die stupide, bis in die Bewegungsabläufe hinein vorgegebene Fließbandarbeit zunehmend von Produktionsweisen ersetzt, die es den Produzierenden erlauben, ihren Arbeitsplatz und den Arbeitsablauf allein oder als Team selbst zu gestalten. Das wird nicht aus irgendeiner Menschenfreundlichkeit so gestaltet, sondern weil es sachgerecht und das Sachgerechte immer ökonomisch ist. Im Prinzip muß also überall dort weitestgehende Freiheit herrschen, wo wir als initiativ tätige in der Gemeinschaft stehen.

Auf dieser Ebene darf die Freiheit nur von zwei Seiten durch Regelungen eingeschränkt werden. Einmal von außen, wenn es um die Abwehr von Gefahren geht, und dann, wenn wir innerhalb einer Gemeinschaft tätig sind, aus den inneren Notwendigkeiten des Zusammenwirkens.

Im Schulwesen bedeutet dies zum Beispiel, daß der Lehrer in der Gestaltung des Unterrichts frei sein muß, sich aber an den Stundenplan, den Lehrplan und die Schulordnung zu halten hat, während das Kollegium hinwiederum als Gruppe frei sein muß, den Stundenplan, den Lehrplan usw. ohne Einflußnahme von außen zu gestalten. Dagegen muß es sich an die mit den Eltern in den Schulverträgen getroffenen Vereinbarungen halten. Von außen sollte, wenn man die Funktion des Rechts ernst nimmt, auf der Rechtsebene nur insoweit auf das Schulgeschehen Einfluß genommen werden, als dies eben zur Gefahrenabwehr unumgänglich ist.

Auf der dritten Ebene begegnen sich die Menschen in der Gesellschaft als Wesen mit Bedürfnissen aller Art, seien es materielle wie solche nach Nahrung, Kleidung, Wohnung etc., seien es seelische zum Beispiel nach Kunst, Unterricht oder Zerstreuung. In einer arbeitsteiligen Gesellschaft wie der unsrigen sind wir nahezu vollständig davon abhängig, daß andere unsere Bedürfnisse befriedigen. Solange wir im Berufsleben stehen, tragen wir dazu bei, daß irgendein Teilbereich der Bedürfnisse anderer abgedeckt werden kann, wogegen eine unüberschaubare Anzahl von Menschen daran arbeitet, unter anderem auch unsere Bedürfnisse zu befriedigen. Die Bedürfnisse der Menschen sind nun aber nicht nur quantitativ vielfältig, sondern auch von Mensch zu Mensch recht unterschiedlich.

Möchte ich an der Befriedigung eines Bedürfnisses mitarbeiten, muß ich den Bedarf der Zielgruppe oder gar des einzelnen kennen. Je mehr ich mich dieser oder ihm zuwende, desto mehr wird es mir möglich sein, wirklich etwas Befriedigendes zu leisten. Je mehr also auf der Bedürfnisebene das Prinzip der inneren Zuwendung, der Brüderlichkeit handlungsbestimmend wird, desto ökonomischer und umfassender werden Bedürfnisse befriedigt werden.

Wenn wir unter diesem Gesichtspunkt das Schulwesen anschauen, bedeutet das, daß wir auf der einen Seite Eltern sehen, die ein Bedürfnis nach schulischer Ausbildung und Erziehung ihrer Kinder haben, und auf der anderen Seite Lehrer, die ihre Erziehungs- und Unterrichtsleistungen anbieten. Um das Bedürfnis der Eltern befriedigen zu können, müssen sich auch Lehrer, wie das im Wirtschaftsleben gefordert ist, fortlaufend mit diesen Bedürfnissen vertraut machen, da sie anderenfalls die soziale Beziehungsebene der Bedürfnisse vernachlässigen. Ganz gleich, ob es sich um eine staatliche Schule oder eine Schule in freier Trägerschaft handelt, führt das mangelnde Interesse an den Bedürfnissen von Eltern und Schülern auf der Elternseite zu Mitbestimmungsforderungen. Auf diesem Wege wollen die Betroffenen sicherstellen, daß ihre Interessen berücksichtigt werden. Da die geforderte Mitbestimmung immer in das Gefüge von Rechten und Pflichten eingreift, wird also das ursprünglich auf der sozialen Beziehungsebene der Bedürfnisse gegebene Problem auf die rechtliche Beziehungsebene verlagert. Derartiges wirkt kränkend auf den sozialen Organismus und damit konfliktfördernd.

Die mangelnde Bereitschaft, sich auf die Bedürfnisse anderer Menschen einzulassen, kann nicht durch rechtliche Bestimmungen ersetzt werden, ohne daß dadurch notwendige soziale Prozesse verhindert werden. Wenn die eine Seite versucht, ihre Interessen zu formulieren, und die andere Seite dies zu verstehen versucht, findet ein klärendes Gespräch statt. Die durch ein solches Gespräch gewonnene Klärung versetzt die potentiellen Anbieter erst in die Lage, selbst feststellen zu können, ob sie die Fähigkeiten und den Willen haben, die Bedürfnisse zu befriedigen. Erst nachdem dies geschehen ist, kann gegebenenfalls das Weitere vereinbart werden, das heißt kann auf die soziale Beziehungsebene des Rechts übergewechselt werden. Durch den unmittelbaren Zugriff auf die Rechtsebene tritt oft ein weiteres kränkendes Element hinzu. Dadurch, daß den Bedürfnissen zu wenig Interesse entgegengebracht wurde, entsteht bei den Betroffenen ein Druck, der sich im Kampf um mehr Rechte entlädt. In solcher Situation geschieht es, daß Mitbestimmungsforderungen auf die soziale Beziehungsebene der Fähigkeiten ausgedehnt werden und schließlich, wenn sich die Betroffenen durchsetzen, in diesem Bereich Dinge geregelt werden, die nicht geregelt werden können, ohne daß dadurch bei denen, die die Bedürfnisse befriedigen sollen, die freie Entfaltung von Fähigkeiten behindert und Initiativkräfte gelähmt werden.

Die zwischen den beiden sozialen Beziehungsebenen der Fähigkeiten und der Bedürfnisse liegende Rechtsebene zeichnet sich dadurch aus, daß, wie wir in dem Fall mit der Spielzeugmesse gesehen haben, auf ihr Vereinbarungen geschlossen werden, die menschliches Verhalten erwartbar machen, das heißt, daß wechselseitige Rechte und Pflichten bestimmt werden (dort zum Beispiel das Recht zur Teilnahme an der Besprechung und die Pflicht zum pünktlichen Erscheinen).

Setzt einer, der an einer Vereinbarung mitwirkt, unter dem

Einsatz wirtschaftlicher Macht oder durch sein Pochen auf Vorrechte seine Interessen durch, sind diejenigen, die das nolens volens hinnehmen müssen, immer geneigt, bei nächster Gelegenheit die Vereinbarung zu brechen, da der gemeinsam gefaßte Beschluß von ihnen nicht voll akzeptiert wird. Deshalb setzt eine tragfähige Vereinbarung oder Beschlußfassung voraus, daß sich alle Beteiligten als gleiche auf der Rechtsebene begegnen, also die Sache ohne offene oder verdeckte Machtausübung aushandeln.

Den Beziehungen der Menschen liegen demnach Gesetzmäßigkeiten zugrunde, die sich wie folgt beschreiben lassen:[26]

Das Fähigkeitenpotential eines sozialen Verbandes entwikkelt sich um so fruchtbarer, je mehr er Interesse an der Entwicklung der Fähigkeiten seiner Mitglieder hat und diesen Raum schafft, ihre Fähigkeiten frei einzusetzen und zu entwickeln.

Das Rechtsleben eines sozialen Verbandes erweist sich als um so tragfähiger, je mehr es auf ein in demokratisches Verhalten gewandeltes Streben nach Gleichheit aller Partner gegründet wird.

Ein sozialer Verband wird den von außen an ihn gerichteten Erwartungen wie auch den Bedürfnissen seiner Mitglieder um so mehr gerecht, als sich sein Interesse im Hinblick auf diese Erwartungen und Bedürfnisse vertieft.

Die Kenntnis und Beachtung dieser Gesetzmäßigkeiten führt letztlich dazu, daß Fremdbestimmung auf der Fähigkeitsebene, Frustration auf der Bedarfsebene und, was uns hier besonders interessiert, Machtausübung auf der Rechtsebene schwinden. Ihre Mißachtung ist andererseits ein steter Ausgangspunkt für Konflikte unterschiedlichster Art. Das ist in allen sozialen Bereichen der Fall, bei der Zweierbeziehung angefangen bis hinauf in den staatlichen Bereich. Habe ich zuwenig Interesse an den Bedürfnissen meines Ehepartners, dann führt das zu einem Entfremdungsprozeß, der früher oder später konflikthafte Formen annimmt. Bin ich durch ein starres Regelungskorsett an der Entfaltung meiner Fähigkeiten gehindert, treibt es mich entweder in die Resignation und damit in den kalten Konflikt, oder ich beginne zu rebellieren, was einen heißen Konflikt entstehen läßt. Nehme ich mir die »Freiheit«, eine Vereinbarung nicht einzuhalten, kommt es zum Streit mit all jenen, die in ihren Erwartungen getäuscht sind. Das sind nun einfache und überschaubare Beispiele. In den meisten Fällen sind die Verhältnisse jedoch so komplex, daß die Mißachtung der auf den jeweiligen sozialen Beziehungsebenen herrschenden Gesetzmäßigkeiten nicht ohne weiteres als Konfliktursache erkennbar ist.

Die befriedigende Wirkung des Rechts beruht in einer sozialen Gemeinschaft, die jetzt in ihrer Dreigliedrigkeit differenziert wahrgenommen werden kann, darauf, daß mit dem Recht die Freiräume der Selbstbestimmung auf der Fähigkeitsebene ebenso geschaffen werden können wie auf der Bedarfsebene die Organe zur Bedürfniswahrnehmung und die Bedingungen für die Bedarfsdeckung.

Gerechtigkeit

1. Als was erleben wir Gerechtigkeit?

Gerechtigkeit erleben wir, wenn uns zuteil wird, was wir zu unserer Entwicklung, unserer Individuation,[27] unserer Entelechie[28] benötigen. Wird uns ein Mitmensch gerecht, dann fördert er uns bewußt in dieser Hinsicht. Ob das den Erfahrungen des Lesers entspricht, mag jeder anhand eigener Erlebnisse prüfen. Dabei ist allerdings zu beachten, daß Ungerechtigkeit und deren Extrem, die Willkür, dem alltäglichen Fühlen und Denken viel eindrücklicher sind, denn sie schmerzen. Da wird die Würde des Menschen verletzt. Darum sind wir auch stets geneigt, jeden Akt, mit dem uns weh getan wird, vorschnell als ungerecht zu diffamieren, und alles, was uns Behagen schafft, als nur gerecht zu verteidigen.

Im weiteren Verlauf des Umgangs mit diesem Problem wird sich zeigen, daß gerade bei schicksalhaften Ereignissen im Zusammenhang mit Ungerechtigkeit die Sache paradox wird. In vielen derartigen Fällen läßt sich feststellen, daß die erlittene Ungerechtigkeit uns dazu führte, wichtige Erfahrungen zu machen und neue Fähigkeiten zu erwerben, zu denen wir ansonsten in diesem Leben nicht gekommen wären. Das ist die eine Seite. Die andere Seite ist, daß dies den ungerecht Handelnden unter keinen Umständen entschuldigen kann. Sollte eine Ungerechtigkeit doch einmal entschuldbar sein, so sind die Gründe dafür auf einem ganz anderen Feld zu suchen.

Handlungen, bei denen wir imstande waren, einem anderen Menschen gerecht zu werden, sind daran erkennbar, daß wir ohne Eigennutz tätig waren, uns hellwach und einfühlsam ausschließlich davon leiten ließen, was sich uns als objektiv erforderlich darstellte.

2. Biblisch: Der Gottlose ist nicht gerecht

Der Gerechten Pfad glänzt wie das Licht am Morgen,
das immer heller leuchtet bis zum vollen Tag.
Der Gottlosen Weg aber ist wie das Dunkel; sie wissen nicht, wodurch sie zu Fall kommen werden.

Sprüche 4, 18 und 19

Das in der Bibel am häufigsten genannte Merkmal des Gottes, der die Kinder Israel aus Ägypten führte, ist bei weitem nicht, daß er allmächtig sei, sondern seine Gerechtigkeit. Auch wenn es – wie in unserem Bibelzitat – um Menschen geht, stehen nicht die Frommen im Mittelpunkt des biblischen Interesses, sondern die Gerechten.[29] Die in diesem Zusammenhang mehrfach erfolgende Gegenüberstellung von Gerechten und Gottlosen läßt keinen Zweifel daran, daß gerecht sein soviel bedeutet, wie dem gerechten Gott zugewandt sein, in seinem Lichte zu wandeln.

Bei den übrigen Völkern spielte in vorchristlicher Zeit die Gerechtigkeit, zunächst als Göttin wesenhaft erlebt und später als Tugend, eine nicht unbedeutende Rolle, die aber in keinem

Falle auch nur annähernd so zentral war wie in der Geschichte Israels.

Wenn wir uns noch einmal vergegenwärtigen, daß Gerechtigkeit-Waltenlassen dahin geht, den Entwicklungskeimen eines einzelnen Menschen oder einer Gruppe ihre Entfaltung zu ermöglichen, dann haben wir auch einen Schlüssel zum Verständnis, warum das so ist. Jahwe ist ein richtender Gott, der keine anderen Götter, also keine anderen Entwicklungstendenzen neben sich duldet. Schenkend und strafend wirkte er auf das Volk Israel ein, damit es zum Gefäß wurde, aus dem für die weitere Weltentwicklung der Christus Jesus, die zum Mensch gewordene Kraft der Wandlung, hervorgehen konnte.

3. Der gerechte Mensch

Gerechtigkeit und Erkenntnis

Nicht ohne Grund ist aus biblischer Sicht die Gerechtigkeit eng mit der göttlichen Sphäre verbunden, entpuppt sie sich doch auf menschlicher Ebene als tägliches Ringen um Höchstes. Was in alten Zeiten in die Hand des Allmächtigen gelegt war, ist heute dem Menschen selbst überantwortet.

Es beginnt im kleinen, wie beim Eingreifen in den Streit sich zankender Kinder, führt über die Konfrontation mit den Schwächen nahestehender Menschen bis hin zur Mitwirkung an Entscheidungen, ob jemand in eine Gruppe oder ein Arbeitsverhältnis aufgenommen wird.

Überall sind wir zum Handeln aufgerufen, manchmal zu einer raschen Entscheidung gezwungen, die im Ergebnis für den Betroffenen entwicklungsfördernd oder hemmend sein kann. Um ein Geschehen oder ein Verhalten gerecht beurteilen zu können, kann die Erkenntnisgrundlage gar nicht breit genug sein. Doch wie schmal, wie erweiterungsbedürftig ist sie zumeist!

Wir können hier bezüglich des Erkenntnisprozesses an unsere Überlegungen zu der ersten Gruppe der Grundursachen für Konflikte anknüpfen (S. 39 ff.). Jeder bewußt unternommene Schritt in Richtung einer sozial fördernden Konfliktvermeidung oder eines sozial heilenden Konfliktverhaltens führt dazu, daß wir dem anderen am Konflikt Beteiligten in dem angedeuteten Sinne mehr gerecht werden. Wie ein roter Faden zog sich durch jenes Kapitel die uralte delphische Erfahrung[30], daß das wirkliche Erkennen anderer Menschen unlösbar mit dem nach innen führenden Weg der Selbsterkenntnis verbunden ist und sich von dort wieder zur Welterkenntnis öffnet.[31]

Diesem Erfahrungsweg folgend kann man entdecken, daß die Erkenntnisprozesse nur in einem bestimmten Umfang an die Materie gebunden sind, und ferner, daß die häufigsten Hemmnisse auf diesem Gebiet seelischer Natur sind. Einige wurden bereits geschildert, auf weitere wird noch kurz eingegangen werden.

Insofern, als wir die Umwelt mit unseren leiblich physischen Organen wahrnehmen, also sehen, hören, riechen usw., ist die Materie von unmittelbarer Bedeutung. Ob nun das, was aus der Sinneswelt auf uns zukommt, bei uns Empfindungen auslöst, zu Begriffen führt und Zusammenhänge sichtbar werden läßt, ist dagegen eine rein seelische Angelegenheit. Wir alle haben schon erlebt, daß wir mit offenen Augen eine bestimmte Sache nicht gesehen haben, weil wir in diesem Moment seelisch »ganz woanders« waren. Das kann zu ganz materiellen Beulen führen, indem man zum Beispiel gegen einen Laternenpfahl läuft oder gar einen Auffahrunfall verursacht.

Die von außen kommenden Sinnesreizungen führen also nur zur Wahrnehmung, wenn die Seele sich ihnen zuwendet und öffnet. Das geht wie von selbst beim Anblick eines Gebirgspanoramas im Abendlicht, weil es angenehme Empfindungen weckt, oder bei der Beobachtung des Straßenverkehrs, weil es einfach notwendig ist. Schon schwieriger wird es zum Beispiel, einem Vortrag zu folgen, dessen Thema einen wenig berührt. Zu einem Akt der Selbstüberwindung, der beginnenden Wandlung wird es dann, wenn wir Dinge in ihrer Erscheinung und Konsequenz wahrnehmen wollen, die unseren Gewohnheiten, unserer Bequemlichkeit und bisherigen Lebenseinstellung widersprechen. Es sei in diesem Zusammenhang nur daran erinnert, wie lange es gedauert hat, bis wir bereit waren, die längst unübersehbar gewordene Umweltzerstörung überhaupt wahrzunehmen. Meist wird man erst wirklich wach, wenn es an die eigene Substanz oder an das persönliche Lebensgefühl geht.

Zum Erringen einer sauberen Erkenntnisgrundlage ist es außer der Überwindung jener Formen der Selbstliebe unumgänglich, Sympathien und Antipathien zum Schweigen zu bringen und schließlich sich selbst zurücknehmen zu können, also das unvoreingenommene Zuhören zu lernen. Mit anderen Worten: Liebefähigkeit ist die Voraussetzung für Erkenntnis. Erst dann wird es möglich sein, wirklich selbstlos auch Gerechtigkeit walten zu lassen, wenn wir uns dazu aufgerufen fühlen.

Gesetz und Gerechtigkeit

In einer Abhandlung wie der vorliegenden, die Wege zu einem bewußt gestaltenden Umgehen mit Konflikten anregen möchte, ist es nicht möglich, eine derart existentielle Frage wie nach der Gerechtigkeit voll auszuloten. Gerade im Hinblick auf den hier eingeschlagenen Weg, soziale Strukturen nach den sozialen Beziehungsebenen zu gliedern, ist es jedoch fruchtbar, die Gerechtigkeit als Erkenntnisfrage zu behandeln.

Dies wird in den folgenden Ausführungen zu den Zusammenhängen von Gesetz und Gerechtigkeit sowie insbesondere von Gerechtigkeit und Justizwesen deutlich werden.

Der Staat ist Repräsentant und Garant jener sozialen Beziehungsebene, auf welcher sich die Menschen als gleiche treffen und ihre wechselseitigen Rechte und Pflichten vereinbaren. Seine Domäne ist das Rechtsleben, sein Regelungsinstrument ist das Gesetz. Da von den Gesetzen eine Vielzahl von Menschen betroffen werden, können diese – jedenfalls zu ihrem ganz überwiegenden Teil – nicht wie im mikro- und mesosozialen Bereich durch unmittelbare Vereinbarung aller Beteiligten erlassen werden, sondern werden nach den Regeln des repräsentativen und demokratischen Parlamentarismus beschlossen.

Da der Gesetzgeber die aus der Vielfalt des Lebens entstehenden Einzelfälle nicht vorhersehen kann, kann er nur abstrakt und generell angeben, welche Menschen unter welchen Voraussetzungen bestimmte Rechte oder Pflichten haben sollen bzw. (auf strafrechtlichem Gebiet) welche Verhaltensweisen die Gemeinschaft der mündigen Bürgerinnen und Bürger nicht dulden kann.

Beschränkt sich das Staatswesen hierauf, dann läßt sich die Frage nach der Gerechtigkeit von Gesetzen nicht stellen. Die generellen und abstrakten Bestimmungen, welche zum Beispiel zum Schutze von Mensch und Umwelt beim Transport von Öl auf öffentlichen Straßen einzuhalten sind, sind – vorausgesetzt die Bestimmungen wurden verfassungsgemäß erlassen – für sich genommen einfach nur Recht. Die Frage nach der Gerechtigkeit stellt sich erst bei der Ausführung des Gesetzes, also zum Beispiel bei der Erteilung von Genehmigungen. Ebenso verhält es sich auf strafrechtlichem Gebiet, wenn zum Beispiel die Gemeinschaft der mündigen Bürgerinnen und Bürger beschließt, Schwangerschaftsabbrüche nur dann nicht zu dulden, wenn sie nach dem dritten Schwangerschaftsmonat vorgenommen werden.

Die Frage nach der Gerechtigkeit stellt sich auch in diesem Falle erst dann, wenn eine Frau aus ihrer ganz individuellen Lebenssituation heraus eine Abtreibung nach dem dritten Schwangerschaftsmonat vornehmen ließ. Und sie ist ebenso individuell zu beantworten.

Eine andere, im Zusammenhang dieser Darstellung nicht zu behandelnde Frage ist, ob ihrerseits diese Frau mit der Abtreibung dem in ihr heranwachsenden Menschen gerecht wurde.

Die Gerechtigkeitsproblematik zeigt sich bei Gesetzen vor allem dann, wenn durch das Gesetz ein konkreter Einzelfall geregelt werden soll und/oder der Staat, wie es zur Zeit auf der ganzen Welt üblich ist, autoritativ in die beiden anderen sozialen Beziehungsebenen eingreift. Wenn der Gesetzgeber seine Domäne verläßt und Bereiche regelt, welche nur einer auf den Einzelfall konzentrierten, freien Erkenntnis zugänglich sind, hat dies böse Folgen. Ich möchte dies an einem krassen, aber in Variationen sehr häufig auftretenden Fall zeigen, in welchem der staatliche Eingriff in die Erkenntnissphäre zur sozialen Destruktion führt.

Herr Bauer ist Kfz-Meister in einem kleinen Betrieb. Er ist 52 Jahre alt, verheiratet und Eigentümer eines Reihenhauses. Bisher ist er strafrechtlich nicht in Erscheinung getreten.

An einem Sommerabend nimmt er an der Vorstandssitzung seines Sportvereins teil. Im Betrieb hatte es zuvor Ärger gegeben, er ist gereizt. Deshalb und der sommerlichen Wärme wegen trinkt er in den ersten 45 Minuten der Sitzung mehrere Biere und einen Schnaps. Er geht nicht ganz zu Unrecht davon aus, wenn er nur noch das eben servierte Bier trinkt und sich den Rest des Abends mit nichtalkoholischen Getränken behilft, daß er dann nach 23.30 Uhr »gefahrlos« nach Hause fahren kann. Da bekommt er einen Telefonanruf seiner Frau: Ihre Mutter habe eine Kreislaufschwäche; er solle bei einer diensthabenden Apotheke ein bestimmtes Medikament holen und gleich nach Hause kommen. Verärgert trinkt er das vor ihm stehende Bier aus und fährt los. Beim Abbiegen vergißt er zu blinken, weshalb er von einer Polizeistreife kontrolliert wird. Die Beamten riechen seine »Bierfahne«. Ein Alkoholtest fällt positiv aus, worauf sie ihm seinen Führerschein abnehmen und bei ihm eine Blutprobe entnehmen lassen, die später im Labor zur Feststellung eines Blutalkoholgehaltes von 1,13 ‰ im Mittelwert führt.

In der Bundesrepublik Deutschland hat die Gemeinschaft der mündigen Bürger folgendes Gesetz beschlossen und in das Strafgesetzbuch (StGB) aufgenommen:

§ 316 Abs. 1
Wer im Verkehr ein Fahrzeug führt, obwohl er infolge des Genusses alkoholischer Getränke oder anderer berauschender Mittel nicht in der Lage ist, das Fahrzeug sicher zu führen, wird mit Freiheitsstrafe bis zu einem Jahr oder mit Geldstrafe bestraft …

Abs. 2
Nach Absatz 1 wird auch bestraft, wer die Tat fahrlässig begeht.

§ 69 Abs. 1
Wird jemand wegen einer rechtswidrigen Tat, die er bei oder im Zusammenhang mit dem Führen eines Kraftfahrzeugs ... begangen hat, verurteilt ... , so entzieht ihm das Gericht die Fahrerlaubnis, wenn sich aus der Tat ergibt, daß er zum Führen von Kraftfahrzeugen ungeeignet ist.

Abs. 2
Ist die rechtswidrige Tat in den Fällen des Abs. 1 ein Vergehen
1) der Gefährdung des Straßenverkehrs (§315c),
2) der Trunkenheit im Verkehr (§316)
...
so ist der Täter in der Regel als ungeeignet zum Führen von Kraftfahrzeugen anzusehen.

§ 69a Abs. 1
Entzieht das Gericht die Fahrerlaubnis, so bestimmt es zugleich, daß für die Dauer von 6 Monaten bis zu 5 Jahren keine neue Fahrerlaubnis erteilt werden darf (Sperre).
Gemäß Absatz 4 dieser Vorschrift kann die Zeit, die seit der Einbehaltung des Führerscheins verstrichen ist, in einem gewissen Umfang beim endgültigen Entzug der Fahrerlaubnis angerechnet werden.

Zurück zum Fall des Herrn Bauer. Er hat sich wegen fahrlässiger Trunkenheit im Verkehr strafbar gemacht. Es liegt ein sogenannter »Regelfall« gem. § 69 Abs. 2 StGB vor.

Auf Antrag der Staatsanwaltschaft erläßt deshalb das Gericht zwei Monate später einen Strafbefehl[32], durch welchen er mit einer Geldstrafe belegt wird. Zugleich wird ihm im Rahmen einer sogenannten Maßregel der Besserung und Sicherung »die Fahrerlaubnis für die Dauer von weiteren 6 Monaten entzogen«. Da der Führerschein bereits nach der Kontrolle beschlagnahmt worden war, beläuft sich die Zeit, in welcher Herr Bauer nicht mit einem Kraftfahrzeug am Straßenverkehr teilnehmen darf, auf insgesamt acht Monate. Während dieser Zeit kann er beruflich keine Probefahrten mehr unternehmen. Der Kfz-Betrieb, bei welchem er angestellt ist, hat außer dem Inhaber keinen weiteren Kfz-Meister. Der Inhaber selbst ist im wesentlichen im Verkauf tätig. Der Betrieb ist zu klein, um einen weiteren, qualifizierten Mann einstellen und gleichzeitig Herrn Bauer weiter beschäftigen zu können. Ihm wird gekündigt, was für ihn, den 52jährigen, das berufliche »Aus« bedeutet. Die Finanzierung des Reihenhauses war so angelegt, daß die Kredite nur bei einem vollen Verdienst der Eheleute Bauer zurückgeführt werden können. Das Haus ist also nicht mehr zu halten; es muß verkauft werden. Dies hat für die soziale Stellung der Familie Bauer einschneidende Folgen, weshalb es nun auch in der Ehe zu kriseln beginnt.

Im Hinblick auf die gegebene, aus den zitierten Paragraphen des StGB ersichtliche Rechtslage und die für das Amtsgericht maßgebliche Rechtsprechung konnte das Gericht gar nicht anders, als die Fahrerlaubnis des Herrn Bauer für die Dauer von weiteren sechs Monaten zu entziehen. Das so in seiner Entscheidung gebundene Gericht hat in einem derartigen Falle keine Möglichkeit, eine Strafe zu verhängen, welche die individuellen Gegebenheiten des Angeschuldigten berücksichtigt, eine weit über den Strafzweck hinaus gehende soziale Destruktion vermeidet und gleichzeitig den Angeschuldigten veranlaßt, inskünftig eine Gefährdung anderer durch Trunkenheitsfahrten zu unterlassen. So zum Beispiel wäre es in unserem Falle möglicherweise gerecht gewesen, Herrn Bauer ausschließlich damit zu bestrafen, daß man gegen ihn einen Freiheitsentzug in Höhe seines gesamten Jahresurlaubs verhängt hätte. Diese Strafe wäre zum Beispiel geeignet gewesen, ihm nachdrücklich die Gefährlichkeit seines Tuns und deren Mißbilligung durch die Gesellschaft vor Augen zu führen und gleichzeitig auch andere, potentielle Trunkenheitstäter daran zu erinnern, daß es im Zweifelfall besser ist, ein Taxi zu nehmen.

Recht und Gerechtigkeit sind also deutlich voneinander zu unterscheiden. Das Recht beschränkt sich auf die Feststellung dessen, was wir an Verhaltensweisen voneinander erwarten dürfen. Das Problem der Gerechtigkeit stellt sich, wenn wir vor der Frage stehen, ob und gegebenenfalls wie wir Menschen in der Entwicklung ihrer Fähigkeiten, ihrer Persönlichkeit usw. fördern oder schädigen. Tritt nun aber das Gerechtigkeitsproblem als unmittelbare Folge einer rechtlichen Gegebenheit auf (verkürzt ausgedrückt, als ungerechter Vertrag, ungerechtes Gesetz o.ä.), ist das ein sicheres Indiz dafür, daß gegen die sozialen Gesetzmäßigkeiten verstoßen wurde.

Nehmen wir als Beispiel den Kreditvertrag eines Kreditinstitutes, welches hauptsächlich private Anschaffungen finanziert. Eine vergleichbare Konstellation, wie die nachfolgend geschilderte, liegt nahezu allen »ungerechten Verträgen« zugrunde.

Die in geschäftlichen Dingen unerfahrenen Eheleute A. wollen sich neu einrichten. Wegen der Finanzierung des Vorhabens wenden sie sich an das Kreditinstitut K. und bekommen von dem Sachbearbeiter einen Kreditvertrag vorgelegt, der es der Familie A. möglich macht, die gewünschte Wohnungseinrichtung zu kaufen. Die Kreditraten sind aber so hoch, daß sie in Anbetracht der bescheidenen Einkommensverhältnisse der Familie nur bei äußerster Haushaltsdisziplin und gleichbleibendem Verdienst regelmäßig bezahlt werden können. Im sogenannten Kleingedruckten, also den allgemeinen Geschäftsbedingungen des Kreditvertrages, stehen die Vertragsklauseln für den Fall, daß die Raten nicht pünktlich bezahlt werden, das heißt die Eheleute A. in Verzug kommen. Die gesamten Kreditkosten und die Verzugskosten bewegen sich an der oberen Grenze dessen, was nach Gesetz und Rechtsprechung möglich ist.

Herr und Frau A. unterschreiben den Kreditvertrag. Haben sie in der Folgezeit nicht die innere Stärke, ihre ganze finanzielle Kraft auf die Rückführung des Kredites zu konzentrieren und/oder kommt es bei ihnen durch Krankheit oder Arbeitslosigkeit zu einer Einkommensverminderung, weshalb sie die Raten nicht mehr voll bezahlen können, schaukelt sich ihre Kreditschuld durch die Verzugszinsen, Mahnkosten usw. immer mehr nach oben, und sie kommen für viele Jahre in die finanzielle Abhängigkeit der Bank. Was macht nun diesen Vertrag ungerecht? Vor Vertragsschluß hätten die Eheleute A. und der Sachbearbeiter die Gerechtigkeitsfrage stellen und zum Gegenstand ihrer Verhandlung machen müssen, das heißt, der Sachbearbeiter hätte mit den Eheleuten erörtern müssen, ob der Kredit sie nicht überfordert. Des weiteren hätte eigentlich darüber verhandelt werden müssen, wie hoch die Kreditkosten zu sein haben, wenn die Bank in der Lage bleiben soll, auch anderen Menschen Kredite zu gewähren. Das ist bei Massenverträgen, wie es ein Anschaffungskreditvertrag ist, sicherlich (noch?) nicht möglich. Dann aber müssen die Verträge von vornherein so gestaltet sein, daß nicht die Gewinnmaximierung der Bank, sondern das Erreichen des Kreditzwecks im Vordergrund stehen. Dadurch, daß in unserem Falle die Unerfahrenheit der Kreditnehmer ausgenutzt wurde, kam es zudem zu einem Verstoß gegen das auf der Rechtsebene herrschende Gleichheitsprinzip, denn infolge ihrer Unkenntnis waren die Eheleute gar nicht in der Lage, mit dem Sachbearbeiter »von gleich zu gleich« über die Kreditgewährung und deren Bedingungen zu verhandeln. Er war ihnen überlegen und führte unter Einsatz dieser Überlegenheit den Vertragsschluß herbei.

Im Bereich der Institutionen, also der Unternehmen, Dienstleistungseinrichtungen usw. kennen wir die ungerechten Folgen von Anordnungen, wenn zum Beispiel eine Firmenleitung dadurch die Kosten senken möchte, daß sie durch Personaleinsparungen den Leistungsdruck bei der Gruppe erhöht, von welcher sie am wenigsten Widerstand erwartet. Die von dieser Gruppe mit Empörung empfundene Ungerechtigkeit weist auf eine zweifache Verletzung der sozialen Gesetzmäßigkeiten hin. Zum einen sind Leistungsfähigkeit und Leistungsbereitschaft auf der Fähigkeitsebene angesiedelt. Zu ihrer Steigerung können Rahmenbedingungen geschaffen werden. Wird ihre Erhöhung dagegen im Wege einer Anordnung durch einseitige Rechtsgestaltung durchgesetzt, wirkt das auf den gegenwärtigen Menschen und seine sozialen Gegebenheiten kränkend. Zum anderen hatten die Mitarbeiter der besagten Gruppe bei Übernahme ihrer Arbeitsplätze einen gewissen Leistungszuschnitt angetroffen. Sie durften deshalb, unbesehen der gegenwärtigen arbeitsrechtlichen Gegebenheiten, aus sozialwissenschaftlicher Sicht erwarten, daß es innerhalb einer gewissen Toleranzbreite dabei bleibt. Aus eben dieser Sicht hätte demnach eine Veränderung des Leistungszuschnitts einer zwischen Firmenleitung und den betroffenen Mitarbeitern zu schließenden Vereinbarung bedurft.

Ungerechte Folgen von staatlichen Gesetzen haben ebenfalls zwei Ursachen. Deren eine haben wir im Fall des Kfz-Meisters Bauer kennengelernt. Sie beruht darauf, daß mit den Mitteln der Rechtsebene in die Fähigkeitsebene eingegriffen wird. Die zweite Ursache ist immer dann gegeben, wenn durch Gesetze und/oder Rechtsverordnungen Minderheiten begünstigt oder benachteiligt werden. In solchen Fällen wird das rechtsstaatliche Gleichheitsprinzip verletzt.

Gerechtigkeit und Justiz

Wir haben es hier mit einem heiklen Thema zu tun. Wer erstmals mit der Justiz in Berührung kommt, hat allzu oft, wie mir scheint, die Hoffnung, »sein Recht« zu bekommen, das heißt von einem überpersönlichen Wesen, das sich durch den Richter ausspricht, die eigene Ansicht von der Sache mit staatlichem Nachdruck als richtig und rechtens bestätigt zu bekommen, ist doch der Gegner ganz offensichtlich ein Schlimmer und die Angelegenheit für jeden ziemlich klar, der sich ihr wohlwollend widmet. Das ist nur bei Strafverfahren gegen Erwachsene anders. Bei diesen gehen die Angeklagten zumeist mit dem Gefühl in die Hauptverhandlung, ihre Haut gegen den bösen Zugriff der Staatsgewalt verteidigen zu müssen. Wie ernüchternd aber ist dann das Ergebnis der Verhandlung mancher Strafsache und zumal in den Zivil-, Ehe-, Arbeitsgerichts-, Verwaltungs- oder Sozialgerichtsverfahren. Der Richter, oder bei Kollegialgerichten die Richter, entpuppen sich alsbald als Menschen mit allen menschlichen Sonnenseiten und Schwächen wie sachlicher Nüchternheit, Anteilnahme und Humor bis hin zu autoritärem

Gehabe, Übellaunigkeit und Arbeitsunlust. Und dann läßt der Ausgang des Verfahrens nicht selten die hochgespannten Erwartungen gänzlich in ihr Gegenteil umschlagen oder, so bei den Strafverfahren, in die Resignation »ich hab's ja gleich gewußt«. Denn nach Ansicht der meisten im Strafverfahren verurteilten Erwachsenen ist die Strafe entweder überhaupt ungerecht, da man ja eigentlich unschuldig ist, oder zumindest zu hoch. Bei den übrigen Verfahren kommt es häufig nicht zu einem vollen Obsiegen, sondern zu einem Ergebnis mit mehr oder minder großen Abstrichen, was beide Parteien – die ja nach ihrer Ansicht im Recht sind – unzufrieden läßt. Und sollte es doch dazu kommen, daß ein Urteil den eigenen Standpunkt als vollkommen rechtens anerkennt, ja, dann war das keine besondere Leistung von Rechtsanwälten und Richtern; das war doch von vornherein klar.

Was aus dem Justizalltag so noch mit einem gewissen Augenzwinkern geschildert werden kann, wird dann zu einer sehr ernst zu nehmenden Sache, wenn das Gerichtsverfahren tatsächlich zu keinem gerechten Ergebnis führt, sei es nun, wie in dem eben geschilderten Fall Bauer, aufgrund der Gesetzeslage oder wegen eines Justizirrtums. Letzteres wird uns im weiteren noch beschäftigen.

Das Problem eines verläßlichen Wissens von den Tatsachenzusammenhängen eines Konfliktes steht naturgemäß bei Gericht im Brennpunkt des Interesses. Deshalb ist dem Justizwesen der Zusammenhang von Erkenntnis und Gerechtigkeit traditionell geläufig. Der Entscheidung des Gerichts geht regelmäßig das Erkenntnisverfahren voran. Richter sind weitaus weniger mit der Auslegung von Gesetzen beschäftigt, als damit, ein Bild von den tatsächlichen Gegebenheiten zu bekommen. Diese Erkenntnisarbeit erweist sich aber als äußerst schwierig. Bereits in den Rechtsfällen des täglichen Lebens wie Verkehrsunfallsachen, Gewährleistungsfällen (zum Beispiel der Verkauf einer mangelhaften Sache oder die mangelhafte Ausführung einer Reparatur), Mietsachen und so fort, ist es oft nicht möglich, die für eine Urteilsbildung notwendig sichere Kenntnis von den wesentlichen Geschehnissen zu erhalten.

Die Bedeutung des Erkenntnisprozesses für die gerechte Entscheidung spiegelt sich übrigens auch in der Urteilsformel deutscher Gerichte, in welcher es vor dem Tenor (Rechtsspruch) heißt, daß das Gericht durch die Richterin oder den Richter für Recht erkannt hat, was anschließend ausgesprochen wird. Hierbei werden die entscheidenden Richter namentlich benannt.

Diese namentliche Nennung macht deutlich, daß ganz bestimmte Persönlichkeiten mit all ihren menschlichen Schwächen und Stärken versucht haben, eine gerechte Entscheidung zu treffen. Die Richter können sich nicht hinter der Fassade einer anonymen Institution verstecken und den Anschein erwecken, durch sie töne unmittelbar ein überpersönliches Wesen, sei es das Volk, die sozialistische Gesellschaft oder gar die Gerechtigkeit selbst.

Mit welchen Schwierigkeiten alle am Erkenntnisverfahren Beteiligten zu kämpfen haben, mit denen zuletzt das Gericht allein ist, wenn es die Entscheidung treffen soll, möchte ich an zwei recht extremen Beispielen darstellen.

An einem Wintersonntag werden Polizei, Rettungsdienste und ein Sachverständiger zu einer Unfallstelle auf der Bundesstraße zwischen Freiburg und Titisee gerufen. Zwischen einem blauen und einem roten Pkw war es zu einem schweren Verkehrsunfall gekommen. Bei ihrem Eintreffen fanden sie die beiden zerstörten Fahrzeuge dicht beieinander neben dem –

aus Richtung Freiburg gesehen – rechten Fahrbahnrand, und zwar so, daß, aus dieser Richtung gesehen, zunächst das blaue kam und hinter diesem das rote. Es hatte Tote und Schwerverletzte gegeben. Die beiden Fahrer dieser Autos hatten den Unfall überlebt, konnte wegen ihrer Verletzungen jedoch erst einiges später angesprochen werden. Da es anhaltend schneite, herrschte auf der Straße Schneeglätte. An der Unfallstelle waren mehrere Zeugen, welche dieselbe Strecke, teils aus Richtung Freiburg, teils aus Richtung Titisee kommend, befahren hatten. Sämtliche Zeugen gaben der Polizei und dem Sachverständigen gegenüber an, daß das rote Auto, aus Richtung Titisee kommend, in Richtung Freiburg gefahren und infolge Schneeglätte von der Fahrbahn abgekommen und gegen das entgegenkommende blaue Auto gestoßen sei. Aufgrund dieser eindeutigen Angaben ging der Sachverständige zunächst davon aus, daß dem tatsächlich so gewesen sei. Die von ihm gesicherten Unfallspuren konnte er allerdings nicht ohne weiteres einem solchen Geschehensablauf zuordnen. Wenige Tage später konnten beide Fahrer von der Polizei vernommen werden. Der Fahrer des blauen Autos gab an, mit seiner Familie von Titisee in Richtung Freiburg gefahren zu sein, während der Fahrer des roten Autos aussagte, daß er mit seiner Familie von Freiburg in Richtung Titisee gefahren sei. Und so war es auch, wie sich anhand weiterer Ermittlungen eindeutig herausstellte.

Die Aussagen sämtlicher Zeugen waren also falsch. Man hatte ihnen zunächst fraglos geglaubt, handelte es sich doch in jedem einzelnen Fall um den »klassischen« unvoreingenommenen Zeugen, der kein persönliches Interesse am Ausgang des Verfahrens hat. Aber wie konnte es dazu kommen, daß verschiedene Menschen, die sich zum Teil noch niemals begegnet waren, übereinstimmend falsche Aussagen machten? Es ist zu vermuten, daß sie weder das rote, noch das blaue Fahrzeug vor dem Unfall besonders beachtet hatten, dann plötzlich schockiert zwei von der Fahrbahn abkommende Fahrzeuge sahen, welche nebeneinander abseits der Fahrbahn zum Stehen kamen. Der entsetzliche Anblick der Verletzten in den Fahrzeugen kam dann noch hinzu. In einer solchen Situation kann es unter Umständen genügen, daß einer der Zeugen aufgrund der Unfallendstellung zu wissen meint, wie es zum Unfall gekommen sei, und alle anderen übernehmen dies als eigene Beobachtung, ohne sich darüber bewußt zu sein, daß sie die Einzelheiten des Unfallgeschehens gar nicht wahrgenommen hatten. Wie dem auch sei, das Beispiel zeigt uns, wie auch die Angaben wohlmeinender Zeugen die Wahrheitsfindung erschweren oder gar unmöglich machen können, bzw. mit welchen inneren Vorbehalten jeder an der gerichtlichen Aufklärung eines Sachverhaltes Beteiligte Zeugenaussagen begegnen muß, auch wenn zunächst kein Anhaltspunkt dafür gegeben ist, daß der Zeuge aufgrund von Wahrnehmungs- oder Erinnerungsmängeln die Tatsachen nicht richtig wiedergeben könnte.

Der zweite Fall führt uns ins Einbrechermilieu, in dem Ludwig C. etwas galt, da er eine besondere Technik beherrschte, nahezu geräuschlos Balkon- bzw. Terrassentüren zu öffnen. Nachdem er wieder einmal eine längere Haftstrafe wegen einer Vielzahl von Einbruchdiebstählen abgesessen hatte, beschloß Ludwig C. »auszusteigen« und sein Geld als Kraftfahrer zu verdienen. Als seine ehemaligen Kollegen ihn zu überreden versuchten, sie bei einem Einbruch in eine Villa zu unterstützen, blieb er standhaft und lehnte ab. Das konnten die ehemaligen Kollegen nun gar nicht verstehen. Nein, es ärgerte sie außerordentlich, da ein Spezialist für die Alarmanlage bereits gefunden war und die Mithilfe von Ludwig C. das Risiko weiter senken würde. Man konnte doch die alten Freunde nicht einfach so hängen lassen. Die ehemaligen Freunde sannen auf Rache. In der Nacht, in welcher der Einbruch dann doch stattfand, begab sich einer zu Ludwig C. und trank mit ihm in dessen Wohnung mehrere Biere, während die übrigen den Einbruch mit Erfolg durchführten und beim Öffnen der Terrassentür Ludwig Cs. Technik anwandten, wenn auch nicht ganz so perfekt. Bei der Spurensicherung fiel später einem Kriminalbeamten Ludwig Cs. »Handschrift« an der Terrassentüre auf. Die Recherchen ergaben, daß er sich wieder auf freiem Fuß befand, weshalb er vorläufig festgenommen und verhört wurde. Auf die Frage, was er in der Tatnacht getan habe, entgegnete er, bei sich zu Hause mit Sven D. zusammengewesen zu sein. Hierüber wurde nun Sven D. befragt, der seinerseits behauptete, zur Tatzeit nicht bei Ludwig C. gewesen zu sein, sondern mit René F. bei Horst B., wobei letztere, was er natürlich nicht sagte, den Einbruch tatsächlich ausgeführt hatten. Um die Sache noch rund zu machen, fügte er noch hinzu, daß ihm Ludwig C. am Tage vor dem Einbruch angedeutet habe, daß er demnächst für einen Antiquitätenhändler ein größeres Ding drehen werde. Da schließlich auch René F. und Horst B. die Aussagen von Sven D. bestätigten, blieb Ludwig C. in Haft und wurde wegen Diebstahls im besonders schweren Falle angeklagt.

Der für den Betroffenen in einfachen Fällen zumindest kränkende und in bedeutenden Fällen fürchterliche Justizirrtum ist zumeist die Folge unrichtiger Zeugenaussagen, die, wie im ersten Beispiel, aus einer Verkettung gewisser Umstände oder, wie im zweiten Beispiel, durch eine boshafte Intrige als wahr erscheinen. Spektakulär, aber eher selten sind die Fälle, in welchen es aufgrund einer falschen Bewertung von Indizien zum Justizirrtum kommt. Die seltenen Fälle ausgenommen, in denen der Lebenssachverhalt unstreitig und nur die Rechtsauslegung fraglich ist, muß im Erkenntnisverfahren mit allen Schattierungen und auch Mischungen unbewußt falscher und bewußt unwahrer Angaben von Zeugen und Parteien gerechnet werden.

Fehlt nun dem Gericht am Ende des Erkenntnisverfahrens die für eine Urteilsbildung notwendige Sicherheit der Erkenntnisgrundlage, hat dies je nach Verfahrensart unterschiedliche Folgen. Im Strafverfahren muß das Gericht in einem solchen Falle den Angeklagten freisprechen. In allen übrigen Verfahren gibt es bestimmte Regeln, für welche Partei es sich nachteilig auswirkt, wenn das Gericht etwas nicht für nachgewiesen erachtet.

In diesem Kapitel wollen wir einen Bereich nicht unerwähnt lassen, in dem polizeiliche Willkür und Justizterror an der Tagesordnung zu sein scheinen. Es handelt sich hier nicht um das weite Problemfeld der Kernenergie; es handelt sich vielmehr, so jedenfalls empfinden viele Zeitgenossen, um die Bußgeldsachen. Die Frage, ob ein Bußgeld über soundsoviel Mark wegen des Nichtanlegens des Sicherheitsgurtes zu Recht verhängt wurde, wird zur Gerechtigkeitsfrage hochstilisiert. Zumeist dreht es sich aber gar nicht darum, sondern um das dadurch in Wallung geratene Selbstempfinden. Ein möglicherweise zu Unrecht ergangener Bußgeldbescheid kann die Entwicklung oder Individuation eines mit beiden Beinen fest auf der Erde stehenden Menschen nicht im geringsten berühren. Die Geldbuße kann allenfalls ärgerlich sein und bei knapper Kasse zu einer unangenehmen Sonderausgabe führen. Wenn man dies beachtet und zudem im Bewußtsein hat, daß wir in einer Massengesellschaft leben, bei der es schwierig genug ist, auch im kleinen das unerläßliche Mindestmaß an Ordnung aufrechtzuerhalten, und man schließlich auch für Polizeibeamte und Politessen den Satz gelten läßt, »nur wer arbeitet, macht Fehler«, wird sich einer Bußgeldfrage mit einer inneren Haltung nähern, welche allen hilft. Vor solch einem Hintergrund läßt sich in Ruhe prüfen, ob man wirklich ausschließen kann, die vorgeworfene Ordnungswidrigkeit begangen zu haben. Sollte man sich dessen ganz sicher sein, ist die Frage, ob man sich gegen den Bußgeldbescheid wehren soll, nicht die, ob man Gerechtigkeit erheischen, sondern ob man etwas für die Allgemeinheit tun möchte.

Fragen zum Thema:

Frage:
Ist Gerechtigkeit nicht auch ein Prinzip zur Beurteilung von Rechtsnormen?

Antwort:
In den vorstehenden Ausführungen habe ich darzustellen versucht, wie wichtig es aus sozialwissenschaftlicher Sicht ist, Recht und Gerechtigkeit nach den sozialen Gesetzmäßigkeiten zu unterscheiden, denen sie unterliegen. Unter diesem Gesichtspunkt kam ich zu dem Schluß, daß regelmäßig ein Verstoß gegen die fraglichen sozialen Gesetzmäßigkeiten vorliegt, wenn eine Rechtsnorm unmittelbar ungerechte Folgen hat, also verkürzt ausgedrückt ungerecht ist.

Frage:
Das Corpus Juris aus dem Jahre 533 hat in seinem ersten Satz versucht, Gerechtigkeit wie folgt zu definieren: »Justitia est constans et perpetua voluntas ius suum cuique tribuens« (Gerechtigkeit ist der feste und beständige Wille, jedem das ihm zustehende Recht zu gewähren). Hat diese Definition heute noch Bedeutung?

Antwort:
Diese Definition ist nach wie vor richtig, das heißt richtungsweisend. Es ist jedoch zu beachten, daß diese Eingangsworte zum Corpus Juris nur einen Teilaspekt der Gerechtigkeit behandeln, da, wie wir gesehen haben, die Frage der Gerechtigkeit weiter gefaßt werden muß. Die spätrömische Definition der Gerechtigkeit betrachtet diese unter dem Gesichtspunkt des Rechts. Im Anschluß an unsere Überlegungen könnte dieser Satz auch so übersetzt werden: Gerechtigkeit ist, einem Menschen das zu gewähren, was er aufgrund von Gesetz oder Vertrag von der gesellschaftlichen Gesamtheit oder dem einzelnen erwarten darf.

Was geschieht, wenn ihm das nicht gewährt wird? Wir können uns das an zwei einfachen Beispielen klar machen. Nehmen wir an, eine Frau hat ihre beiden Kinder im wesentlichen versorgt und betreut, weshalb sie nach unseren rentenrechtlichen Bestimmungen einen Anspruch auf die Berücksichtigung von Kindererziehungszeiten bei der Festsetzung ihrer Altersrente hat. Als sie das Rentenalter erreicht und ihren Rentenbescheid erhält, stellt sie fest, daß eben diese Zeiten nicht berücksichtigt wurden.

Im zweiten Beispielsfall hat ein Grundstücksbesitzer eine Gartenbaufirma mit der Herstellung einer Garagenzufahrt beauftragt. Als die Arbeiten beendet sind, erhält der Grundstückseigner die Rechnung, welche zu seinem Erstaunen sehr viel höher ausgefallen ist als das von der Gartenbaufirma ursprünglich unterbreitete Angebot. Bei genauerer Nachprüfung muß er zudem feststellen, daß die Garagenzufahrt äußerst mangelhaft hergestellt wurde.

Handelt es sich in beiden Fällen nicht um Versehen, sondern bleibt die Rentenversicherung bei ihrer Rentenfestsetzung und der Gartenbauunternehmer bei seiner Forderung, dann werden die Frau und der Grundeigentümer Opfer von Willkür. Ihr Vertrauen in den Staat bzw. den Wert vertraglicher Vereinbarungen bekommt einen Knacks. Erfolgt jetzt kein heilender Eingriff, dann verfestigt sich das Mißtrauen, und das Geschehen bekommt eine soziale Dimension, da Mißtrauen nach verstärkter Kontrolle verlangt und verstärkte Kontrollen lähmend wirken, was jeder geradezu sinnbildlich erleben kann, wenn er im Stau vor einer Grenzkontrolle steht und auf die Abfertigung warten muß. Derartige Entwicklungshemmungen soweit als möglich zu beseitigen, ist Aufgabe der Justiz. Gelingt es mit ihrer Hilfe, daß die Frau die ihr tatsächlich zustehende Rente erhält und der Grundstückseigentümer keine Zahlungen auf die unberechtigte Forderung zu erbringen hat, dann kann bei den Betroffenen das Vertrauen in die Zuverlässigkeit des Rechtsverkehrs wieder hergestellt werden.

Frage:
Führt nicht die Anwendung der Gesetze oft zu Härte, ja Ungerechtigkeit?

Antwort:
Eine »strikte Anwendung von Gesetzen« ist dann gegeben, wenn die die Gesetze anwendenden Behörden bei der Entscheidung eines Einzelfalles keinen Ermessensspielraum haben oder von diesem Ermessensspielraum keinen Gebrauch machen wollen. Die Folge davon ist eine mechanistische Rechtsanwendung, wie wir sie inzwischen im Asyl- und Ausländerrecht haben. Das führt sehr oft zu Härten und Ungerechtigkeit.

Frage:
Wie steht es mit anderen Normen wie Sitte und Anstand? Sind sie nicht auch im weiteren Sinne zu Recht und Gerechtigkeit zu rechnen?

Antwort:
Sitte und Anstand sind nur begrenzt als Gehhilfen auf dem Weg zur Gerechtigkeit tauglich. Der starke Wandel unserer kulturellen und sozialen Gegebenheiten hat es mit sich gebracht, daß nur noch ein Teil von dem, was früher als sittlich und anständig galt, heute die Entwicklung der Menschen fördert. Die derzeitige Kulturepoche ist darauf angelegt, daß sich die Menschen von tradierten Sitten- und Anstandsregeln lösen und statt dessen zunehmend erkennen, was den anderen fördert, und demnach handeln.

Soweit die Regeln von Sitte und Anstand heute noch allgemein Gültigkeit haben, kann man sie durchaus im weiteren Sinne zum Recht zählen. Deshalb ist es berechtigt, daß die Regeln der Sitte von Gesetzes wegen zumindest insoweit zu beachten sind, als gemäß § 138 BGB ein Rechtsgeschäft, das gegen die guten Sitten verstößt, nichtig ist. Bei der Feststellung dessen, was gegen die guten Sitten verstößt, ist auf die in der Gemeinschaft oder in der beteiligten Gruppe anerkannten moralischen Anschauungen abzustellen.[33]

Frage:
Soll das Gesetz einen gerechten Ausgleich schaffen, oder rächt es das Verbrechen?

Antwort:
Zunächst gilt es zu klären, was es bedeutet, einen gerechten Ausgleich zu schaffen. Nehmen wir den Fall, daß W. nachts durch eine Unterführung läuft. Die Unterführung ist menschenleer. Plötzlich kommt hinter einer Säule R. hervor, der sich vorgenommen hat, W. zu berauben. R. fordert den erschrockenen W. auf, sein Geld herauszugeben. Als dieser nicht sofort reagiert, greift R. dem W. in die Tasche. W. wehrt sich dagegen, worauf R. ein Springmesser zieht, die Klinge herausspringen läßt und W. in den rechten Oberarm sticht. Sodann holt er mit der linken Hand aus der Innentasche von W's. Jacke den Geldbeutel und rennt mit ihm davon.

W. hat eine Stichverletzung im Arm erhalten, wodurch er Schmerzen erlitten hat und ihm Arztkosten entstanden sind. Darüber hinaus hat er den Verlust von seinem Geldbeutel und dem darin enthaltenen Geld zu beklagten. Das im Bürgerlichen Gesetzbuch (BGB) geregelte Zivilrecht (s. S. 181 f.) schafft dem W. insofern einen Ausgleich, als er gegen R. Schadensersatzansprüche hat. Er kann zum Ausgleich der erlittenen Schmerzen ein angemessenes Schmerzensgeld verlangen. Des weiteren hat ihm R. die Arztkosten, das verlorengegangene Geld und den Wert des Geldbeutels zu ersetzen. In dieser Hinsicht kann, vorausgesetzt, R. wird ermittelt und als Täter überführt, ein Ausgleich geschaffen werden.

Der Fall hat jedoch noch eine strafrechtliche Seite (s. Seite 182 ff.), da R. zum Nachteil des W. ein Verbrechen des schweren Raubes begangen hat. Natürlich auch hier vorausgesetzt, daß R. ermittelt und überführt wird, stellt sich für das zuständige Gericht die Frage, wie R. zu bestrafen ist. Gemäß § 250 des Strafgesetzbuches (StGB) ist auf Freiheitsstrafe nicht unter fünf Jahren zu erkennen, wenn der Täter beim Raub eine Waffe bei sich führt, um den Widerstand eines anderen durch Gewalt zu überwinden. Welchen Zweck hat diese nun nicht unter fünf Jahren gegen R. zu verhängende Freiheitsstrafe?

Das StGB hat es vermieden, Sinn und Zweck der Strafe zu definieren. Seine Entstehungsgeschichte und gewisse Hinweise in manchen seiner Normen lassen es den Strafrichtern als gesichert erscheinen, daß der Strafzweck darin liegt, auf den Täter einzuwirken und die Rechtsordnung zu verteidigen. Dadurch, daß R. streng bestraft wird, ihm also ein Leid durch den Freiheitsentzug zugefügt wird, sollen andere Täter davon abgehalten werden, vergleichbare Straftaten zu begehen. Darüber hinaus soll insoweit auf den Täter eingewirkt werden, daß er durch das Erlebnis der Bestrafung davon abgehalten werden soll, zukünftig selbst wiederum straffällig zu werden. Des weiteren soll im Rahmen dieser Einwirkung auch eine Resozialisierung des Täters erfolgen, indem R. während seiner Haftzeit zum Beispiel lernen soll, mit seinen Aggressionen umzugehen oder indem er Selbstbewußtsein und Durchhaltevermögen gewinnen soll, um durch redliche Arbeit seinen Lebensunterhalt sichern zu können. Zu guter Letzt zählt auch das Sühne-Prinzip zum Strafzweck. Die verhängte Strafe soll auch die Schuld des Täters ausgleichen und ihm die Möglichkeit eröffnen, durch die Verbüßung seine Schuld zu sühnen.

Das Problem des Strafzwecks ist aus kriminologischer Sicht höchst umstritten. Es würde den Rahmen der Konfliktsprechstunde sprengen, sich kritisch damit auseinanderzusetzen. Festzuhalten bleibt, daß die Rache nicht Strafzweck ist, oder, wie es das Bundesverfassungsgericht ausdrückt, die Vergeltung für begangenes Unrecht nicht Selbstzweck der Strafe sein kann.

Daß Sinn und Zweck von Strafe zwar sehr umstritten sind, der Gesetzgeber und die strafrechtliche Praxis aber gleichwohl an den geschilderten Strafzwecken festhalten, hat seinen tieferen Grund. Um die Frage beantworten zu können, was unter strafrechtlichen Gesichtspunkten ein gerechter Ausgleich sein könnte, müßten zuvor folgende Fragen beantwortet werden: Was ist der Mensch? Ein Wesen, das aus dem Nichts kommt und mit seinem Tode wieder im Nichts verschwindet? Was ist menschliches Schicksal? Das Schicksal des Täters? Das des Opfers? In welcher Beziehung stehen sie zueinander? Haben sie einen Sinn? Inwieweit ist der Täter selbst das Opfer einer fehlgeleiteten Entwicklung? Hat ein Straftäter die Freiheit, die Straftat zu unterlassen? Was wird der Gesellschaft durch die Straftat gespiegelt? Welche in jedem Menschen liegenden Möglichkeiten zur Abirrung werden durch sie offenbar? Inwieweit sind die gesellschaftlichen Verhältnisse der Nährboden für Kriminalität? In welchem Verhältnis stehen die individuellen Gegebenheiten auf seiten des Täters und die von ihm vorgefundenen sozialen Verhältnisse? Welche Hilfen benötigt das Opfer, und welche Hilfen benötigt der Täter? Das alles rührt an die Grundfragen der Menschheit. Diese Fragen zu stellen ist unbequem. Sich mit diesen Fragen auseinanderzusetzen ist noch unbequemer, weshalb die zivilisierte Welt diesen Fragen lieber aus dem Wege geht. Die zunehmende Kriminalität mit ihren aggressiven Konfliktformen müßte uns eigentlich das Fragen lehren.

Frage:
Warum kann man moralische Taten der Menschen nicht fassen? Warum gibt es keinen Paragraphen für Unanständigkeit?

Antwort:
Moralität auf der einen und Unanständigkeit auf der anderen Seite sind Fragen der Erziehung bei jungen Menschen und der Selbsterziehung beim Erwachsenen. Beide gehören zum Geistesleben, das auf der sozialen Beziehungsebene der Fähigkeiten stattfindet. Sie sind also eine Frage der Freiheit der Erziehenden (Eltern und Lehrer) oder des sich selbst erziehenden Erwachsenen, der dafür einen inneren Weg zu gehen hat, zu welchem er von keinem Menschen gezwungen werden kann. Mit Recht und Gesetz kann die Moralität von Menschen ausgehöhlt oder es können die Rahmenbedingungen dafür geschaffen werden, daß es den Menschen leichter fällt, einander gerecht zu werden. Mehr kann das Recht nicht leisten.

Frage:
»Tat und Täter müssen getrennt betrachtet werden« (Rudolf Steiner). Wie ist das zu verstehen?

Antwort:
Um diese Frage geisteswissenschaftlich zu beantworten, müß-

te ich weit ausholen. Aber vielleicht ist es mir gestattet, statt dessen von meinen Erfahrungen zu berichten, die ich während meiner Tätigkeit als Staatsanwalt gemacht habe. Da Jugendliche und Heranwachsende meist sehr viel offener zu ihren Verfehlungen stehen als Erwachsene und ich überwiegend Jugendsachen (hierzu s. S. 202 f.) zu bearbeiten hatte, konnte ich Erfahrungen machen, die ich bei überwiegender Konfrontation mit erwachsenen Tätern nicht hätte machen können.

Wenn mir von der Polizei eine Straftat mit schlimmen Folgen für den Geschädigten gemeldet oder angezeigt wurde, stiegen jedesmal Empörung und Aggressionen gegen die Täterin oder den Täter in mir auf. Diese verrauchten beim ersten persönlichen Kontakt mit dem oder der Beschuldigten. Der Blick wurde nun frei für den Menschen. Wenn ich den zur Vernehmung oder Gerichtsverhandlung vorgeführten Menschen sah, bewegten sich in mir die Fragen: Wer bist Du? Wie konnte es geschehen, daß Du das getan hast? Diese innere Fragehaltung bestimmte nunmehr die Atmosphäre der Vernehmung oder meines Plädoyers in der Hauptverhandlung. Diese Atmosphäre war geprägt von ernster Sachlichkeit, die auch einmal einen Anflug von Humor zuließ, ohne daß hierdurch die von der Tat mit Füßen getretene Würde des Opfers erneut verletzt wurde. Diese Atmosphäre bildete in gewisser Weise eine Hülle, in der der Wesenskern des Täters für mich und möglicherweise auch für die anderen an der Verhandlung Beteiligten in Erscheinung trat. Dieser Wesenskern, welcher tiefer liegt als die Psyche, erschien mir gleichwertig mit meinem eigenen Wesenskern. Die Schädigungen und Deformationen, die die oder der Beschuldigte im Bereich seiner Bildekräfte und seiner Psyche aufwies, wurden durch diese Wahrnehmung keinesfalls verdeckt. Es trat nur ein, daß eben diese Schädigungen und Deformationen nicht mehr allein ausschlaggebend waren für mein Bild von der Persönlichkeit des Täters oder der Täterin. Hatte ich vor dem ersten persönlichen Kontakt das Ermittlungsmaterial mit den Augen eines Menschen gelesen, der sagt: »Der oder die Beschuldigte hat diese und jene Tat begangen«, so trat ein dahingehender Wechsel ein, daß ich die Tat, Täter und Opfer unter dem Blickwinkel wahrnahm: »Durch den oder die Beschuldigte ist Böses manifest geworden.« Die innere Fragehaltung und der eingenommene Blickwinkel ermöglichten es mir, mich ernst, manches Mal mit Trauer und völlig unsentimental der Frage zuzuwenden, wie es nun mit der oder dem Beschuldigten weitergehen solle. Dies immer mit dem Bewußtsein, daß die Gemeinschaft derartige Taten nicht hinnehmen kann.

Die dem ganzen Vorgang zugrundeliegende Trennung von der Betrachtung der Tat und der des Täters erwies sich oftmals auch als äußerlich richtig. In vielen Fällen waren die Beschuldigten nicht nur floskelhaft, sondern tatsächlich nicht in der Lage zu erklären, warum sie die Tat begangen hatten. Sie konnten den Tathergang oftmals auch nur bis zu einem bestimmten Punkt, der vor der eigentlichen Tat lag, schildern und wurden ungenau, mutmaßend, wenn sie den eigentlichen Tatvorgang darstellen sollten.

Die geschilderten inneren Vorgänge verlangen eine ausgeglichene ruhige Seelenlage und Wachheit. Immer dann, wenn diese fehlten, rutschte ich wieder in die Identifikation des Täters mit seiner Tat. Es gelang dann nicht, im Verlauf der Vernehmungen oder der Gerichtsverhandlungen die Beschuldigten wirklich zu erreichen. Die Atmosphäre war von Emotionen geprägt, und diese verbauten mir einerseits den Zugang zu den Beschuldigten und machten es mir andererseits unmöglich, unvoreingenommen zu plädieren.

Konfliktlösung und Konfliktgestaltung

Und es wird nichts sein – kein Richten, kein Wundern, nur ein Schauen. Aber in diesem Schauen wird Gericht oder Freispruch beschlossen sein.

Christian Morgenstern

Die Konfliktlösung ohne Inanspruchnahme professioneller Dienstleistungen

1. »Sie werden über meinen Anwalt wieder von mir hören!«

Wenn ein Konflikt so richtig heiß geworden ist, keiner mehr den eigenen Standpunkt verlassen will und man sich in rauheren Zeiten nun wüst beschimpft hätte, womöglich handgreiflich geworden wäre, da zeigt sich heute zivilisatorischer Fortschritt. »Sie werden über meinen Anwalt wieder von mir hören!« So tönt es jetzt mühsam beherrscht und scheinbar überlegen von der Partei, welcher der hilfreich kämpferische Stand der Rechtsanwälte zuerst eingefallen ist. Was dann folgt, ist eine dienstleistungsintensive Fortführung des Konfliktes. Die Sache wird auf jeder Seite mit den aufgesuchten Anwälten beraten, Akten werden angelegt, Schriftstücke kopiert, Briefe diktiert und geschrieben. Den beteiligten Anwälten, die die Sache etwas nüchterner sehen, gelingt es vielfach, Streitigkeiten außergerichtlich beizulegen. Ist dies nicht möglich, wird das zuständige Gericht angerufen, wo nun wiederum Akten angelegt, Schriftstücke fotokopiert, Verhandlungen geführt, Beschlüsse, Protokolle und Entscheidungen diktiert und geschrieben werden.

Der Schritt zum Anwalt löst aber nicht nur die geschilderte Welle von Tätigkeiten anderer Menschen aus (an denen häufig auf der Anwaltseite nichts verdient wird und die bei Inanspruchnahme eines Gerichts regelmäßig den Steuerzahler belastet), sie hat auch noch andere Folgen, welche von den Konfliktparteien zumeist ebensowenig bedacht werden.

Ist einmal ein Anwalt konsultiert, dann sind auch bereits Kosten angefallen. Da nun keiner der Streitenden diese Kosten tragen möchte, wird sein Konfliktverhalten von den Alternativen Sieg oder Niederlage bestimmt, da in vielen Fällen die unterliegende Partei alle Kosten zu bezahlen hat, die der Gegenseite entstanden sind.

Des weiteren wird die Inanspruchnahme eines Rechtsanwalts und gar die Einleitung eines Gerichtsverfahrens von der Gegenseite als eine Art »Kriegserklärung« aufgefaßt. Es gehört eine beachtliche Reife der Persönlichkeit dazu, sich wegen einer bestimmten Sache unter Zuhilfenahme von Anwälten und Gerichten auseinanderzusetzen und sich gleichzeitig, davon unberührt, zu achten und zu schätzen. Man muß deshalb in Erwägung ziehen, daß das erste Anwaltsschreiben, welches bei der anderen Konfliktpartei eingeht, zu einem dauerhaften Zerwürfnis mit all seinen belastenden Folgen führen kann. Dies gilt es insbesondere dann zu beachten, wenn man mit der anderen Seite in einer länger andauernden sozialen Beziehung steht, wie das zum Beispiel bei Nachbarn oder in Mietverhältnissen der Fall ist. Aus diesem Grunde kann es durchaus ratsam sein, sich durch eine Rechtsanwältin bzw. einen Rechtsanwalt rechtlich beraten zu lassen, ohne daß dies nach außen in Erscheinung tritt.

Allerdings ist guter Rat oft teuer. Wird zwischen dem um Rat suchenden Mandant und der Rechtsanwältin bzw. dem Rechtsanwalt nichts Besonderes vereinbart, dann richtet sich deren Honoraranspruch nach der Bundesgebührenordnung für Rechtsanwälte (abgekürzt: BRAGO). Maßgeblich für die Höhe der Honorarforderung ist der Streitwert, das heißt der in Geld ausgedrückte Wert des Streitgegenstandes. Die bei der Beratung tatsächlich aufgewendete Zeit bleibt unberücksichtigt, weshalb der Anwalt bei der derzeit gültigen Gebührentabelle rein wirtschaftlich gesehen einen Verlust macht, wenn der Streitgegenstand einen Streitwert von weniger als 1.500.– DM hat. Erst bei deutlich höheren Streitwerten wird die Sache für Anwälte wirtschaftlich interessanter. Ich betone dies, weil Mandanten oft ein langes Gesicht machen, wenn sie nach einer Beratung eine Gebührenrechnung von zum Beispiel 200.– DM erhalten und sie doch »nur« eine Dreiviertelstunde lang die Angelegenheit mit der Anwältin oder dem Anwalt besprochen haben. Um dies richtig zu verstehen, muß man wissen, daß im Jahre 1987 ein Anwalt rund 250.– DM[34] in der Stunde verdienen mußte, wenn sich seine Praxis wirtschaftlich tragen sollte. Die Gebührentabelle der BRAGO geht aber andererseits auch davon aus, daß die weniger häufigen Mandate mit sehr hohen Streitwerten soviel Gebühren einbringen, daß von einer Anwaltspraxis eine gewisse Anzahl von Mandaten mit geringem Streitwert mitgetragen werden können.

Um in jedem Falle wirtschaftlich auskömmlich tätig sein zu können, neigen Anwälte daher immer mehr dazu, mit den Mandanten Honorarvereinbarungen zu treffen, mit welchen die Anwendung der BRAGO ausgeschlossen und statt dessen zum Beispiel ein Gebührensatz von 250.– DM pro Stunde anwaltlicher Tätigkeit vereinbart wird. Wird ein Rechtsanwalt mit einer derartigen Honorarvereinbarung für den Mandanten gerichtlich tätig und hat der Gegner zuletzt nach der Entscheidung des Gerichts die gesamten Kosten des Verfahrens zu tragen, dann muß er allerdings dem Mandanten nur die gemäß BRAGO angefallenen Anwaltskosten ersetzen. Ist die Honorarforderung aber aufgrund der Honorarvereinbarung tatsächlich höher, dann muß der Mandant gleichwohl an seinen Anwalt die Differenz zwischen dem vom Gegner gemäß

BRAGO bezahlten Betrag und der sich aus der Honorarvereinbarung ergebenden Gebührenforderung begleichen.

Es empfiehlt sich deshalb, vor der Inanspruchnahme rechtsanwaltlicher Hilfe die erwartbaren Kosten und, falls die Sache gerichtlich ausgetragen werden soll, das gesamte Kostenrisiko zu erfragen, da in letztgenanntem Falle ja auch die Gerichtskosten und die Anwaltskosten der Gegenseite zu tragen sind, wenn man den Prozeß verliert.

Zuletzt sollte nicht außer acht gelassen werden, daß durch die Einschaltung eines Anwalts, wenn sie über die reine Beratung hinaus geht, der Einfluß auf die Konfliktgestaltung schwindet. Das hängt damit zusammen, daß der Streit nun sehr viel förmlicher fortgesetzt und stark vom Arbeitsstil der beteiligten Rechtsanwältinnen bzw. Rechtsanwälte geprägt wird. Wird die Sache dann als Rechtsstreit bei Gericht anhängig, tritt noch trotz sich verstärkender Formalisierung des Geschehens die individuelle Art der Prozeßleitung der vorsitzenden Richterin oder des vorsitzenden Richters hinzu. Da Richterinnen und Richter keine Rechtssprechungsmaschinen sind, ist es individuell sehr unterschiedlich, wie sie die Verhandlungen führen und worauf sie im Verlauf des gesamten Verfahrens besonderen Wert legen. Da gibt es solche, die sehr darauf achten, daß jeder Schritt von der gesetzlichen Prozeßordnung getragen ist und ihre schließlich zu fällende Entscheidung eine saubere juristische Arbeit auf hohem Niveau darstellt. Anderen liegt eine rasche Abwicklung mit lebenspraktischem Ergebnis mehr am Herzen. Dies nur zum Beispiel, denn die Vielfalt ist so groß, wie Individuen eben verschieden sein können. Das ist natürlich nicht in jedem Falle von Bedeutung, sondern nur in schwierigeren Fällen. Wenn zum Beispiel ein Vermieter ein Jahr nach Auszug des Mieters gegen diesen Klage erhebt und Schadensersatz wegen der Beschädigung von Steinfliesen beansprucht, dann tritt die Person des Richters vollständig in den Hintergrund, wenn der Mieter geltend macht, daß die Forderung des Vermieters verjährt sei. Eine derartige Forderung des Vermieters verjährt nämlich in sechs Monaten, weshalb die Klage kurz und bündig abzuweisen ist.

Leider gibt es keine einfachen Faustregeln wie »der Nachbar seine Fäuste ballt, jetzt aber schnell zum Rechtsanwalt« oder »solang die Umsatzzahlen blühen, sollst keinen Anwalt du bemühen«, nach denen man sich richten könnte, wenn man vor der Frage steht, ob man bei einer Auseinandersetzung professionelle Dienstleistungen in Anspruch nehmen soll. Für derartiges ist das Leben zu vielfältig und zu kompliziert. Bei einem Streit um Dinge von einiger Bedeutung sollte man sich aber daran halten, im Zweifelsfalle lieber frühzeitig einen Rat einzuholen, um hinsichtlich der rechtlichen Situation orientiert zu sein. Anwälte mühen sich nämlich manches Mal vergebens, wenn die Mandantin oder der Mandant zu spät zu ihnen kommen und bereits Fristen versäumt oder gewisse Formerfordernisse nicht eingehalten worden sind.

2. Der Konflikt als Aufruf, die Gegenwart wahrzunehmen und die Zukunft bewußt zu gestalten

Nicht mit dem Gegner, sondern mit sich selbst beginnt man zu ringen, wenn man den Entschluß verwirklicht, einen Streit einmal so zu gestalten, daß nicht die Egoismen die Ziele und die Doppelgänger die Handlungen bestimmen.

Dies kann um so mehr erfahren werden, je weniger man von der Konfliktgestaltung in fremde Hände legt. Aber selbst dann, wenn die Inanspruchnahme gerichtlicher Hilfe unumgänglich ist, bleibt den Parteien ein nicht unbeträchtliches Potential an Mitgestaltungsmöglichkeiten, wobei das jedoch ein sehr einfühlsames Zusammenwirken von Mandant oder Mandantin und Rechtsanwältin bzw. Rechtsanwalt erfordert, denn die Gefahr ist hier, daß man dem Anwalt »in die Arbeit pfuscht«.

Dem Gegner bei der Konfliktlösung helfen

Zunächst gilt es, in den Wogen des sich aufbauenden oder bereits fortschreitenden Konfliktgeschehens einen klaren Blick für die gegebenen Verhältnisse zu bekommen. Man muß sprichwörtlich um Fassung ringen, was nichts anderes heißt, als sich mit den eigenen aufgewühlten Emotionen auseinanderzusetzen. Die notwendige Distanz zur eigenen Empfindungswelt kann ich dadurch erlangen, daß ich mein in mir ruhendes Selbstbewußtsein suche. Wer genaueres über diesen Wesensbereich wissen möchte, den man das Selbst bezeichnet, kann dies aus psychologischer Sicht bei C. G. Jung[35] und aus geisteswissenschaftlicher Sicht bei Rudolf Steiner[36] nachlesen.

Erfahren kann man dieses Selbst zum Beispiel mit folgender Übung: Man stelle sich aufrecht hin, locker, aber nicht nach vorne eingefallen mit vorhängenden Schultern, sondern so, wie wenn man sich »groß macht«, so, daß das Haupt von Rumpf und Hals bewußt getragen wird. Die Füße nehme man ein klein wenig breiter auseinander, als dies zum bequemen und festen Stehen erforderlich ist. Die zunächst locker herabhängenden Arme spreize man geringfügig und nur so weit ab, daß sie eben nicht mehr locker aus den Schultergelenken hängen. Sodann atme man ganz ruhig und wecke in der Brustregion eine Empfindung so etwa, wie wenn diese Brustregion im Moment aus einem in der Mitte der Brust ruhenden Urgrund allen Seins entstehen wolle. Jetzt werde man sich beider Füße bewußt, mit denen man fest auf dem Boden steht, fühle beide Hände und ihre Finger und das aufrecht getragene Haupt, mit dem man bewußt in der Sinnes- und Vorstellungswelt lebt. Es kann sich bei dieser Übung ein Empfinden einstellen, das sprachlich ausgedrückt besagt: »Das bin ich in meiner Verwobenheit ins Sein.«

Es ist durchaus möglich, daß sich mit einer solcher Übung nicht sogleich die selbstsichere Ruhe mit ihrem wie von außen kommenden Blick auf die eigenen Emotionen einstellt. Es lassen sich im normalen Lebensverlauf aber sicher immer wieder günstige Momente finden, in denen man sie wiederholen kann.

Ist die gewünschte Beruhigung[37] erreicht, dann gilt es den gemeinsamen Schicksalsweg mit der anderen Konfliktpartei von Anfang an und schließlich die Entwicklung des Konfliktes selbst anzuschauen. Hierbei achte man sehr genau darauf, daß dies ohne Kritik des anderen bei mäßiger Selbstkritik geschieht. Kritik oder vorschnelles psychologisierendes Erklären der eigenen sozialen Unverträglichkeiten oder der Fehler des anderen bleiben nämlich eine reine Angelegenheit des Kopfes ohne Tiefenwirkung. Und letztere soll gerade erreicht werden. Öffnen wir uns aber vollständig mit unserem ganzen Inneren sachlich ernst den Tatsachen, dann gießen diese sich als Erfahrung in die unbewußten Schichten der eigenen Seele und haben von dort her die Möglichkeit, in Zukunft den Willen zu ergreifen. Dadurch wächst die Fähigkeit, bei den weiteren Zusammentreffen mit der anderen Konfliktpartei auch spontan sozial heilsam und gerecht wirken zu können.

Bei dieser Rückschau[38] besteht die Möglichkeit, an die Stelle der Kritik etwas ganz anderes treten zu lassen. Ich kann stattdessen den anderen mit der Frage ins Auge fassen: »Wie kann ich dir bei der Konfliktlösung helfen?«

Das ist eine seltsame Frage. Wenn man sich schon zu dem ungewöhnlichen Unterfangen durchgerungen hat, eine feindselige Affäre bewußt gestalten zu wollen, dann liegt es doch näher, zuerst die eigenen Unzulänglichkeiten ins Visier zu nehmen. Das ist im Grunde genommen sicherlich richtig, und der Konflikt kann Anlaß sein, sich wieder verstärkt um ihre Verwandlung zu bemühen. Die Erfahrung zeigt jedoch, daß es mit dem Älterwerden mühsamer wird, Unarten abzulegen und bestimmte Verhaltensmuster zu ändern. Solche seelischen Wandlungsprozesse dauern so lang, daß sie in der Regel selbst bei kalten Konflikten nicht entscheidend zur Lösung beitragen können und für die heißen, sich rasch entwickelnden Konflikte zu spät fruchten.

Jede Kleinigkeit, mit welcher wir dem anderen helfen, den streitbedingt verengten Handlungsspielraum zu erweitern, hat dagegen unmittelbare Wirkung. Schauen wir uns unter diesem Aspekt noch einmal den Scheidungsfall von Frau P.-K. und Herrn K. an (s.S. 81 ff.).

Herrn Ks. Verhalten ist geprägt von zweckgebundener Intelligenz, Durchsetzungsvermögen, Überzeugungsfähigkeit und Leistungswillen. Durch sie bezieht er seine soziale Anerkennung, wenigstens im Beruf, und der Beruf ist aus diesem Grunde ein ganz wesentlicher Teil seines Lebens. Sehr lange Zeit würde es in Anspruch nehmen, wenn Herr K. nun, aufgerüttelt durch das Zerbrechen seiner Ehe, die zweckgebundene

Intelligenz in hingebungsvolle Kreativität verwandeln wollte, sein Durchsetzungsvermögen in den unbeugsamen Willen, in seiner Einflußsphäre dafür zu sorgen, daß die Fähigkeiten jedes Menschen sich entwickeln können, seine Überzeugungsfähigkeit in die Fähigkeit, anderen zu eigenständiger Erkenntnis zu verhelfen, und wenn er sich bemühte, seinen Leistungswillen aus der Selbstbezogenheit zur Sachbezogenheit zu führen. Das alles aber käme im Hinblick auf die rasche Entwicklung des Konflikts zu spät.

Würde dagegen Herr K. den vorgeschlagenen Weg beschreiten, dann könnte sich bei ihm die Erkenntnis einstellen, daß alles das, was seine Frau seit jenem Volkshochschulkurs bewegt, nicht einfach »Spinnerei« ist, sondern daß da etwas Berechtigtes dahinterstehen muß, auch wenn er es im Moment noch nicht durchschaut. Der Blick auf den bisher mit seiner Frau gemeinsam zurückgelegten Lebensweg hätte ihm das Vertrauen geben können, daß eine Frau mit abgeschlossener Berufsausbildung und der Fähigkeit zur Führung eines Haushalts mit zwei Kindern bei gleichzeitiger Belastung mit der durch einen Hausbau verbunden organisatorischen Aufgabe sich nicht einfach irgendwelchen Verrücktheiten hingibt. Das dadurch auf seiten von Frau P.-K. hervorgerufene Gefühl, in den ihr wichtigen Dingen ernst genommen zu werden, hätte mit hoher Wahrscheinlichkeit einen unmittelbaren Einfluß auf ihr Konfliktverhalten gehabt. Es hätte die Chance bestanden, daß nicht mehr der Versuch im Vordergrund der Diskussionen gestanden hätte, den anderen von Sinn oder Unsinn des anthroposophischen Erkenntnisweges und einer Fortbildung zur Maltherapeutin zu überzeugen. Es wäre vielmehr die Basis für gemeinsame Beratungen geschaffen worden, wie die Bedürfnisse von Frau P.-K. in das Familienleben und die Lebensplanung von Herrn K. integriert werden können.

Nicht anders verhält es sich auf seiten von Frau P.-K. Ihr Versuch, ihre Impulsivität in eine lebenspraktische Begeisterungsfähigkeit und ihren sich hinter Aktionismus versteckenden Mangel an Selbstbewußtsein in innere Souveränität zu verwandeln, wäre vom Lauf der Dinge hinweggerissen worden, lebte sie doch in der Angst, jetzt entscheidende Erfahrungen zu versäumen. Bei einer Rückschau in der geschilderten Art hätte sie jedoch erkennen müssen, daß nicht nur ihr Mann, sondern auch sie selbst das alles aufgebaut hatten, was sie nun an der gewünschten Entfaltung hinderte. Hätte sie dabei nicht vorwurfsvoll, sondern fragend auf ihren Mann geschaut, hätte sie vielleicht sehen können, daß ihn besonders die moralisierende Kritik seines Egoismus und seiner seelischen Unbeweglichkeit in die Ecke drängte. Von seiner Frau noch verstanden zu werden, obwohl sie inzwischen selbst neue Horizonte entdeckt hatte, wäre für ihn da hilfreich gewesen.

Der andere ist nicht böse, sondern in seiner Weise unvollkommen

Aber wie soll man solches leisten, wenn bei einem harten Konflikt der andere einem als durch und durch böse begegnet? Handelt es sich dabei um Doppelgängerwirkungen, dann wissen wir, daß sich uns in dieser Situation nur ein Teil der Gesamtpersönlichkeit des anderen offenbart und somit über sein eigentliches Wesen noch gar nichts gesagt werden kann. Der fragende Blick auf den anderen führt uns gewissermaßen durch dessen Doppelgänger hindurch. Er führt uns zum Kernbereich seiner

Persönlichkeit. Diesen Kernbereich hat jeder Mensch, und in ihm ist jene Kraft veranlagt, die es ihm möglich macht, seinerseits zu handeln, ohne daß der Doppelgänger dazwischen tritt. Es ist der Bereich, den ein Mensch erleben kann, wenn er wach und in vollem Ernst »ich« sagt, es ist das Ich.

Nun kann uns bei solchen Auseinandersetzungen auch Böses von anderer Qualität entgegenkommen. Auch das ist nicht der andere selbst. Bei genauem Hinschauen zeigt sich, daß der andere im Grunde genommen nicht böse, sondern in individueller Weise unvollkommen ist.

Überall dort im seelischen Bereich, wo sich fällige Entwicklungen nicht ereignet haben, ist der Ausgangsort des Bösen. Wer gut entwickelte Initiativkräfte hat, aber seelisch verarmt ist, weil er nicht bereit ist, einen Teil davon nach innen zu lenken, um seine seelischen Erlebnismöglichkeiten zu steigern, muß Materie rücksichtslos raffen, strebt nach materiellen Genüssen, Geld und äußerem Wachstum. Wer sich großes Durchsetzungsvermögen erworben hat und dabei die Selbstbeherrschung vernachlässigte, muß andere beherrschen wollen. Wer sein Eigenwesen stark empfindet, aber keine Wahrnehmung für das Eigenwesen anderer entwickelt, muß alles an sich binden wollen. Die Beispiele könnten über Buchseiten hin fortgesetzt werden.

Neben vielen seelischen Defiziten, die in diesen und anderen Fällen immer gegeben sind, tritt regelmäßig ein weiterer Mangel auf. Es fehlt an der notwendigen Ich-Stärke, das heißt, das Ich ist noch nicht in den Kernbereich der eigenen Persönlichkeit vorgedrungen. In solchen Fällen dürften die Menschen nicht sagen: »Ich habe dies oder jenes getan«, sondern sie müßten, wenn sie den Tatbestand genau schildern wollten, sagen: »Es hat in mir dies oder jenes veranlaßt.« Da dem so ist, können Menschen, die ein Verbrechen begangen haben – das habe ich während meiner Tätigkeit als Staatsanwalt oft erlebt – nie bis zur letzten Konsequenz die Frage beantworten, warum sie die Tat begangen haben.

Auch hier löst der fragende Blick aus der Verstrickung von Vergeltungswünschen und verkrampfter Selbstbehauptung. Es wird Raum geschaffen für Intuitionen, wie dem gewissermaßen durch den anderen hindurch in die Welt gekommenen Bösen begegnet werden kann.

Innere Souveränität schafft Handlungsfreiheit – wie kann ich dem anderen dazu verhelfen?

Die schon mehrfach angesprochene Perspektivverengung des Streitenden schränkt ihn in seiner Handlungsfreiheit ein. Wurde durch Herstellung der inneren Ruhe eine deutliche und illusionsarme Wahrnehmung der Gesamtsituation erreicht, ist ein wesentlicher Schritt getan, dem ein weiterer folgen sollte. Das wäre die Suche nach Möglichkeiten, nun auch dem anderen zur inneren Souveränität zu verhelfen. Von entscheidender Bedeutung ist hierbei, ob es gelingt, ihm das sichere Gefühl zu vermitteln, daß er unabhängig vom Ausgang des Konflikts sein Gesicht nicht verlieren und als Mensch geachtet und respektiert werden wird.

Kann ich die andere Konfliktpartei zur Wahrheit ermutigen?

Streitende suchen allzuschnell Zuflucht in der Lüge. Ein Grund hierfür ist die Angst einer Partei, die andere könne bestimmte

Tatsachen oder begangene Fehler ausnützen, um ihr zu schaden. Deswegen versucht sie diese zu vertuschen. Die besagte Angst kann ihr von der anderen Partei genommen werden, indem diese durch Taten, nicht durch Worte deutlich macht, der zu vertuschende Sachverhalt werde fair und sachlich behandelt, wenn er ans Licht komme. Es handelt sich bei solchen Taten um vertrauensbildende Maßnahmen, die die Gegenseite zur Wahrheit ermutigen können. Wenn derartiges gelingt, führt das zu einer wesentlichen Entspannung des Konflikts und einer Reinigung der den Streit umgebenden Atmosphäre.

Wird jedoch nicht aus solchen Ängsten, sondern eigensüchtiger Vorteile wegen unwahrhaftig gehandelt, ist dem so nicht beizukommen. Das gilt besonders dann, wenn die derart vorgehende Gegenseite gar nicht in der Lage ist, den eigenen Egoismus zu erkennen oder sogar jeden, der nicht dem eigenen Vorteil nachjagt, für albern und lebensuntüchtig hält. In einem derartigen Falle muß man sich entscheiden, ob man im Vertrauen darauf, daß keiner seinem Schicksal entgeht, die Sache auf sich beruhen läßt, oder man ihr ruhig und sehr bestimmt entgegentritt. In welche Richtung die Entscheidung auch gehen mag, sie wird nie im hier entwickelten Sinne ungerecht sein, wenn sie aus einem ruhigen und gefaßten Selbstbewußtsein entspringt.

Nun ist es ja durchaus möglich, daß ich mich selbst zu Unwahrheiten habe hinreißen lassen. Es kann dem Konflikt die entscheidende Wendung geben, wenn ich die Tatsachen offenbare, und zwar noch ehe es auch nur den Anschein hat, daß ich von außen her zu diesem ungewöhnlichen Unterfangen veranlaßt worden wäre. Auf jeden Fall wirkt eine solche Handlung auf die soziale Atmosphäre entgiftend und bildet Vertrauen. Da ich als ein Ergebnis eigener Einsicht und inneren Ringens meine Lüge oder einen vertuschten Fehler offenbare, kann ich dies aufrecht, trocken und mit ungeheucheltem Bedauern tun. Wenn mir daraufhin zunächst einmal Entrüstung und Vorwürfe entgegenkommen, kann ich das mit eben dieser Haltung als gerechtfertigt aufnehmen.

Besonders tief – unangenehm tief – und zukünftig mein Verhalten korrigierend wirken solche moralischen Vorhaltungen, wenn sie von einem Menschen geäußert werden, der selbst ein gestörtes Verhältnis zur Wahrheit hat, » ... das muß gerade der mir sagen!« Ja, er muß, und das ist auch richtig, denn ich habe seiner seelischen Entwicklung doppelt Unrecht getan, auch wenn er sich dessen nicht bewußt ist. Habe ich doch diesen in Lug und Trug verstrickten von der Wahrnehmung eigener Schwächen abgelenkt und ihn in seiner steten Selbstberuhigung »alle Welt lügt und betrügt« bestärkt. Eine solche Situation durchzustehen heißt, seine eigene Seele mit der Stahlbürste reinigen.

Wo liegen die Grenzen des anderen?

Ebensowenig, wie man aus Bequemlichkeit das eigene seelische Leistungsvermögen unterschätzen sollte, sollte man das des anderen am Konflikt Beteiligten überschätzen. Wenn man sich auch hier wieder alle Ereignisse rückschauend in die Erinnerung ruft, treten schon in Umrissen die gegenwärtig noch bestehenden Grenzen des anderen hervor. Diese muß man als Tatsache hinnehmen. In der bewußt gestalteten Auseinandersetzung wird sich das Bild von seiner seelischen Beweglichkeit und ihren Grenzen Stück für Stück konkretisieren. Dabei wird man manche Illusion begraben müssen, unerwartete Gegebenheiten werden sich eröffnen. Beides ist für unser Handeln von Bedeutung. Andererseits würde die gegenüberstehende Partei durch unsere zu weit gehenden Erwartungen und ganz besonders durch jegliche Forderung an sie gelähmt, auch wenn sie unausgesprochen blieben.

Und was wird mit meinen Zielen?

Die Frage, was mit meinen Plänen und Zielen wird, drängt sich auf. Oder, aus anderer Richtung gefragt: Wenn ich schon der anderen Seite soweit entgegengehe, soll ich dann nicht lieber ohne weiteres nachgeben?

Wenden wir uns zunächst der zweiten Frage zu. Einfach nachgeben wäre lieblos. Ich würde damit vermeiden, mehr von einem anderen Menschen zu erfahren. Und was noch schwerer wiegt: Bevor der Konflikt nicht zu Ende bewegt wurde, kann ich nicht wissen, ob diese Entscheidung objektiv gerecht ist, das heißt, ob es dem anderen auf seinem Schicksalsweg hilft, wenn er das bekommt, worauf er seit Beginn der Auseinandersetzung aus ist.

Was meine im Streit stehenden Ziele anbelangt, kann ich versuchen, sie bis in die Endphase der Auseinandersetzung unverändert durchzutragen. Der Streit endet dann damit, daß ich mich durchsetze oder ein Kompromiß geschlossen wird oder gar der Gegner sich durchsetzt. In jedem der drei Fälle habe ich im Grunde die Chance vertan, als Persönlichkeit reifer zu werden, das heißt auf dem Wege der Individuation ein Stück weiter zu kommen. Das im Falle des Sieges gewonnene Selbstbewußtsein steht auf tönernen Füßen, ist sozusagen nur geschwollen, aber nicht gewachsen, da sich der Stand meiner Selbst- und Welterfahrung qualitativ nicht verändert hat. Solche Art Schwellungen sind psychische Deformationen, was man bei notorischen Siegern unschwer beobachten kann. Darin liegt die eigentliche Niederlage des Siegers.

Versucht man, den Konflikt als einen inneren Weg zu sehen, in den die anderen Menschen einbezogen sind, ist man letztlich Gewinner, auch wenn man scheinbar unterliegt. Mein Gewinn liegt in der durch Übung am konkreten Leben gewonnenen Technik[39], die Würde des anderen zu achten und aus dem intentionalen Ich zu handeln. Da bei einem Menschen, der sich auf den Weg gemacht hat, alles in Bewegung ist, bleibt es nicht aus, daß sich auch seine Ziele mitbewegen, sich mehr oder weniger verändern. Die Zielvorstellungen entwickeln sich mit.

Sollte es sich ereignen, daß sich auch die andere Konfliktpartei aus ihrer Versessenheit löst und sich im angedeuteten Sinne zu bewegen beginnt, dann können als Krönung des Geschehens neue Ufer erreicht werden. Die äußerliche Folge ist kein auf der Grundlage gegenseitigen Nachgebens geschlossener Kompromiß, der im übrigen ja durchaus vernünftig sein kann. Das Ergebnis kann dem sehr ähnlich sehen, ist aber qualitativ anderer Art, denn es ist eine auf eigenen Füßen stehende Neuschöpfung, die auf einer inneren Neuorientierung der Beteiligten basiert und dadurch tragfähiger als jeder Kompromiß ist.

3. Die Wirkung der bewußten Konfliktgestaltung auf die Individuation

Der ernsthafte Versuch bewußter Konfliktgestaltung bleibt nicht ohne Wirkung auf unsere eigene geistig-seelische Entwicklung. Blicken wir noch einmal zurück auf den hier angeregten Weg und achten jetzt dabei auf uns selbst.

Bereits beim ersten Schritt machen wir um der Sache willen eine wesentliche Erfahrung. Die beschriebene Art, in sich zur Ruhe zu kommen, ist keine aus irgendwelchen Argumenten konstruierte Selbstberuhigung. Durch die bewußt gehandhabten Übungen stellt sich eine andere Qualität von Ruhe und zugleich das Empfinden des eigenen Selbsts ein. Das wird dann erhellt durch das in der Kopfregion erlebte Ich. Und nun tritt eine zuversichtliche Ahnung auf, daß wir zu Handlungen fähig sind, die nicht von Zwängen, Emotionen usw. bestimmt sind, so daß wir den Konflikt aus Intentionen beeinflussen können, die der Sache gerecht werden.

Durch den sich anschließenden Rückblick erweitern sich unsere Lebenserfahrung und Menschenkenntnis, indem wir auf die Grundursachen und Auslöser des Konflikts aufmerksam werden, die Art des Konflikts erkennen und unsere bisherigen Handlungsmotivationen wie auch die der anderen Beteiligten durchschauen.

Dabei wird erlebbar, welch große Rolle das Unbewußte spielt. Zunächst mag man bei dieser Entdeckung erschrecken, da man ja ganz selbstverständlich mit der Vorstellung lebte – klar bei Verstand, wie man ist –, daß dieser Verstand der Ausgangspunkt der Handlungen sei. Nun tritt die Erkenntnis hinzu, in welch subtiler Form sich Egoismus, Ängste, Zwänge usw. dieses Verstandes bedienen, um zu »begründen«, was jenseits des Verstandeswissens urständet.

Übt man sich immer wieder in diesen Anschauungen, wird allmählich der Umgang mit dem eigenen und dem fremden Unbewußten vertraut. Man beginnt mit ihm zu rechnen und richtet sich darauf ein. Eine Korrespondenz mit dem eigenen

Unbewußten beginnt, indem man sich bei der Rückschau übt, das Geschehene, ohne es zu beurteilen, soweit als möglich mit schonungslosem Realismus anzusehen und zu verinnerlichen. Die Devise lautet hier: hinschauen, nicht beurteilen. Man kann dann gespannt sein, welche Antwort einem zu einem späteren Zeitpunkt vom Unbewußten zukommt. Das gilt ebenso für den in die Rückschau aufgenommenen fragenden Blick auf den anderen (s. S. 152).

Das gedankliche Beurteilen bleibt natürlich nicht aus. Es will sich unwillkürlich schon bei der Verinnerlichung des Wahrgenommenen einmischen und muß an dieser Stelle willentlich verhindert werden, um es am richtigen Platz voll zur Geltung kommen zu lassen. Dies ist dann der Fall, wenn ich an die konkrete Überlegung herangehe, wie ich den weiteren Konfliktverlauf bewußt beeinflusse.

Der anschließende fragende Blick auf den anderen bringt es mit sich, daß ich mich ihm öffne. Das stärkt die stets bedrohte Liebefähigkeit. Diese ist gänzlich unsentimental, weshalb die Antworten auf so gestellte Fragen in bezug auf mich oder den anderen sehr herb sein können.

Jener Blick auf den anderen läßt uns wie nebenbei eigene Fähigkeiten und Fehler, sprich Entwicklungsnotwendigkeiten entdecken. Dieser Weg zur Selbsterkenntnis hat den unschätzbaren Vorteil, daß nicht die Sorge um die eigene Individuation das antreibende Motiv ist. Das Handlungsmotiv liegt vielmehr außerhalb des engen Bezirks unseres Egos in dem Versuch, dem anderen gerecht zu werden und gleichzeitig einen angemessenen Weg zur Konfliktlösung zu finden. Auf diese Weise kommt man nicht in die Gefahr, in das eigene Seelenleben zu blicken wie in einen verhexten Spiegel, der uns in seinen Bann zieht. Die aus freiem Entschluß übernommene Aufgabe läßt zuletzt auf der Handlungsebene Phantasie entwickeln.

Nach und nach von zwanghaftem Konfliktverhalten befreit, wird sich so der Handlungsspielraum vergrößern. Ihn zu nutzen, benötigen wir Phantasie. Was vorher vielleicht noch undenkbar erschien, tritt in die Vorstellung und kann nun kritisch abgewogen werden. Aus der Fülle möglicher Aktionen oder Reaktionen wählen wir eine und führen sie aus. Ihre Wirkung versuchen wir wiederum nüchtern-realistisch auf uns einwirken zu lassen, um sie anschließend gedanklich zu beurteilen. Die so gewonnene Erfahrung sinkt ungestört ins Unbewußte. Die Folge wird sein, daß unser soziales Handeln reifer wird. Mit der Zeit können sich die anfänglich getrennt zu haltenden Phasen von Raumschaffung für soziale Phantasie, kritischer Abwägung, Entschluß, Handlung, verinnerlichter Wahrnehmung und gedanklich kritischer Beurteilung zeitlich ineinanderschieben, ohne sich jedoch unkonturiert zu vermischen. Wir erwerben dann auf sozialem Felde eine Fähigkeit, welche Rudolf Steiner in seiner »Philosophie der Freiheit«[40] als moralische Technik bezeichnet.

4. Haben Auseinandersetzungen einen Sinn?

Ich habe ungute Erinnerungen an Diskussionen im Deutsch- und Religionsunterricht zum Thema Freiheit. Was ich später an der Universität während meines Studiums der Rechts- und Staatslehre darüber hörte – und das war selten genug –, ging keinen Zoll tiefer. Das ist schlimm, denn gerade bei Juristen sollte die Freiheitsfrage außerordentlich lebendig und radikal gestellt werden. Nichts davon. Die gymnasial-universitäre Totalverflachung beschränkte sich just auf das, was in jedem philosophischen Wörterbuch unter F wie Freiheit nachgelesen werden kann. Und das klingt in etwa so:

Der Mensch ist dadurch von allem anderen (besonders vom Tier) unterschieden, daß er nicht in die Bindungen eines universalen Naturzusammenhanges restlos eingespannt ist und so in seinem Wesen eine durchgängige Determinierung erfährt, sondern daß er gleichsam ins Offene gesetzt ist. Damit ist er gezwungen, sich seine Wesensausprägung selbst zu geben und seine geschichtlichen und lebensmäßigen Möglichkeiten selbst zu bilden. Auf diese Weise sich selbst gegenübergestellt und sich selbst aufgegeben zu sein, macht den obersten und letzten Sinn von Freiheit aus. Diese Freiheit ist so fundamental, daß es dem Menschen nicht überlassen ist, sie zu gebrauchen oder nicht zu gebrauchen, denn der Verzicht auf die eigene Wesensausprägung (etwa in einer naturalistischen oder nihilistischen Lebenseinstellung) ist selbst schon eine Entscheidung über den Daseinssinn. Insofern diese Freiheit mit dem Menschsein von selbst schon gesetzt ist, kann sie auch personale Freiheit genannt werden. Kann der Mensch die personale Freiheit nicht aufgeben und gleichsam ungeschehen machen, so kann er sich ihr doch verschließen. Der Mensch kann aber auch den Auftrag der personellen Freiheit (zur Wesensausprägung) eigens und ausdrücklich übernehmen, er kann sich frei machen für die Freiheit. Diese Freiheit kann positive Freiheit genannt werden.[41]

Oder: Freiheit als die Möglichkeit, so zu handeln, wie man will. Freiheit ist Willensfreiheit. Der Wille ist seinem Wesen nach stets freier Wille. Das Problem der Freiheit hat sich im Laufe der Philosophiegeschichte dadurch kompliziert, daß von vielen Denkern versucht wurde, aus dem Wesen der Freiheit auf die Pflicht des Menschen zu schließen, von seiner Freiheit keinen oder nur einen in bestimmter Weise eingeschränkten Gebrauch zu machen. Eine solche Pflicht kann sich aber nie aus der Freiheit selbst, sondern nur aus ethischen Erwägungen ergeben. Eine dem Wesen nach unbeschränkte Freiheit muß die Ethik voraussetzen, um den Menschen für sein Tun und Lassen uneingeschränkt verantwortlich machen zu können.[42]

Es war in diesen Unterrichtsstunden und Vorlesungen auch viel von der Pflicht die Rede, von Pflichten, die sich aus ethischen Grundsätzen oder sozialen Forderungen ergeben. Weniger wurde darüber gesprochen, warum ausgerechnet der Wille frei sein sollte, der doch am allerweitesten unserem Bewußtsein entzogen ist.

Jeder, der kein begeisterter Mathematiker ist und lange genug Schüler war, weiß, nach welch dunklen Gesetzmäßigkeiten es sich vollzieht, ob, wann, wo und wie ich beispielsweise überhaupt bereit bin, eine mathematische Gleichung gedanklich zu durchdringen. Ich für meinen Teil hatte immer dann, wenn ich eine Mathematikaufgabe nicht löste, mehr das dumpfe Gefühl, meiner Faulheit unterlegen zu sein, als daß ich darin eine freie Willensentscheidung zum Nichtstun sehen konnte. Und machte ich mich dann doch an die Lösung der Aufgaben, dann war das zu allermeist Pflichterfüllung und einfach Freude am Tun. In beiden Fällen handelte ich aber nicht aus freiem Willen, sondern das eine Mal, weil ich mich der Pflicht beugte und die bei ihrer Vernachlässigung drohenden Konsequenzen fürchtete, und das andere Mal, weil ich vom Tätigkeitsdrang, dem Drang nach Selbstbestätigung und was dergleichen mehr ist, mitgerissen wurde.

Sicher, was seit Platon von großen Philosophen über die

Freiheit gedacht und für die Freiheit aufopfernd von Kämpfernaturen erfochten wurde, hat für uns alle ganz überragende Bedeutung, auch wenn es nur noch zuweilen als dünner Aufguß in Klassenzimmern, Hörsälen und Parlamenten dahinplätschert. Unsere gesamte Kultur baut darauf auf. Ich möchte auch nicht in Abrede stellen, daß es möglich ist, einen Entschluß frei zu fassen und ihn ins dunkle Willensleben zu gießen, was dann als freie Tat zutage treten kann. Nur, das rein philosophisch-gedankliche Umgehen mit der Freiheitsfrage führt heute nicht mehr weiter, wie auch jeder politische Befreiungsschlag vor solchem Hintergrund alsbald verpuffen muß.

Was bleibt? Es könnte die Erfahrung der Freiheit, das unmittelbare Erleben der Freiheit sein. Das ist so unspektakulär und unheroisch, daß es leicht übersehen wird.

Wer auf dem Wege der Individuation weitergeht, wie es zum Beispiel hier allgemein auf dem Felde des sozialen Miteinanders und insbesondere für die Konfliktbewältigung dargestellt ist, wird erleben, wie seine Handlungen immer weniger von dem bestimmt werden, was ihnen zuvor fraglos die Richtung gegeben hat: Vorstellungen, Meinungen, Handlungs- und Reaktionsmuster, wie sie von der Erziehung, der sozialen Schichtzugehörigkeit, einer bestimmten religiösen Anschauung, der Zugehörigkeit zu einem bestimmten Volk und einem bestimmten Kulturkreis geprägt wurden. Sie alle verlieren an Wirksamkeit. Beschränkungen der Erkenntnisfähigkeit und des Handlungsspielraums durch Triebe, psychische Zustände und Befindlichkeiten wie auch Einseitigkeiten des Temperaments beginnen sich zu lösen. Empfindungen und Gefühle, die bisher unsere Reaktionen auslösten, verwandeln sich in Wahrnehmungsorgane, die uns etwas über unser individuelles Verhältnis zum anderen Menschen mitteilen. Sowohl im Stadium der Entscheidungsfindung als auch während des Handelns wird dem eigenen und fremden Unbewußten Rechnung getragen, das heißt, seine Existenz und Wirksamkeit wird anerkannt und bewußt im Leben integriert.

Die Folge davon ist, daß es uns in »Sternstunden« hin und wieder gelingt, dem scheinbar zwingenden Verlauf eines sozialen Prozesses eine, und sei es noch so kleine Korrektur zu geben, die ihren Ausgangspunkt ausschließlich in unserer eigenen Intention hat. Solches wird von der Umwelt selten wahrgenommen und läßt sich sowenig beweisen, wie es im klassisch-wissenschaftlichen Sinne einen Beweis für die Existenz Gottes gibt.

Für uns selbst ist jedoch ein solches Ereignis zweifellos eine Realität und wird im Nachhinein als herausgehoben dichtes Selbstempfinden, als ein untrügliches Gefühl von Freiheit erlebt, da ich mich rückblickend nicht als von allem möglichen getrieben, sondern als den tatsächlich schöpferisch Handelnden sehe.

Da man nicht willkürlich zur Stärkung der eigenen Position, sondern darum gehandelt hat, dem anderen gerecht zu werden, ist die Gefahr schillernder Selbstbezogenheit dieser Empfindungen gering.

In dem Kapitel »Von Krisen umgeben« wurde geschildert, wie sich in den Menschen schon in lang vergangenen Zeiten ein Empfinden davon entwickelte, eine eigene Persönlichkeit zu sein. Dieser bedeutende Schritt in die Freiheit führte zwangsläufig zu Auseinandersetzungen zwischen den einzelnen Menschen, was es zuvor durch die weitgehende Einbindung in die Gruppe nicht gegeben hatte. Diese Individualkonflikte machten es notwendig, daß Rechte, wie zum Beispiel das Recht, etwas auszuleihen und das Ausgeliehene zu bestimmter

Zeit zurückfordern zu können, geschaffen und formuliert werden mußten. Wo diese Entwicklung vorangeschritten war, mußte der einzelne nun seine Rechte selbst behaupten und verteidigen. Dabei war er auf sich gestellt, was die Entwicklung hin zu einer selbstbewußten Persönlichkeit durch die Abgrenzung vom Mitmenschen verstärkte. Darin kann man den Sinn jenes Abschnitts in der Geschichte des Konfliktes sehen.

Folgen wir dem Gang der weiteren Kapitel von den Grundursachen bis zur bewußten Gestaltung der Konflikte, kann eine gegenläufige Bewegung beobachtet werden, die zukunftsweisend ist. Nicht, daß das Streiten der Menschen abnehmen würde. Das Gegenteil ist der Fall. Da aber das Sich-Abgrenzen von den Mitmenschen und das Behaupten und Verteidigen von Rechtspositionen vielen Menschen selbstverständlich wurde, sind ihre anfänglich hiervon gebundenen Kräfte freigesetzt. Sie müssen sich darum nicht mehr bemühen. Sie können ihre auf Dauer sozial unverträgliche Selbstbezogenheit wieder öffnen. Diese Öffnung werden sie nun vollziehen können, ohne befürchten zu müssen, sich wieder in einem Gruppenbewußtsein zu verlieren, da unter anderem eben auch durch Rechte, wie es das im klassischen Rom entwickelte Recht des Privateigentums ist, ein genügend erstarktes (und oft auch überzogenes) Selbstbewußtsein entwickelt wurde. Man beobachte in diesem Zusammenhang, wie stark das Selbstgefühl pulsiert, wenn man sagen kann: »Hände weg! Das ist meins.«

Der Konflikt kann heute so zum Anlaß werden, die eigene Persönlichkeitsentwicklung bewußt voranzubringen. Er bietet die Gelegenheit, einen weiteren Schritt zur inneren Freiheit zu tun. Und diese ist der beste Garant für die äußere Freiheit. Könnte darin nicht ein sinnhafter Aspekt unserer gegenwärtigen Konfliktsituation gesehen werden?

Fragen zum Thema:

Frage:
Es ist sehr viel verlangt, wenn man durch einen bestimmten Vorfall voller Wut und Aggression ist und dann zuerst bei sich selber den Fehler suchen bzw. auf den anderen schauen soll. Wie soll das ein Choleriker schaffen? Spielen hier nicht auch Erfahrungen und Emotionen eine dominierende Rolle?

Antwort:
In solcher Situation dennoch versuchen zu sollen, mit fragendem Blick auf den Gegner zu schauen und die eigenen Fehler kühl distanziert wahrzunehmen, als wären es die eines Fremden, das ist schon eine Zumutung, wobei die Betonung auf dem darinsteckenden Mut liegt. Entwicklungsmut, das ist die Zumutung, denn die unangenehmen, unbequemen Entdekkungen bleiben auf dem Entwicklungsweg nicht aus.

Für Choleriker ist der Weg nicht schwerer zu gehen als für Sanguiniker, Phlegmatiker und Melancholiker. Der Sanguiniker wird sehr viel Kraft und Selbstdisziplin aufbringen müssen, um dem Drang zu widerstehen, die Konturen des Konfliktes verwischend zu einem rasch geschlossenen Kompromiß zu kommen, der ihn aber nur zu der Selbsttäuschung verführen würde, er sei ein Meister der Konfliktbewältigung. Den Phlegmatiker kostet es eine große Selbstüberwindung, das erforderliche Interesse für den Konflikt, den Gegner und sich selbst aufzubringen, denn das ist ja alles ganz unbehaglich. Den Konflikt nicht hauptsächlich als schmerzhaftes Innenerlebnis zu durchleiden, ist das große Problem des Melancholikers.

Der Choleriker wird immer wieder damit konfrontiert, daß sich seine Wut und seine Aggressionen eruptiv entladen.

Handgreiflich, mit Worten oder einem geharnischten Schreiben greift er den Gegner an, ... und setzt sich ins Unrecht. Die Auseinandersetzung wird um einiges härter weitergeführt, wenn die andere Seite zurückschießt. Hat das Opfer eines derartigen cholerischen Ausbruchs aber ein melancholisches Temperament oder eine depressive Persönlichkeitsstruktur, ist es zutiefst verletzt und die Beilegung des Konflikts wird gleichfalls um einige Grade schwieriger.

Wie kann es ein Choleriker schaffen, daß nicht immer wieder sein Temperament mit ihm durchgeht? Sein Problem ist ja, daß er sich nicht in der Hand hat, wenn die Wut in ihm aufsteigt. Bei einer starken cholerischen Veranlagung ist er deshalb nicht in der Lage, vorher etwas zu unternehmen. Aber nachher kann jeder Choleriker wieder mit Bewußtsein handeln. Es ist ihm deshalb zu empfehlen, sich nach einem solchen Vorfall noch am selben Tage in ruhigen zehn Minuten (die sich immer finden lassen) den gesamten Tagesverlauf und ganz besonders den Streit vor Augen zu führen.[43] Dies sollte möglichst bildhaft geschehen und überdies so, als betrachte er von außen den Tagesablauf eines fremden Menschen. Danach lasse er den so gewonnenen Gesamteindruck, ohne ihn zu beurteilen oder zu bewerten, ohne Selbstvorwürfe oder Anschuldigungen als gewissermaßen dichtes Erfahrungspaket in sich absinken.

Wer im übrigen selbst etwas für seine Individuation tun möchte, kann täglich eine derartige Rückschau vor der Nachtruhe abhalten.

Der Choleriker sollte dieser Rückschau eine zweite, nur auf das Streitgeschehen konzentrierte folgen lassen, und zwar aus der Sicht des von ihm so harsch angegangenen. Dabei sollte er möglichst intensiv *dessen* Gefühle nach dem cholerischen Ausbruch nachempfinden, um sie sodann ebenfalls ohne Beurteilung, Selbstvorwürfe usw. in sich absinken zu lassen. Er wird bei regelmäßiger Übung nach einiger Zeit bemerken, daß ihn sein Temperament immer seltener überwältigt.

Wenn uns »Erfahrungen« daran hindern wollen, uns der oben besprochenen Zumutung zu stellen, dann sollten wir sie daraufhin untersuchen, ob es sich tatsächlich um Erfahrungen handelt. Da uns wirkliche Erfahrungen auf den beschriebenen Weg verweisen, dürfte sich mit einiger Sicherheit herausstellen, daß es sich nicht um Erfahrungen, sondern um Voreingenommenheiten und Gewohnheiten handelte.

Die Rolle unserer Emotionen darf in diesem Zusammenhang natürlich nicht unterschätzt werden. Sie verlieren jedoch mit der Zeit ihren handlungsbestimmenden Charakter und stehen uns immer seltener im Wege, wenn wir sie uns regelmäßig in einer Tagesrückschau vor Augen halten.

Frage:
Mit Jugendlichen gerät man leicht in Konflikt, vor allem, wenn sie einem mehr und mehr entgleiten und man vielleicht sogar zusehen muß, daß sie sich in Gefahr begeben. Gilt auch hier das Prinzip, zuerst bei sich die Fehler zu suchen ?

Antwort:
Bei vielen Konflikten mit Jugendlichen muß man nicht lange nach den eigenen Fehlern suchen. Das Konfliktverhalten von Jugendlichen spiegelt uns nämlich oftmals unmittelbar die eigenen Fehler, wenn auch wie durch einen Zerrspiegel vergrößert und karikiert. Das Problem liegt also in solchen Fällen nicht in der Entdeckung der eigenen Fehler, sondern darin, die eigenen Emotionen zu zügeln. Nichts reizt mehr, als wenn die

eigenen Unzulänglichkeiten verbunden mit dem sozial noch ungeschickten Verhalten des Jugendlichen wieder auf uns zukommen.

Tückischerweise entzünden sich derartige Konflikte mit Jugendlichen dann, wenn sie einen Schritt weiter zu ihrer Eigenständigkeit gehen wollen oder ihre Selbstständigkeit behaupten. Solche Fälle sind für Eltern immer ein Balanceakt auf dünnem Seil mit der Gefahr, in das eine oder andere Extrem zu fallen, indem zu schnell eingeschränkt oder zu weitgehend den Wünschen nachgegeben wird. Der Jugendliche äußert seinen entsprechenden Wunsch oftmals bereits provokativ, da er sich durchsetzen möchte und zugleich durch die Furcht vor einer Ablehnung verunsichert ist. Noch ehe also der Erwachsene zu einem eigenen Urteil finden kann, ist bereits »dicke Luft«. In solcher Atmosphäre ist es schwer, die richtige Entscheidung zu treffen oder gar eine Alternativlösung zu finden. Treffen die Eltern infolgedessen eine Fehlentscheidung und bemerken sie das später, dann ist die Frage, wie sie sich dazu stellen. Das Vertrauen des Jugendlichen zu den Erwachsenen wird dadurch gestärkt, wenn diese die Ursache der Fehlentscheidung nicht nur in dessen Bereich sehen, sondern auch im eigenen Verhalten und das dem Jugendlichen gegenüber in aller Ruhe aussprechen können.

Frage:
Was sind das für »Grenzen des anderen«, von denen (S. 158) die Rede war? Warum wird die andere Konfliktpartei in ihrer inneren Beweglichkeit gelähmt, wenn ich von ihr erwarte, daß sie sich ändern soll? Auch sich selbst kann man doch nicht um des anderen willen grundlegend ändern?

Antwort:
Wenn wir die andere Konfliktpartei wirklich wahrnehmen und damit eine ganze Reihe von Vorurteilen und Fehleinschätzungen geschwunden sind, dann werden für uns auch die Grenzen ihrer Fähigkeiten sichtbar. Solche Grenzen werden zum Beispiel durch stark ausgeprägte Temperamentseigenschaften gesetzt. So ein richtiger Choleriker ist eben nicht in der Lage, unsere Vorwürfe, und seien sie noch so berechtigt, anzuhören, ohne sofort zum Gegenangriff überzugehen. Eine zwanghafte Persönlichkeit ist in ihrer Entscheidungsfähigkeit begrenzt. Ein ausgeprägter Egoist geht selbstverständlich davon aus, daß sich alle nach ihm richten. Wir warten bei ihm vergeblich darauf, daß er einmal nach unseren Bedürfnissen fragt.

Entwicklung bedeutet, daß derartige Grenzen überwunden werden. Wer zum Beispiel kein Selbstvertrauen hat, macht infolge seiner Unsicherheit viele Fehler. Das führt insbesondere am Arbeitsplatz immer wieder zu Konflikten. Treten wir mit der Forderung an den anderen: »Jetzt haben Sie doch einmal mehr Vertrauen zu sich selbst und erledigen Sie Ihre Aufgaben selbständig und richtig!«, dann reagiert er nur mit einem inneren Aufseufzen: »Jetzt wird schon wieder etwas von mir erwartet, was ich nicht kann!« und wird noch unsicherer, wodurch es ihm ganz unmöglich wird, sein Selbstvertrauen zu stärken. In vergleichbarer Weise verhält es sich bei anderen Eigenschaften, die der Korrektur oder Entwicklung bedürfen. Sich selbst zu wandeln ist ein außerordentlich subtiler Vorgang. Wenn es dabei zu Verkrampfungen kommt, ist auch das Resultat entsprechend.

Daraus folgt, daß ich den anderen in ihm gerecht werdender Weise nicht ändern kann. Ich kann ihm Änderungen nur erleichtern oder erschweren. Bewußt und aktiv kann ich jedoch selbst darangehen, mich zu ändern. Da diese Wandlungsprozesse jedoch so heikel sind, wollen sie behutsam angegangen werden. Das beginnt bereits ganz am Anfang, wenn sich mir die Frage stellt, warum ich mich ändern soll. Soll ich mich ändern, damit ich ein besserer, vollkommenerer Mensch werde? Wird das zu dem mich auf dem Wege begleitenden Motiv, dann steuere ich auf einen sorgsam kultivierten Egoismus zu. Dessen Folgen sind für einen selbst und für die anderen noch einschneidender als die eines natürlich gewachsenen Egoismus. Soll ich den beschwerlichen Weg um eines anderen willen gehen? Diese Intention zur Wandlung ist dann berechtigt, wenn ich in einem existentiellen Konflikt stehe, wenn ich zum Beispiel also eine gefährdete Lebensgemeinschaft retten möchte. Geht es mir aber um mehr als um die Bewältigung einer konkreten Krise, möchte ich also ganz allgemein meine Individuation beflügeln, dann gibt es nur noch ein Motiv für diesen Weg, und das ist die Freude an der Gestaltung des einzigen, was ich beherrschen darf: mich selbst.

Frage:
Es gibt auch Kränkungen, die so tief gehen, daß ein endgültiger Bruch mit dem anderen entsteht. Wie kann man die Grenze des Zumutbaren erkennen? Zeugt es nicht auch von Charakterstärke, wenn man sich von jemand lossagt, der einen enttäuscht hat?

Antwort:
Sicherlich gibt es derartige Kränkungen, daß ein Bruch mit dem anderen unvermeidbar erscheint. Ob er nun tatsächlich

unvermeidbar ist, ist eine höchst individuelle Frage. Sie hängt von der Belastbarkeit und Leidensfähigkeit des einzelnen ab. Er selbst muß entscheiden, was ihm zumutbar ist. Wer nicht erfahren hat, oder zumindest nicht darauf vertrauen kann, daß Leiden vor Verflachung rettet, wer also im Leiden keinen Sinn sieht, wird auch geringfügigere Kränkungen zum Anlaß einer Lösung der Beziehung nehmen, wenn deren Fortführung keinen größeren Lustgewinn mehr verspricht. Das Maß dessen, was sich jeder in dieser Hinsicht zumuten will, hängt entscheidend von der Einstellung zum Leiden und zu der Beziehung zum anderen ab. Jedenfalls dann, wenn die Kränkungen zu psychischen Störungen oder psychosomatischen Reaktionen führen, sollte der Betroffene die Frage des Bruchs der Beziehung mit einem Arzt oder Therapeuten besprechen.

Sich von einem anderen loszusagen, der einen enttäuscht hat, ist nur dann ein Zeichen von Charakterstärke, wenn es sich dabei um die Erbtante handelt. Ansonsten ist es vollständig eine Frage des jeweiligen Einzelfalles, wie man auf eine Enttäuschung reagieren soll. Nur eines ist in jedem Fall sicher: Führt der Enttäuschte die Trennung herbei, ohne zuvor mit dem, von welchem er enttäuscht ist, ein klärendes Gespräch geführt zu haben, dann wird er, wenn auch unbewußt, das ungelöste Problem dieser Beziehung in seiner Seele mit sich herumtragen.

Gerichtsverfahren

Niemand urteilt schärfer als der Ungebildete; er kennt weder Gründe noch Gegengründe und glaubt sich immer im Recht.

Ludwig Feuerbach

Wenn ein Gerichtsverfahren unumgänglich wird

Das Bemühen um eine Konfliktlösung ohne aufwendiges Gerichtsverfahren ist nicht immer von Erfolg gekrönt. Dann aber ist es hilfreich, in groben Zügen zu wissen, welche Gerichte und welche Verfahrensarten es gibt, welche juristischen Berufe darin eine Rolle spielen und welche Funktionen diese in Verfahren haben.

So werden uns die Erklärungen unserer Rechtsanwältin oder unseres Rechtsanwaltes leichter verständlich und die Handlungen der am Verfahren beteiligten Juristen und Juristinnen durchschaubarer. Da das Verfahren verständlich wird, wirkt es seelisch weniger belastend.

1. Die verschiedenen Zweige der Gerichtsbarkeit

Die seit rund 150 Jahren rasch voranschreitende Differenzierung unserer Lebens- und Arbeitszusammenhänge sowie das in gleicher Weise anwachsende Bedürfnis nach Rechtsschutz und staatlicher Justizgewährung prägten die Entwicklung unserer Gerichtsbarkeit. Dem Erfordernis nach Spezialisierung folgend, gliederte sie sich in verschiedene Zweige auf. Diese Aufgliederung soll im groben an einem konstruierten Fall demonstriert werden. Zu Demonstrationszwecken wird dieser Fall, in dessen Mittelpunkt ein unglücklicher Mensch namens Brösel steht, dann auch ziemlich überspannt werden.

Und nun der Fall:

Herr Brösel steht mit seinem Kleinwagen Baujahr 1981 auf einer nicht sehr breiten Straße. Da er nach links in eine Grundstückseinfahrt abbiegen wollte, hatte er sich zur Fahrbahnmitte hin eingeordnet und den Blinker links gesetzt. Anhalten mußte er, um entgegenkommende Fahrzeuge vorbeifahren zu lassen. Hinter Herrn Brösel fuhr Herr Arb. Er fuhr mit leicht überhöhter Geschwindigkeit und war zudem unaufmerksam. Er bemerkte zu spät, daß das vor ihm fahrende Fahrzeug angehalten hatte, weshalb er sein Fahrzeug nicht mehr rechtzeitig zum Stehen bringen konnte. Es kam zum typischen Auffahrunfall.

An Brösels Pkw entstand ein Totalschaden. Das Fahrzeug hatte einen Zeitwert von 2.000.– DM. Darüber hinaus erlitt Brösel durch den heftigen Aufprall das in solchen Fällen häufig auftretende Halswirbelschleudertrauma, das sich Stunden nach dem Unfall durch heftige Schmerzen im Nackenbereich bemerkbar machte.

Er wird wegen seiner Verletzung vom Arzt für vierzehn Tage krankgeschrieben. Da er vor dem Verkehrsunfall wegen eines gequetschten Daumens bereits mehrere Tage krankgeschrieben war und davor auch schon immer einmal wieder krankheitshalber gefehlt hatte, führt dies bei seinem Chef zu einer cholerischen Reaktion. Er kündigt Brösel zum nächstmöglichen Zeitpunkt.

Brösel läßt nun die Flügel hängen. Die Folgen des Halswirbelschleudertraumas sind auch nach vierzehn Tagen noch nicht abgeklungen. Er hat nun auch häufiger Kopfschmerzen und Schwindelgefühle. Er fühlt sich nicht mehr in der Lage, einer

Arbeitstätigkeit nachzugehen, weshalb er bei seiner Rentenversicherung einen Antrag auf Erwerbsunfähigkeitsrente stellt.

Nach dem Unfall hatte Brösel seinen zerstörten Pkw am Fahrbahnrand der Unfallstelle stehen lassen. Über sein Mißgeschick verbittert, ignoriert er eine Aufforderung des Amts für öffentliche Ordnung, sein Fahrzeug zu entfernen.

Zivilrecht

Brösel hat durch den Verkehrsunfall zunächst in zweifacher Weise Schaden genommen. Zum einen hat er dadurch einen Schaden erlitten, daß sein Fahrzeug zerstört wurde. Zum anderen litt er durch das Halswirbelschleudertrauma an beträchtlichen Schmerzen. Will Brösel diese Schäden ersetzt bekommen, muß er sich selbst darum kümmern. Fordert er nun zum Beispiel von der Haftpflichtversicherung des Arb 2.000.– DM für das zerstörte Auto, 800.– DM für die entgangene Nutzungsmöglichkeit des Fahrzeugs bis zum Neuerwerb eines Pkw und 2.000.– DM Schmerzensgeld und ist die Versicherung nur bereit, 1.800.– DM für das Fahrzeug, 400.– DM für den Nutzungsausfall und 1.000.– DM als Schmerzensgeld zu bezahlen und beharrt sie zuletzt auf diesem Standpunkt, dann ist es an ihm, gegen Arb und seine Versicherung Klage zu erheben. Da es sich hierbei um eine Auseinandersetzung zwischen Bürgern handelt, hat der Staat, das heißt die Gesamtheit der Bürger kein Interesse daran, initiativ zu werden. Der Staat stellt lediglich das für diese Fälle zuständige Zivilgericht (der Begriff ist abgeleitet von dem lateinischen Substantiv civis »Bürger«) und das Notwendige zur Verfügung, um ein Urteil vollstrecken zu können. In unserem Falle könnte Brösel selbst beim zuständigen Amtsgericht die Klage gegen Arb und seine Versicherung erheben. Seine Klage würde dann innerhalb des Amtsgerichtes der zuständigen Zivilabteilung zugeleitet werden. Für die Bearbeitung des Falles wären eine Richterin oder ein Richter zuständig. In Fällen, in denen der Streitwert, das heißt die geltend gemachte Forderung den Wert von 10.000.– DM übersteigt, muß die Klage durch einen Rechtsanwalt beim zuständigen Landgericht erhoben werden, wo die Klage einer Zivilkammer zur weiteren Bearbeitung zugeleitet wird. Eine solche Kammer setzt sich aus drei Richterpersönlichkeiten zusammen.

Strafrecht

Die Tatsache, daß Brösel von Arb verletzt wurde, hat jedoch unter einem bestimmten Gesichtspunkt auch Interesse für die Allgemeinheit. Die Gemeinschaft mündiger Bürger hat nämlich beschlossen, daß kein Mensch einen anderen fahrlässig verletzen darf. Dies fand seinen Ausdruck in den §§ 230, 232 des Strafgesetzbuches (StGB). Gegen diese Vorschrift hat Arb verstoßen.

Die Bürger haben nun einen Anspruch darauf, daß ihre im StGB und den strafrechtlichen Nebengesetzen (wie zum Beispiel dem Waffengesetz) niedergelegten Vorschriften und Verbote eingehalten werden. Die Staatsanwaltschaft nimmt für sie die Aufgabe wahr, darüber zu wachen. Sie bedient sich dabei der Hilfe der Polizei und ist gegenüber den Beamten des uniformierten Dienstes und der Kriminalpolizei weisungsbefugt. Diese werden bei der Ermittlung von Straftaten als Hilfsbeamte der Staatsanwaltschaft tätig.

In den allermeisten Fällen führt die Polizei zunächst die Ermittlungen im Auftrag der Staatsanwaltschaft durch, ohne diese von der Tat und dem Gang der Ermittlungen zu unterrichten. Infolge ihrer Arbeitsbelastung sind die Staatsanwaltschaften nur in besonderen Fällen wie Mordsachen, Bandenkriminalität und ähnlichem in der Lage, die Ermittlungen tatsächlich von Anfang an zu leiten.

Hält die Polizei die Ermittlungen für abgeschlossen, legt sie die Akten und Beweisstücke der Staatsanwaltschaft vor. Diese prüft nun, was weiter zu veranlassen ist. Hält sie die Durchführung weiterer Ermittlungen für erforderlich, so beauftragt sie damit die Polizei oder führt sie selbst durch.

Ist die Sache nach Ansicht der Staatsanwaltschaft hinreichend ausermittelt, stellt sie das Verfahren ein, wenn sie der Ansicht ist, daß entweder keine Straftat vorliegt oder dem Beschuldigten die ihm vorgeworfene Tat in einer Gerichtsverhandlung nicht nachgewiesen werden kann, das heißt, es folgen weder Gerichtsverhandlung noch Bestrafung. Ist jedoch eine Straftat gegeben und besteht die Aussicht, daß der Beschuldigte in einer Gerichtsverhandlung der Tat überführt werden kann, ergeben sich vier Reaktionsmöglichkeiten: Besteht kein öffentliches Interesse an der Verfolgung des Täters und ist dessen Schuld als gering anzusehen, kann die Staatsanwaltschaft mit Zustimmung des zuständigen Gerichts von der Verfolgung absehen und das Verfahren einstellen. Ist die Schuld des Täters und/oder der von ihm verursachte Schaden größer, aber doch nicht so, daß eine Bestrafung erforderlich erscheint, kann das Verfahren mit Zustimmung des zuständigen Gerichts eingestellt werden, wenn der Beschuldigte zum Beispiel einen gewissen Geldbetrag an eine gemeinnützige Einrichtung oder die Staatskasse bezahlt oder eine bestimmte gemeinnützige Leistung erbracht hat. Hält die zuständige

Staatsanwältin oder der Staatsanwalt eine Bestrafung für erforderlich, dann wird bei Gericht der Erlaß eines Strafbefehls beantragt (s. S. 121 und die dazugehörige Fußnote) oder es wird je nach Schwere der Tat Anklage beim Strafrichter oder Schöffengericht des Amtsgerichts, der Großen Strafkammer oder dem Schwurgericht des Landgerichts erhoben. Dort wird die Sache unter dem Gesichtspunkt verhandelt, ob ein strafbares Verhalten bewiesen werden kann und, sollte dies der Fall sein, welche Sanktionen das erfordert.

In unserem Falle wäre denkbar, daß ein gegen Arb eingeleitetes Strafverfahren nach Zahlung einer Geldbuße an das Rote Kreuz eingestellt wird.

Arbeitsrecht

Brösel möchte sich gegen die Kündigung seines Arbeitgebers wehren. Er hält sie für ungerechtfertigt, da er ja sein vierzehntägiges Kranksein nicht verschuldet hat. Den erforderlichen Rechtsschutz wird er beim örtlich zuständigen Arbeitsgericht finden. Dort muß er innerhalb von drei Wochen nach Zugang der Kündigung Klage erheben, damit festgestellt werde, daß das Arbeitsverhältnis durch die Kündigung nicht aufgelöst sei. Er muß hierbei nicht durch einen Rechtsanwalt vertreten sein. Eine Besonderheit im Arbeitsgerichtsverfahren ist, daß er sich durch ein Mitglied der Gewerkschaft vertreten lassen kann.

Ist die Klage eingereicht und dem Arbeitgeber zugestellt, kommt es zunächst zu einer mündlichen Verhandlung vor dem Vorsitzenden, einem Berufsrichter. Dieser versucht in einer sogenannten Güteverhandlung eine gütliche Einigung der Parteien herbeizuführen. Gelingt dies nicht, so kommt es zu einer streitigen Verhandlung vor der Kammer. Diese setzt sich aus dem Berufsrichter und zwei ehrenamtlichen Richtern zusammen, von welchen der eine aus den Kreisen der Arbeitnehmer und der andere aus den Kreisen der Arbeitgeber stammt. Sollte eine streitige Entscheidung notwendig werden, dann fällen die drei Richter das Urteil gemeinsam in geheimer Beratung, wobei die Stimme jedes ehrenamtlichen Richters soviel wiegt wie die des Berufsrichters.

Verwaltungsrecht

Am Ende der Aufforderung des Amts für öffentliche Ordnung, den Pkw zu entfernen, findet Brösel eine »Rechtsmittelbelehrung«, die ihn darüber aufklärt, daß er binnen eines Monats gegen die Maßnahme der Verwaltungsbehörde Widerspruch einlegen kann, wenn er sich gegen diese wehren möchte. Hat Brösel dies vor, dann hat er darauf zu achten, daß sein Widerspruch innerhalb des Monats beim Amt für öffentliche Ordnung eingeht. Dieses prüft nun seinen Widerspruch. Ist das Amt der Ansicht, daß seine Maßnahme erforderlich und rechtmäßig ist, legt es den gesamten Vorgang der nächsthöheren Behörde vor, welche nunmehr erneut die Sach- und Rechtslage prüft. Ist auch diese von der Erforderlichkeit und Rechtmäßigkeit des Verwaltungsaktes überzeugt, teilt sie Brösel mit, daß sie seinem Widerspruch nicht abhelfe. Brösel kann nun, worauf ihn die Behörde hinweist, innerhalb eines Monats nach Zustellung dieses sogenannten Widerspruchbescheides beim zuständigen Verwaltungsgericht Klage erheben. Brösel muß hierbei nicht anwaltlich vertreten sein. Über seine Anfechtungsklage entscheidet eine Kammer des Gerichts, welche mit drei Berufsrichtern und zwei ehrenamtlichen Richtern besetzt ist.

Sozialrecht

Auf Brösels Rentenantrag hin hat die Rentenversicherung seine ärztliche Untersuchung veranlaßt. Aufgrund der Befunde kommt sie zur Feststellung, daß kein Anlaß zur Verrentung besteht, da Brösel in seinem Beruf mit geringen Einschränkungen eingesetzt werden kann. Sie teilt ihm dies in einem Bescheid mit. Brösel ist enttäuscht und beschreitet den ihm in der Rechtsmittelbelehrung gewiesenen und aus dem Verwaltungsverfahren inzwischen vertrauten Weg, indem er gegen den Bescheid Widerspruch einlegt. Führt auch dieses Vorverfahren zu keinem für ihn günstigeren Ergebnis, kann er innerhalb eines Monats nach Zustellung des Widerspruchsbescheids beim zuständigen Sozialgericht Klage erheben. Über diese Klage entscheidet eine Kammer, die sich aus einem Berufsrichter als Vorsitzenden und zwei ehrenamtlichen Richtern als Beisitzern zusammensetzt. In den Kammern für Angelegenheiten der Sozialversicherung gehört je ein ehrenamtlicher Richter dem Kreis der Versicherten an.

An dieser Stelle unsystematisch: Familienrecht

Es ist natürlich ganz unsystematisch, an dieser Stelle das Familienrecht einzuführen. Da es gewissermaßen mit einem Bein im Zivilrecht steht und die Familiengerichte Abteilungen der Amtsgerichte sind, hätte die Darstellung eigentlich oben auf den kurzen Abriß zum Zivilrecht folgen müssen. Dann aber hätte man die Verkehrsunfallgeschichte zu einem Ausgangspunkt für ein Ehe- und Familiendrama aufblähen müssen, was doch recht übertrieben gewesen wäre.

Die Familiengerichte werden von Familienrichterinnen und Familienrichtern als Einzelrichterinnen oder Einzelrichter geführt. Grob gesagt sind sie zuständig für die Bewältigung sämtlicher Konflikte, die im Rahmen der Trennung einer Familie auftreten, sei es vor oder nach der Scheidung und für die Scheidung selbst. Die Bandbreite reicht von der schicksalshaften und familien- und kinderpsychologisch heiklen Regelung des Sorgerechts für die Kinder über die Gestaltung des finanziellen Lebensunterhalts bis zur Aufteilung des Hausrates und der Lösung güterrechtlicher Probleme. Bei letzterem sind nicht selten betriebswirtschaftliche Fragen zu klären. Daneben ist es Aufgabe der Familienrichterinnen und Familienrichter darüber zu wachen, daß die schwächsten und verletzlichsten in der Familie, die Kinder, durch den Konflikt der Eltern und die Auflösung des Familienverbandes nicht noch mehr seelische Verwundungen und Entwicklungsstörungen erleiden, als es eben im jeweiligen Einzelfalle unabwendbar ist. In diesem Zusammenhang kann das Familiengericht ohne den Antrag eines Elternteils oder gar gegen den Willen beider Eltern Ermittlungen anstellen und die erforderlichen Maßnahmen treffen, was jedoch erfreulicherweise nur selten notwendig wird.

Ein wirksamer Scheidungsantrag kann nur von einem Rechtsanwalt gestellt werden, der bei dem Landgericht, in dessen Bezirk das örtlich zuständige Amtsgericht liegt, zugelassen ist. Dies bedeutet, daß nur derjenige Ehepartner anwaltlich vertreten sein muß, der die Scheidung beantragt. Auch ohne anwaltliche Vertretung des anderen, der sich dann freilich nicht gegen die Scheidung wehren kann, kann dann das Scheidungsverfahren durchgeführt und die Ehe geschieden werden. Die zugleich mit der Scheidung vorzunehmende Regelung der elterlichen Sorge für ehegemeinschaftliche, minderjährige Kinder und der ebenfalls zugleich vorzunehmende Ausgleich der von den Eheleuten während der Ehezeit erworbenen Rentenanwartschaften (Versorgungsausgleich) bedürfen gleichfalls nur der anwaltlichen Vertretung einer Seite.

Es empfiehlt sich aber nur dann mit einem solchen sogenannten »Einspänner« zu fahren, wenn die Konfliktsituation und die Vertrauensbasis es zulassen, außergerichtlich mit der Hilfe *einer* Rechtsanwältin bzw. *eines* Rechtsanwaltes alle mit Trennung und Scheidung verbundenen finanziell-materiellen Fragen zu klären, also die wechselseitige Pflicht der Eheleute zu finanziellem Unterhalt und, falls Kinder vorhanden sind, deren Unterhalt, die Aufteilung des Hausrates, die Übernahme von Wohnung oder Haus und den Ausgleich des während der Ehe erwirtschafteten Zugewinns zu regeln.

Dies soll zunächst im Rahmen eines Überblicks genügen. Die uns alle am häufigsten berührenden Zivil- und Strafverfahren und insbesondere auch die Familien- und Ehesachen werden im folgenden noch eingehender besprochen.

Wer mehr über ein bestimmtes Rechtsgebiet oder gar einen Teil davon wie zum Beispiel über das Mietrecht wissen möchte, findet im Buchhandel ein stattliches, jeweils auf den neuesten Stand gebrachtes Angebot von Ratgebern.

2. Die klassischen juristischen Berufe und ihre Aufgaben

Während jedem die unterschiedlichen Funktionen von zum Beispiel Hausärzten, Amtsärzten und Zahnärzten geläufig sind, fehlt es zu allermeist an entsprechenden Kenntnissen auf dem Gebiet des Rechts. Bereits im Sozial- oder Gemeinschaftskundeunterricht der Schulen, seien sie in privater Trägerschaft oder staatlich, wird das Rechts- und Justizwesen üblicherweise nur gestreift. Das ist um so unverständlicher, als es jedem über vierzehn Jahre alten Jugendlichen widerfahren kann, daß er wegen des Diebstahls einer Kleinigkeit überraschend in Kontakt mit der Justiz kommt.

Rechtsanwältinnen, Staatsanwältinnen, Richterinnen, Notarinnen und ihre noch in der Überzahl befindlichen Kollegen haben eines gemeinsam: Sie haben das erste und zweite juristische Staatsexamen bestanden. Ihre beruflichen Funktionen unterscheiden sich jedoch grundlegend voneinander.

Rechtsanwältinnen und Rechtsanwälte

»Sie, als Rechtsverdreher, müssen es doch wissen«, wendet sich lächelnd ein Gesprächsteilnehmer an mich und stellt sich dabei ein doppeltes Armutszeugnis aus. Erstens bin ich kein Rechtsanwalt, sondern Richter, was ihm typischerweise gleichgültig ist, und zweitens hat er mit seinem mißlungenen Scherz sein gestörtes Verhältnis zu einer der drei wesentlichen sozialen Beziehungsebenen gezeigt, nämlich der des Rechts. An einen Arzt gewandt würde ihm auch mit noch so feinem Lächeln nie ein »Sie, als Kurpfuscher ...« über die Lippen kommen. Ich habe auch noch nie erlebt, daß eine Anwältin eine Lehrerin in vergleichbarer Situation als »Verzieherin« angesprochen hätte.

Die weit verbreitete Übung, anstatt vom Rechtsanwalt vom Rechtsverdreher zu sprechen, kann nicht damit zusammenhängen, daß sich in diesem Berufszweig überdurchschnittlich viel unmoralische Subjekte angesiedelt hätten oder solche mit mangelhafter beruflicher Qualität. Das ist durchaus nicht der Fall. Die Ursachen dafür müssen also auf anderem Felde gesucht werden.

Nun aber zu den Funktionen, die dieser Berufsstand innerhalb des Rechtswesens hat.

Ein nicht unbeträchtlicher Teil der anwaltlichen Tätigkeit besteht darin, Rechtsrat zu erteilen (s. S. 146), Verträge zu entwerfen und Testamente zu formulieren. Um zum Beispiel einer Klientin oder Mandantin (beides sind geläufige Bezeichnungen für die Auftraggeberin eines Rechtsanwaltes) raten zu können, wie sie sich in einem beginnenden Streit mit ihrem Nachbarn wegen der Höhe ihrer Thujahecke verhalten soll, muß der Anwalt sich ein umfassendes Bild von den tatsächlichen Gegebenheiten verschaffen. Er muß also wissen, wie hoch die Hecke ist, in welchem Abstand zur Grundstücksgrenze sie steht etc.

Erst wenn viele Einzelheiten geklärt sind, kann er die Rechtslage beurteilen und einen brauchbaren Rat erteilen.

Ganz ähnlich verhält es sich bei Vertragsentwürfen und Testamenten. Auch hier steht zunächst das Erfassen von Sachverhalten im Vordergrund, also dessen, was der Klient eigentlich will und in welchen sozialen und wirtschaftlichen Zusammenhängen Vertrag oder Testament stehen werden. Schon dieser Teil der Tätigkeit ist oft recht schwierig. Die anschließende juristische Ausarbeitung setzt dann gediegenes Fachwissen und die Erfahrung voraus, woran sich häufig Konflikte entzünden, damit gerade hier zur Konfliktvermeidung eindeutige und praktikable Regelungen gefunden werden.

Möchten ein im Innenausbau tätiger Schreinermeister und ein Designer zusammenarbeiten, dann muß deren Anwältin genau wissen, wie sie sich ihre Zusammenarbeit vorstellen. Erst dann kann sie beispielsweise feststellen, ob nur eine verbindliche Kooperation mit geteiltem Risiko gewollt ist, oder ob die beiden das Risiko ihrer Zusammenarbeit gemeinsam tragen wollen, was auf eine gesellschaftsrechtliche Gestaltung hinausliefe. Es gilt also, die dem konkreten Vorhaben angemessene Rechtsform zu finden. Oder wenn ein unverheirateter Kapitän testamentarisch sein »Vermögen« der Gesellschaft zur Rettung Schiffbrüchiger »vermachen« möchte, sein Neffe aber das Haus in Husum erhalten soll, ist von anwaltlicher Seite zunächst herauszufinden, was er unter »Vermögen« versteht, in welchem Wertverhältnis das Haus und das übrige Vermögen zueinander stehen und welche Rechtsstellung Neffe und Gesellschaft nach seinem Tode einnehmen sollen, damit eindeutig geregelt werden kann, wer zum Beispiel Erbe und wer Vermächtnisnehmer sein soll und welche Vermögensgegenstände dem einen oder dem anderen zukommen sollen.

Ein weiteres großes Aufgabengebiet der Anwaltschaft ist die forensische Tätigkeit, das heißt die Wahrnehmung der Interessen ihrer Klientel vor Gericht. Hier ist wiederum zwischen den unterschiedlichen Verfahrensarten und Gerichtszweigen zu unterscheiden. Aus Gründen einer überschaubaren Darstellung soll im folgenden jedoch nur auf die Zivil- sowie die Ehe- und Familiensachen wie auch die Strafverfahren eingegangen werden.

In den Zivil- sowie Ehe- und Familiensachen kann der Anwalt immer nur eine Seite vertreten, also die Kläger- oder Beklagtenseite bzw. in bestimmten Verfahrensarten die Antragsteller- oder Antragsgegnerseite. Er kann aber durchaus mehrere Beteiligte einer Seite vertreten. Er kann also zum Beispiel bei einem Unterhaltsrechtsstreit die Ehefrau und die vier ehegemeinschaftlichen Kinder gemeinsam vertreten.

Wir haben (s. S. 126 ff.) gesehen, daß die Qualität des richterlichen Urteils davon abhängig ist, ob eine ausreichende Erkenntnisgrundlage geschaffen werden konnte. Im Zivilverfahren wie auch bei einem Teil der Familiensachen ist es Aufgabe der Parteien, das dafür notwendige Tatsachenmaterial vorzutragen und unter Beweis zu stellen. Das Gericht stellt in diesen Fällen von sich aus keine Nachforschungen an. Das hat zur Folge, daß auch im forensischen Bereich ein Schwerpunkt der anwaltlichen Tätigkeit im Beschaffen und Auswerten von Informationen liegt. Hinzu kommt dann deren Aufbereitung für das Gericht, die bei Meistern oder Meisterinnen ihres Fachs zu einem nüchternen, auf das zur Entscheidung der Sache Wesentliche konzentrierten Schriftsatz führt. Die Parteien sind oft enttäuscht, daß sie in solchen Schriftsätzen nichts wiederfinden von all dem Ärger oder Schmerz, den sie erlitten haben, oder von der von ihnen so deutlich empfundenen Minderwertigkeit des Gegners. Was der oder die doch für ein Unmensch ist, »das müßte dem Gericht doch einmal mit aller Deutlichkeit gesagt werden«. Nein, das muß es überhaupt nicht. Die hier angesprochenen Zivil- sowie Ehe- und Familiensachen haben ebenso wie die Arbeits-, Verwaltungs- und Sozialgerichtsverfahren ausschließlich eine Konfliktlösung zum Ziel, die entweder durch eine Einigung der Parteien (Vergleich) oder durch eine autoritative Entscheidung des Gerichts (Urteil oder Beschluß) herbeigeführt wird. Grundlage für die autoritativen Entscheidungen ist allein der zur Überzeugung des Gerichts festgestellte Sachverhalt, aus dem sich dann die Rechte und Pflichten der Parteien ergeben. Der dreiste Betrug eines Gebrauchtwagenverkäufers wird kühl und ohne moralische Bewertung als arglistige Täuschung erkannt, demzufolge dem Käufer das Recht zur Anfechtung des Vertrages und ein Anspruch auf Schadensersatz zugebilligt wird. Nur wenn über einen Vergleich verhandelt wird, kann es sinnvoll sein, die moralische Seite eines Verhaltens zu beleuchten, um demjenigen, der sich unlauter verhalten hat, Gelegenheit zu geben, die Angelegenheit umfassend zu bereinigen. Aber auch dafür bedarf es keiner Anwaltsschriftsätze mit emotionalem Wellenschlag. Ein nüchterner Tatsachenvortrag genügt dem Gericht vollständig, um sich ein Bild von den Verhältnissen zu machen, und verhindert zudem, daß die Gegenseite sich verhärtet.

Im Blickpunkt des öffentlichen Interesses steht die anwaltliche Tätigkeit in den Strafverfahren. Deshalb auch prägt sie das in der Gesellschaft vorhandene Bild des Anwaltes.

Die Strafverteidigung umfaßt im Kern zwei Aufgabenbereiche. Der Verteidiger, seltener die Verteidigerin (so bezeichnet man Anwälte und ihre Kolleginnen nur im Strafverfahren), haben zum einen darauf zu achten, daß die Vorschriften der Strafprozeßordnung (StPO) eingehalten werden. Diese schützen den Betroffenen vom Beginn der gegen ihn gerichteten Ermittlungen bis zur rechtskräftigen Verurteilung und Vollstrekkung vor unverhältnismäßigen Eingriffen in seine Rechte. Zum anderen hat die Verteidigung darauf zu achten, daß das Gericht alle für den Angeklagten entlastend wirkenden Tatsachen zur Kenntnis nimmt, sie würdigt und erforderlichenfalls darüber Beweis erhebt und schließlich zu einem unbefangenen Urteil kommt.

Ausschlaggebend für den Ausgang eines Strafverfahrens ist das am Ende der Hauptverhandlung vorliegende Tatsachenmaterial und seine Bewertung durch das Gericht. Aus diesem Grunde liegt auch im Strafverfahren ein Schwerpunkt anwaltlicher Tätigkeit auf dem Gebiet der Tatsachen. Nur wenn die Erkenntnisgrundlage gesichert ist, hat es Sinn, über die rechtliche Würdigung der Fakten zu diskutieren.

Es zeigt sich also, daß für einen Anwalt generell die Möglichkeiten gering sind, das Recht zu verdrehen. Viel größer ist die Gefahr, daß er bei der Aufbereitung des Tatsachenmaterials Fehler macht oder gar bewußt Tatsachen verschleiert, entstellt oder, was eigentlich nur im Strafverfahren möglich ist, die Prozeßordnung in den Randzonen des gerade noch Zulässigen mißbraucht, um ein Ergebnis zu erreichen, das seinem Mandanten als günstig erscheint.

Rechtsanwältinnen und Rechtsanwälte sind entweder selbständig oder als Angestellte einer Anwaltssozietät tätig, niemals aber sind sie Beamte oder Angestellte des öffentlichen Dienstes. Damit soll unter anderem die zur Wahrnehmung der Interessen ihrer Klientel notwendige Unabhängigkeit von staatlicher Einflußnahme gesichert werden.

Notarinnen und Notare

Das Aufgabengebiet der Notarinnen und Notare erstreckt sich im wesentlichen auf rechtliche Vorgänge, die wegen ihrer besonderen Bedeutung nur unter deren Mithilfe oder in deren Beisein als besonders vertrauenswürdige Juristinnen oder Juristen zu tätigen sind. So bedarf zum Beispiel ein Gesellschaftsvertrag für eine zu gründende GmbH der notariellen Form und ist ein Grundstückskaufvertrag nur wirksam, wenn er notariell beurkundet wird.

Der berufliche Status von Notarinnen und Notaren ist in Deutschland nicht einheitlich geregelt. In manchen Landesteilen und Gerichtsbezirken sind sie Beamte, in anderen sind sie hauptberuflich als Notare mit eigener, freiberuflicher Notarpraxis tätig, in wieder anderen Bezirken gibt es Anwälte, denen zugleich das Amt des Notars übertragen wurde.

Staatsanwälte und Staatsanwältinnen

Im strafrechtlichen Teil des Brösel-/Arb-Falles (s. S. 182) wurde bereits das Tätigkeitsfeld der Staatsanwaltschaft geschildert. Hinzuzufügen ist, daß die Staatsanwaltschaft im deutschen Recht nicht nur die Ermittlungen leitet, sondern auch in allen Fällen, die zu einer Hauptverhandlung vor dem Strafgericht führen, bei Gericht die Anklage vertritt. In dieser Rolle ist sie dann anwaltlich tätig und zwar durch beamtete Anwältinnen und Anwälte der Staatsbürger, indem sie bei Gericht deren Anspruch auf strafrechtlichen Schutz vor Vergehen und Verbrechen vertritt. In der Hauptverhandlung stehen die Staatsanwältinnen und ihre Kollegen gleichberechtigt ihren freiberuflichen Kollegen und Kolleginnen von der Verteidigung gegenüber.

Staatsanwälte und ihre Kolleginnen haben einen rabenschwarzen Ruf. Da mischt sich Furcht vor ihrer Macht (oder zivil ausgedrückt, ihren amtlichen Befugnissen) mit der Vorstellung, daß es etwas Finsteres sein müsse, tagein tagaus von Berufs wegen die verborgenen Sünden der Mitmenschen aufzudecken und die zum Teil gräßlichen Verbrechen bis ins Detail zu ermitteln. Vielleicht tritt noch die Ahnung hinzu, daß jeder von uns in seinem verborgenen Innersten veranlagt ist, all die Straftaten zu begehen, die von der Staatsanwaltschaft öffentlich angeklagt werden, und daß es eine in unserer Biographie liegende Gnade ist, wenn wir keine dieser Taten begehen mußten.

Sicherlich gibt es Staatsanwälte, die dem Klischee vom zynischen, ewig anklägerischen Strafverfolger nahekommen, wie es eben in jedem Beruf auch Minderbegabte gibt. Sie können nur Vorurteile bestätigen. Bei genauerem Hinsehen zeigt sich, daß sie das Bild der Staatsanwaltschaft nicht prägen. Dann nämlich treten aus dem Grau in Grau beamtenmäßiger Indifferenz einzelne Staatsanwältinnen und Staatsanwälte in Erscheinung, die sich ganz unspektakulär mit großem Einsatz um die Resozialisierung straffällig gewordener Menschen bemühen oder mit ungewöhnlichem Mut gegen Bandenkriminalität und den Aufbau mafiaartiger Strukturen in unserer Gesellschaft kämpfen.

Richterinnen und Richter

Bis in die nahe Vergangenheit war das Bild des Richters in den Augen der Öffentlichkeit je nach sozialer Schichtzugehörigkeit, politischer und weltanschaulich-religiöser Einstellung sehr unterschiedlich. Die einen sahen in ihm einen autoritären Knecht der herrschenden Staatsmacht, die anderen einen alttestamentarisch strengen Übervater, der die Gemeinschaft in Zucht und Ordnung hält. Das Entstehen dieser Bilder hatte seine Gründe. Nun aber hat der Wandel zu einer pluralistischen Gesellschaft mit demokratisch rechtstaatlicher Verfassung auch seine Auswirkung auf die Richterschaft, ihr berufliches Selbstverständnis und den Stil der Verhandlungsführung, was bei den stetig zunehmenden Kontakten der Bevölkerung mit der Justiz allmählich zu einer anderen Anschauung des Richterbildes in der Öffentlichkeit führt. Diese erlebt zunehmend Richterinnen und Richter, die sich sachlich nüchtern darum bemühen, ihrer Aufgabe im weiten Bereich der Konfliktbewältung nachzukommen.

In sämtlichen Gerichtszweigen und ihren wesentlichen Verfahrensarten besteht der Kern der richterlichen Tätigkeit aus dem Dreischritt: Vorbereitung der mündlichen Verhandlung, mündliche Verhandlung und Erledigung des Verfahrens durch Beschluß oder Urteil. Mit Ausnahme der Strafverfahren kann der letzte Schritt auch durch eine von den Parteien geschlossene Vereinbarung, dem schon mehrfach angesprochenen Vergleich, vollzogen werden.

Erfahrene Richterinnen und Richter legen größten Wert auf eine gründliche Vorbereitung der mündlichen Verhandlung. Vor der Verhandlung muß feststehen, was von dem komplexen Tatsachengewebe eines Konfliktes (der im Strafrecht unter dem Gesichtspunkt der Straftat behandelt wird) als sichere Erkenntnisgrundlage dienen kann und was in der Verhandlung noch geklärt werden muß. Nur dann ist es möglich, die knapp bemessene Verhandlungszeit so zu nutzen, daß die Beweismittel voll ausgeschöpft werden, Zeugen also zum Beispiel ausführlich und ohne Zeitdruck vernommen werden können und noch Raum für ein Gespräch mit den Beteiligten über die Sach- und Rechtslage bleibt. Hierbei treten bei den Betroffenen nicht selten Nöte in Erscheinung, die umfassende seelische und/oder materielle Hilfe erforderlich machen. Darauf wurde bereits hingewiesen. Diese Hilfen können im gerichtlichen

Verfahren nicht gewährt werden. Staatsanwälte, Rechtsanwälte, Richter und ihre Kolleginnen sind keine Sozialarbeiter und keine Therapeuten. Was sie in solchen Fällen bestenfalls leisten können, ist das Bemühen, den Betroffenen die Annahme solcher Hilfen zu erleichtern und den Ausgang des Verfahrens so zu gestalten, daß soziale und therapeutische Hilfen zumindest nicht behindert, wenn nicht gar gefördert werden.

Eine derartige Verhandlungsführung erfordert eine unabhängige, souveräne Richterpersönlichkeit. Das setzt aber Eigeninitiative voraus. Den Rahmen dazu bildet der im Grundgesetz garantierte Status, wonach die Richter unabhängig und nur dem Gesetz unterworfen sind. Sie sind zwar Teil des öffentlichen Dienstes, aber keine Beamte, da Beamte von den Weisungen ihrer Vorgesetzten abhängig sind. Richterinnen und Richter unterliegen einer Dienstaufsicht nur dort, wo es um die Sicherung eines ordnungsgemäßen Geschäftsablaufs und die äußere Form der Erledigung ihres Auftrages geht.

Diese richterliche Unabhängigkeit ist Folge der Justizgewährungspflicht des gewaltenteilenden Rechtsstaates. Das heißt, der Staat ist verpflichtet, Gerichte einzurichten, die jede Bürgerin und jeder Bürger anrufen kann, um Rechtsschutz zu erhalten. Dabei muß gewährleistet sein, daß die Richterschaft ohne Ansehung der Person oder der beteiligten Institution (zum Beispiel einer Behörde) nach Gesetz und Recht zu einer gerechten Entscheidung kommen kann. Das aber setzt voraus, daß die Richterinnen und Richter bei ihrer Entscheidungsfindung keinen Weisungen unterliegen und vor Repressalien geschützt sind. Nur dann kann zum Beispiel die geschiedene Ehefrau eines Ministers hoffen, im Unterhaltsrechtsstreit den ihr tatsächlich zustehenden Unterhalt zu bekommen.

Daß die richterliche Tätigkeit weitgehende Unabhängigkeit

erfordert, hat aber auch einen in ihr selbst liegenden Grund. Im Kapitel »Der gerechte Mensch« (s. S. 114 ff.) haben wir gesehen, daß jede gerechte Handlung eine gediegene Erkenntnisgrundlage benötigt. Der Erkenntnisvorgang ist jedoch für jeden Menschen eine absolut individuelle Angelegenheit. Er kann von außen nur erleichtert, erschwert oder verhindert, niemals aber erzwungen werden. Die vom Richter oder der Richterin erwartete gerechte Entscheidung kann also aufgrund ihrer Natur nicht Folge einer Weisung von vorgesetzter Stelle sein.

Unter diesem Gesichtspunkt ist die zweite Komponente des richterlichen Status, nämlich daß die Richter dem Gesetz unterworfen sind, nicht nur ein Schutz vor richterlicher Willkür. Die Bindung an das Gesetz – und gemeint ist damit ausschließlich das demokratisch zustande gekommene, rechtsstaatlichen Grundsätzen verpflichtete Gesetz – ist ebenfalls Voraussetzung für eine gerechte Entscheidung. Durch das Gesetz bestimmen die Bürgerinnen und Bürger, welches Verhalten von jedem erwartet werden kann, welches Verhalten nicht geduldet wird und wie die Rechte und Pflichten in der Gesellschaft verteilt werden. Eine richterliche Entscheidung, die sich darüber hinwegsetzt, kann nicht gerecht sein. Das soll an einem kleinen Fall dargestellt werden. Damit schließen wir unter dem Gesichtspunkt der Bindung des Richters an das Gesetz an das Kapitel »Gesetz und Gerechtigkeit« (s. S. 117 ff.) an.

Stellen wir uns den Grundfall jedes Fahrschullehrbuchs vor, nämlich eine Kreuzung ohne Vorfahrtsregelung durch Schilder. Es gilt also die Vorfahrtsregel »rechts vor links«. Frau B. möchte mit ihrem Pkw die Kreuzung geradeausfahrend überqueren. Frau A., von Frau B. aus gesehen mit einem Fahrrad von rechts kommend, möchte die Kreuzung ihrerseits überqueren. Im Kreuzungsbereich kommt es zum Zusammenstoß.

Da Frau A. erwarten durfte, daß ihr die Vorfahrt gewährt wird, wäre sie zu Recht in ihrem Gerechtigkeitsempfinden tief verletzt, würde ihr später in einem Gerichtsurteil vorgeworfen, sie habe Frau B. rechtswidrig die Vorfahrt nicht gewährt.

Juristen, Juristinnen und der Kampf ums Recht

Pauschalurteile sind nie richtig, aber für den beruflichen und privaten Umgang mit Juristen und Juristinnen tut man gut daran, sich darauf einzustellen, daß man es mit einer Kämpfernatur zu tun haben könnte, die Freude am Argumentieren und an geschliffenen Formulierungen hat. Man ist dann nicht so leicht verletzt, wenn ein Vertreter bzw. eine Vertreterin dieser Berufsgruppe einen womöglich extremen Standpunkt bei einer Diskussion wortgewandt verteidigt und mit einem raschen Ausfall die Schwächen unserer Argumentation attackiert. Man nimmt es auch mit mehr Gelassenheit hin, wenn ein Anwaltsschreiben ins Haus kommt, das sich ungefähr so liest: »Bitte nehmen Sie zur Kenntnis, daß ich Ihre Nachbarin Frau Knerz vertrete. Ihr Dackel hat die unangenehme, um nicht zu sagen penetrante Angewohnheit in den Garten meiner Mandantin einzudringen, um dort nicht unbeträchtliche Mengen Kot abzulegen. Dem Tier ist dieses widerwärtige Treiben nur möglich, weil der auf Ihrer Seite entlang der Grundstücksgrenze verlaufende Zaun in weiten Bereichen schadhaft ist. Wir fordern Sie auf, die Übergriffe Ihres Hundes zu unterbinden und bis spätestens zum 15.10.1993 ihren Zaun zu reparieren. Im übrigen behält sich unsere Mandantin vor, inskünftig den von Ihrem Dackel stammenden Kot auf Ihre Kosten entfernen zu lassen.«

Besonders reizvoll wirkt solche Lektüre, wenn man sich sicher ist, daß sich Waldi höchstens viermal, von Frau Knerzens läufiger Hündin angelockt, durch das einzige kleine Loch im Zaun in Nachbars Grundstück gezwängt hatte. Mit Humor und einem kuchenblechgroßen Stück Maschendraht reagiert darauf, wer weiß: Aha, mit einem fehlinformierten Anwalt ist hier die Kämpfernatur durchgegangen …

Muß das Rechtsleben denn mit Kampf und Streit verbunden sein? Nun, sobald sich Menschen Regeln geben, sind diese auch wieder hinderlich, zum Beispiel für den schnellen Verkauf einer Eigentumswohnung, wenn die Mieter einen noch zwei Jahre laufenden befristeten Mietvertrag haben. Das ist bei allen Regeln in allen Lebensbereichen so. Da kann sich schnell die Situation ergeben, daß das Recht verteidigt werden muß. Ein anderer pocht auf ein ihm nicht oder nicht mehr zustehendes Recht, zum Beispiel ein Mietrecht nach wirksamer Kündigung. Die Nachmieter wollen und müssen einziehen, da sie selbst bereits ihre Wohnung gekündigt haben. Hier kann es notwendig werden, diese vermeintliche Rechtsposition anzugreifen und das Recht durchzusetzen.

Angriff und Verteidigung, zwei Begriffe aus der Sprache des Kampfes, die vielen unbehaglich sind. Jedoch, nicht jedes sozial- und regelwidrige Verhalten kann einfach toleriert werden. Und nicht jeder, der solches Verhalten praktiziert, kann innerhalb nützlicher Frist zur Einsicht und Verhaltensänderung bewegt werden. Der auf sein vermeintliches Recht pochende Vormieter benötigt vielleicht eine Therapie, um sein Sozialverhalten zu ändern. Bis diese aber Erfolge zeitigt, können die Nachmieter nicht in Zelten hausen. Die soziale Beziehungsebene des Rechts hat also naturgemäß kämpferische Bereiche, die offensichtlich für Menschen mit entsprechendem Naturell als Feld der Berufsausübung attraktiv sind.

Nichts bleibt, wie es ist. Die Gerichtspraxis zeigt, daß dieses Verhältnis von Recht und Kampf einer kaum bemerkten Wandelung unterliegt.

Erleben kann man diesen Wandel in unserem Jugendstrafrecht, das ein besonderer Bereich des bereits geschilderten Strafrechts ist. Das Jugendstrafrecht findet Anwendung bei Jugendlichen, die nach Vollendung des 14. und bis zur Vollendung des 18. Lebensjahres eine Verfehlung begangen haben. Wer das 14. Lebensjahr noch nicht vollendet hat, ist noch nicht strafmündig; es kann gegen ihn kein Strafverfahren eingeleitet werden. Es kann aber auch bei den Heranwachsenden, also denen, die das 18., aber noch nicht das 21. Lebensjahr vollendet haben, angewendet werden, wenn sie bei Begehung der Tat ihrer sittlichen und geistigen Entwicklung nach einem Jugendlichen gleich standen oder ihre Tat eine ausgesprochene Jugendverfehlung darstellte. Alles, was das Strafgesetzbuch (StGB) den Erwachsenen verbietet, ist auch den Jugendlichen und Heranwachsenden verboten. Die Normen des StGB haben bei Anwendung des Jugendstrafrechts (JGG) jedoch insoweit keine Gültigkeit, als sie den Strafrahmen bestimmen. Das im Falle des Kfz-Meisters Bauer (s. S. 119 ff.) gegebene Problem, daß eine gerechte richterliche Entscheidung durch gesetzlich vorgeschriebene Tatfolgen (Strafen und Maßnahmen der Sicherung und Besserung) erschwert oder gar verhindert wird, gibt es daher im Jugendstrafrecht fast nicht.

Ziel des Jugendstrafrechts ist, den Jugendlichen oder Heranwachsenden durch die im jeweiligen Fall individuell notwendigen pädagogischen Maßnahmen und sozialen Hilfen dabei zu unterstützen, seine Entwicklungsschwierigkeiten zu überwinden. Es können einem Jugendlichen also zum Beispiel die Auflagen gemacht werden, den angerichteten Schaden wieder gutzumachen, seine Lehre zu beenden und an einem speziellen Programm teilzunehmen, bei welchem soziales Verhalten geübt wird. Bestraft wird ein Jugendlicher oder Heranwachsender nur dann, wenn feststeht, daß Erziehungsmaßregeln oder Auflagen der geschilderten Art keinen Erfolg haben, ein beträchtliches Maß an Kriminalisierung vorliegt oder wenn die Schwere der Schuld eine Strafe vor allem unter dem Gesichtspunkt der Sühne erforderlich macht.

An der der Entscheidung des Jugendgerichts vorangehenden Erkenntnisarbeit sind nicht nur das Gericht, die Jugendstaatsanwaltschaft und – in einfacheren Fällen seltener – die Verteidigung beteiligt, sondern zudem die Jugendgerichtshilfe. Letztere ist bei den Jugendämtern angesiedelt. Diese ermittelt, in welchem biographischen Zusammenhang und vor welchem sozialen und familiären Hintergrund die Verfehlung steht. Nur wenn dies ausreichend beleuchtet wurde, kann eine den individuellen Gegebenheiten gerecht werdende Entscheidung ergehen.

Da im Gegensatz zu den Erwachsenen junge Menschen ihre Verfehlungen nur in seltenen Fällen abstreiten, fehlt in den Hauptverhandlungen der Jugendgerichte zu allermeist der ansonsten so spektakuläre Kampf zwischen Staatsanwaltschaft und Verteidigung, ob die dem Angeklagten zur Last gelegte Tat diesem auch nachgewiesen werden kann. Es kann also sehr schnell in die entscheidenden Sachfragen und das Problem eingestiegen werden, wie es mit dem oder der jungen Angeklagten weitergehen soll. Und das vollzieht sich ohne jede kämpferische Attitüde, die ja die hier erforderliche feinfühlig ernste Erkenntnisarbeit nur stören würde.

Stellt sich heraus, daß die Straftat ein Unfug war, der keinen Anlaß zur Sorge um die weitere Entwicklung gibt, endet das Verfahren mit dem Ausspruch einer Verwarnung, der durch die

Verhängung von mehreren Stunden gemeinnütziger Arbeit in einem Altenheim oder ähnlichem Nachdruck verliehen wird.

Dieses Schwinden des Kämpferischen zugunsten einer im Einzelfall gerechten Entscheidung hängt sicher unter anderem damit zusammen, daß im Gegensatz zur übrigen Strafrechtspraxis in Jugendgerichtssachen der Blick der Verfahrensbeteiligten nicht auf die Tat, also die Vergangenheit fixiert bleibt, sondern sich zur Zukunft wendet, deren Gestaltung durch das Urteil initiiert werden soll.

Die vor den Familiengerichten zu verhandelnden Ehe- und Familiensachen sind, wie sich bei der noch folgenden Darstellung dieses Komplexes zeigen wird, ein weiteres Gebiet, auf welchem das kämpferische Ringen ums Recht in den Hintergrund treten kann zugunsten eines mit anderen Mitteln geführten Prozesses zur Gestaltung der Zukunft.

Es wird noch lange Zeit dauern, bis derartige Entwicklungen Gerichtsverhandlungen aller Rechtsgebiete und Zweige der Gerichtsbarkeit prägen und zum kulturellen Standard werden. Bis dahin haben die traditionellen Formen des Kampfes ums Recht allerdings ihre Berechtigung. Mit ihnen wird ein bestimmter Kulturimpuls sichtbar, der bisher nur in recht bescheidenem Umfange Eingang in andere Lebensbereiche gefunden hat. Man muß diesen Kulturimpuls kennen, um die anwaltlichen Auftritte bei Gericht zu verstehen.

Lassen sie uns miteinander in eine öffentliche Sitzung des Landgerichts gehen. Dort wird gerade eine Zivilsache verhandelt. Am erhöhten Richtertisch sitzen in der Mitte der Vorsitzende, leicht nach vorne gebeugt das Geschehen verfolgend, das Mikrofon des Diktiergerätes in der rechten Hand, den zum sofortigen Druck bereiten Daumen auf der Bedienertaste. Links von ihm ein junger Richter mit offenem Gesicht, bei dem selbst

Robe, weißes Hemd und weiße Krawatte wie Freizeitkleidung aussehen. Und rechts vom Vorsitzenden mit schmaler Nase und kleinen energischen Händen, die einen Kugelschreiber drehen, eine Richterin Ende dreißig. Vor dem Richtertisch, im rechten Winkel zu diesem, sich frontal gegenüber stehen zwei Tische. Hinter dem einen sitzen eine ergraute, herb wirkende Frau und neben ihr ein etwa vierzigjähriger, breitschultriger Anwalt, den schwarzen Talar eher unwillig über den Anzug gezerrt. Ihm gegenüber ein gleichaltriger Kollege mit exakt sitzendem Binder, das dunkle, kurz geschnittene Haar zurückgekämmt und neben ihm sein Mandant, ein rundlicher älterer Mann mit mißtrauischen Augen hinter Brillengläsern.

»Sie glauben doch nicht im Ernst, daß die vierundneunzigjährige Mutter der Partei ihrer Mandantin alle wertvollen Teile ihres Mobiliars schenkte, ihr also auch das Eigentum übertrug und die beiden dann vereinbarten, daß die Mutter diese Möbel bis zu ihrem Tode leihweise weiterbenutzen könne, womit es kurz gesagt zu einer wirksamen Schenkung gekommen wäre. Ich stelle mir gerade vor, wie ihre Mandantin der pflegebedürftigen Mutter das Kissen aufschüttelt und die beiden dabei ein klassisches Besitzkonstitut vereinbaren. Das ist doch lebensfremd. So etwas fiel der Beklagten doch erst nach eingehender Beratung in ihrer Kanzlei ein«, hören wir bei Betreten des Sitzungssaales, wie sich der dunkelhaarige Anwalt an seinen Kollegen wendet.

»Ich verbitte mir diese Unterstellung! Auf dem Rückweg von der Beerdigung hat ihr Mandant erklärt, die Beklagte solle doch diese Möbel an sich nehmen. Ich behaupte ja nun auch nicht, daß ihm erst nach ihrer Beratung eingefallen wäre, dies besser zu bestreiten. Es wirft aber doch ein bezeichnendes Licht auf den Kläger, daß er jahrelang zuschaut, wie die Beklagte die Mutter pflegt und ihr schließlich die paar Möbelstücke neidet.«

»Ich möchte mich nicht länger darüber verbreiten, in welch zweifelhaftem Licht diese Schenkungsgeschichte steht. Jedenfalls hat die Beklagte bis heute noch keinen tauglichen Beweis für ihre Behauptungen angeboten.«

»Nun«, so mischt sich der Vorsitzende ein »es sind immerhin zwei Zeugen benannt worden, die wir wohl hören müssen.« Und in sein Diktiergerät sprechend »Beschlossen und verkündet: Eine Entscheidung wird am Ende der Sitzung ergehen.«

Hierauf ziehen die Anwälte ihre Talare aus und gehen mit den Parteien dem Ausgang zu. Als sie sich vor der Türe treffen, wendet sich der Beklagtenvertreter an seinen Kollegen:

»Wie ist es, ihr kommt doch am Samstag zu uns?«

»Sicher, Eva hatte nur noch keine Zeit, mit Katrin zu telefonieren.«

Die Parteien sind überrascht. Es ist nahezu sichtbar, wie sie über ihre Anwälte denken: Solche verlogenen Schauspieler, erst fallen sie fast übereinander her, und dann stellt sich heraus, daß sie sich gar nicht böse sind.

Und da sind wir just bei dem angesprochenen, sich im Auftritt dieser Anwälte spiegelnden Kulturimpuls.

Unseren Gesetzen, die den Verlauf des Prozesses regeln, also den Prozeßordnungen, liegt das Bild eines Kampfes zugrunde, der fair und nach bestimmten Regeln ausgefochten wird. Bei guten Rechtsanwältinnen und Anwälten kann man nun lernen, daß auf solcher Grundlage ein Konflikt sehr engagiert und manches Mal auch recht hart ausgetragen werden kann, ohne daß man sich als Mensch und Kollege gegenseitig gram werden muß. Es wird, wie in unserer Sitzung, im Vorfeld »abgeklopft«, was realistischerweise geschehen sein könnte, und schließlich um die Sache, die wechselseitigen Rechte und Pflichten der Parteien gekämpft, wobei die Auseinandersetzung zuweilen auch mit persönlichen Spitzen gewürzt und Stimmung gemacht wird. Darum handelt es sich: Sich nach Regeln hart und engagiert auseinandersetzen zu können, ohne daß die verbindende soziale Beziehung darunter leidet. Dies wurde in dem von uns beobachteten Fall von den Parteien als Schauspielerei mißverstanden. Sicher, da Anwälte vor Gericht nicht ums eigene Recht kämpfen, fällt ihnen das leichter. Aber wie oft führen Konflikte in anderen Berufskollegien zu persönlichen Entzweiungen, auch wenn es um eine berufliche Angelegenheit und nicht um ureigene Interessen geht.

3. Eine heikle Frage: An welche Rechtsanwältin oder welchen Rechtsanwalt soll ich mich wenden?

Sobald feststeht, daß man ohne anwaltliche Hilfe nicht weiterkommt, stellt sich die heikle Frage, an wen man sich wenden soll.

Es lohnt sich, an diese Frage mit einiger Sorgfalt heranzugehen, denn ein Anwaltswechsel ist nicht nur mit Verdruß verbunden, er kann unter Umständen auch sehr teuer werden. Bereits beim ersten Mandantengespräch entsteht auf der Anwaltsseite ein Honoraranspruch, dessen Höhe sich, sofern man nichts anderes vereinbart hat (s. S. 146), nach dem Streitwert und dem Schwierigkeitsgrad der Angelegenheit richtet. Die BRAGO kennt keine für den Ratsuchenden kostenlose »Sondierungsgespräche«, es sei denn, man schildert sein Anliegen und bittet ausschließlich um die Auskunft, mit welchen Kosten man zu rechnen habe. Sind vom Anwalt oder der Anwältin weitere gebührenrechtlich relevanten Schritte erfolgt wie eine außergerichtliche oder gerichtliche Verhandlung mit der Gegenseite, Klageerhebung oder Teilnahme an einer Beweisaufnahme, wird der Wechsel noch teurer, zumal die Gegenseite allenfalls verpflichtet ist, einem die Kosten für *eine* anwaltliche Vertretung zu ersetzen, niemals aber zum Ausgleich der durch einen Anwaltswechsel entstandenen Mehrkosten.

Um aus der stattlichen Anzahl der ihre Dienstleistungen anbietenden Rechtsanwältinnen und Rechtsanwälten die oder den »richtigen« zu finden, empfiehlt es sich, im Freundes- und Bekanntenkreis oder bei branchenspezifischen Problemen im Kollegenkreis herumzuhören, welche Erfahrungen vorliegen.

Entscheidend ist dabei, mit welchen Fragen man an diese herantritt, denn Auskünfte wie die, daß Herr Rechtsanwalt X. einen nahezu aussichtslosen Prozeß gewonnen oder trotz übler Machenschaften von Staatsanwaltschaft und Polizei einen Freispruch erwirkt habe, sind wertlos, da es sich dabei in der Regel um höchst subjektive Wertungen von Laien handelt.

Ein besseres Bild von den anwaltlichen Fähigkeiten erhält, wer folgende Fragen stellt:

Hat der Anwalt oder die Anwältin bei den Besprechungen zugehört, und zwar teilnehmend, aber ohne sich emotional hineinziehen zu lassen? Wurde das Gespräch so geführt, daß sich für die ratsuchende Partei eine klärende, sachliche Ordnung der Geschehnisse ergab? Wurden von anwaltlicher Seite die Rechtslage verständlich gemacht und Probleme der Beweisführung erörtert? Wurde zuweilen auch widersprochen und auf Schwachstellen im eigenen Verhalten der Partei hingewiesen?

Hat die Anwältin oder der Anwalt sich einmal mit positivem Ergebnis gegen die ursprünglichen Intentionen der eigenen Partei durchgesetzt? Wurde zunächst versucht, den Konflikt ohne Gerichtsprozeß zu lösen? Wurde ausreichend auf Risiken hingewiesen? Da auch die Anwaltschaft dem Trend zur Spezialisierung unterliegt, sollte zuletzt auch gefragt werden, ob die eigene anstehende Problematik den Schwerpunktbereich der anwaltlichen Tätigkeit trifft. Je mehr dieser Fragen mit einem ja beantwortet werden, desto enger sollte die fragliche Anwältin bzw. der Anwalt in die Wahl gezogen werden.

Werden jedoch als positive Kriterien angeführt, daß sie oder er mit allen Wassern gewaschen sei, ein »Kenner aller Tricks« wäre, oder der Gegenseite richtig Bescheid gegeben habe, sollte man sehr vorsichtig sein, denn solche Tricks sind ja auch anderen bekannt, zumal den Gerichten; nicht immer ist es hilfreich, wenn der Gegenseite vors Schienbein getreten wird, und schließlich, was soll einen Anwalt oder eine Anwältin von solchem Zuschnitt daran hindern, die eigene Partei »einzuseifen«, zumal sie ohne sachkundigen Rat kaum erkennen kann, warum ein Verfahren diese oder jene Wendung nimmt?

4. Im Strafprozeß

Wozu hier über den Strafprozeß schreiben? Kriminelle kennen ihn aus der Praxis, Juristen kennen ihn alle aus der Theorie und viele ebenfalls aus der Praxis, und alle anderen haben andere Sorgen. Alle? Der Kfz-Meister Braun hatte sie auch, bis zu jenem Abend, an dem er seinen Führerschein abgeben mußte.

Wie schnell ereignet es sich, daß man an dieser Stelle die Lektüre beendet, um jemanden von der Bahn abzuholen – man holt den Pkw aus der Garage und fährt los. Dunkelheit und Nieselregen, reflektierende Lichter. Man schiebt eine Kassette in den Radiorecorder, da sieht man von rechts einen grauen Schatten, man wechselt erschrocken vom Gas auf die Bremse und drückt, ein dumpfer Schlag, ein menschlicher Körper knickt über die Kühlerhaube und wird dann nach vorn geschleudert, wo er auf dem feuchten Asphalt aufschlägt. Zukkendes Blaulicht, grelle Scheinwerfer, die die Unfallstelle ausleuchten, im Bus der Unfallaufnahme beginnt das Ermittlungsverfahren mit der Belehrung des Polizeibeamten, daß es einem freistehe, Angaben zur Sache zu machen ...

Das Ermittlungsverfahren – und selbst Beschuldigter sein: eine fürchterliche Vorstellung für jeden. Wer ohne Schuld ist, empfindet es als empörend, so selbst erfahrene Polizeibeamte. Dabei ist es aus rechtsstaatlicher Sicht das allernatürlichste und zweifellos notwendige, immer dann Nachforschungen anzustellen, ob rechtswidrig gehandelt wurde, wenn die Verletzung eines strafrechtlich geschützten Rechtsgutes bekannt wird, wie es zum Beispiel der Fall ist, wenn ein Mensch durch einen anderen verletzt oder gar getötet wurde.

Sollte es sich ereignet haben, daß man zum Beschuldigten eines Ermittlungsverfahrens wurde, dann stellt sich zunächst die Frage, ob man gegenüber der Polizei oder auch in seltenen Fällen der Staatsanwaltschaft Angaben zur Sache machen soll. Verpflichtet ist man dazu nicht. Ganz sicher sollte man das unterlassen, solange man, wie zum Beispiel unmittelbar nach einem schweren Verkehrsunfall, noch stark unter dem Eindruck des Geschehenen steht. In dieser Situation ist die Gefahr zu groß, daß man aus den unterschiedlichsten Gründen mißverständliche oder in scheinbar unwesentlichen Teilbereichen falsche Angaben macht, die sich später nachteilig auswirken können.

Es ist möglich, bereits zu Beginn des Ermittlungsverfahrens anwaltliche Hilfe in Anspruch zu nehmen und seine Aussagen im Beisein einer Rechtsanwältin oder eines Rechtsanwaltes zu machen. Es besteht auch die Möglichkeit, die Aussage von diesen in ihrer Anwaltskanzlei aufnehmen und an die Polizei oder Staatsanwaltschaft weiterleiten zu lassen.

In diesem frühen Stadium des Verfahrens stehen die Beschuldigten, sofern sie nicht absolut unschuldig sind und dies auch wissen, erstmals vor der Entscheidung, wie sie sich zu dem Geschehenen stellen. Die Bandbreite der Möglichkeiten ist groß und reicht vom rückhaltslosen Sich-Öffnen über verschiedene Grade des Entschuldigns und Beschönigens bis hin zum Leugne.

Welche der Möglickeiten ich ergreife, ist eine Frage meiner inneren Reife. Vermag ich das Strafverfahren als Sonderform des Konflikts zu erleben und möchte ich mich entsprechend dem im zweiten Kapitel des III. Teiles (S. 149 ff.) angedeuteten Weg verhalten, dann werde ich mich in aller Regel nicht um die mit dem Ermittlungs- und Strafverfahren verbundenen Unannehmlichkeiten drücken wollen. Ich werde sie als Instrument zur Selbsterfahrung und Selbsterziehung nutzen. Folglich werde ich das meine dazu tun, daß die Tatsachen vollständig aufgeklärt werden. Dadurch werden mir, sollte ich nicht gänzlich unschuldig sein, die eigenen Fehlhandlungen und Mängel mit größerer Eindrücklichkeit vor Augen treten, als dies bei der Rückschau im stillen Kämmerlein möglich wäre. Das schmerzt, besonders wenn ich von vornherein für Polizei, Staatsanwaltschaft und Gericht wenig Sympathie aufbringen kann. Durch diese Schmerzen aber werde ich für eine große Anzahl an Erfahrungen wach.

Diese Art Umgang mit eigenen Verfehlungen hat neben dieser zunächst sehr selbstbezogen erscheinenden Dimension auch eine unmittelbar soziale. Polizeibeamte, Staatsanwälte, Rechtsanwälte, Richter und ihre Kolleginnen sind stets in der Gefahr, nur noch »Fälle« und »Beschuldigte«, nicht aber Menschen zu sehen, da sie beruflich allzuviel mit den Schattenseiten von Mensch und Gesellschaft zu tun haben. Und zudem, die allermeisten mit Ermittlungs- und Strafverfahren konfrontierten Erwachsenen beschönigen oder leugnen, das heißt sie verhüllen ihr inneres Wesen und setzen den Schein als Sein. Handele ich aber im besprochenen Sinne, trete ich als Mensch in Erscheinung. Die allermeisten der von Berufs wegen am Ermittlungs- und Strafverfahren Beteiligten werden dadurch aufmerksam, erleben die oder den Beschuldigten als Menschen, und das hat Folgen. Solange dieses Erlebnis nachklingt, werden sie bei anderen von ihnen zu beurteilenden Fällen wieder Menschen wahrnehmen, selbst wenn sich diese bis zur Unkenntlichkeit verhüllen wollen.

Etwas anderes mag gelten, wenn, wie im Falle des Kfz-Meisters Bauer, eine gerechte Entscheidung kaum zu erwarten ist, wenn also das für den Einzelfall blinde Gesetz die richterliche Entscheidungsfreiheit einengt. In solchem Falle kann es angebracht sein, auf anwaltlichen Rat hin unter Ausschöpfung aller prozeßrechtlichen Möglichkeiten um einen Freispruch oder möglichst geringe Bestrafung zu kämpfen.

Ist das Ermittlungsverfahren abgeschlossen und wurde das Verfahren nicht eingestellt (s. S. 183), beantragt die Staatsanwaltschaft beim zuständigen Gericht entweder den Erlaß eines Strafbefehls oder erhebt bei diesem Anklage.

Wird nun zum Beispiel ein Strafbefehl erlassen, dann wird er der oder dem Beschuldigten per Post zugestellt. Der Postbote übergibt das Schriftstück persönlich oder einem erwachsenen Familienmitglied und vermerkt den Tag der Zustellung auf dem Umschlag. Sollte niemand zu Hause sein, dann wirft der Postbote einen unscheinbaren Benachrichtigungszettel in den Briefkasten und legt das Poststück beim Postamt nieder, wo es abgeholt werden muß. Mit dem Zeitpunkt der Niederlegung gilt der Strafbefehl als zugestellt. Der Zustellungszeitpunkt ist wichtig, denn von dem Tage der Zustellung an hat man zwei Wochen Zeit, innerhalb derer ein Einspruch beim Gericht eingelegt werden muß, wenn man die im Strafbefehl ausgeworfene Strafe nicht akzeptieren und sich gegen ihn zur Wehr setzen möchte. Die Frist läuft mit Ende desselben Wochentages zwei Wochen später ab, das heißt, erfolgte die Zustellung an einem Dienstag, dann muß die Einspruchsschrift spätestens am Dienstag der übernächsten Woche bei Gericht eingegangen sein. Man kann sie ohne anwaltliche Hilfe fertigen (Angabe des Aktenzeichens und Unterschrift nicht vergessen!); eine Begründung muß sie nicht enthalten.

Es empfiehlt sich jedoch sehr, den Einspruch alsbald zu begründen, um unnötige Kosten zu vermeiden, die man in der Regel zu tragen hat, wenn das Verfahren nicht mit einem Freispruch endet. Will man sich zum Beispiel nur gegen die Höhe der verhängten Geldstrafe wehren und teilt dies dem Gericht rechtzeitig mit einer Einspruchsbegründung mit, dann wird das Gericht davon absehen, Zeugen und Sachverständige zu laden, womit unter Umständen nicht unbeträchtliche Kosten gespart werden können.

Der form- und fristgerechte Einspruch stellt rechtlich den Zustand her, als wenn die Staatsanwaltschaft beim zuständigen

Gericht Anklage erhoben hätte, das heißt, es ist bis zum Ende der in beiden Fällen notwendig durchzuführenden Hauptverhandlung gewissermaßen alles offen. Eine Ausnahme besteht beim Einspruch gegen einen Strafbefehl, wenn der Einspruch sich eindeutig auf bestimmte Beschwerdepunkte beschränkt, da dann alles andere, was von diesen Beschwerdepunkten nicht erfaßt wird, rechtskräftig und damit unabänderlich wird.

Nur in sehr schwerwiegenden Fällen, die in erster Instanz vor dem Oberlandesgericht oder dem Landgericht verhandelt werden, oder wenn das Verfahren zu einem Berufsverbot führen kann oder in bestimmten anderen, den Kreis der Leser kaum berührenden Fällen ist die Verteidigung durch einen Rechtsanwalt oder eine Rechtsanwältin vorgeschrieben. In allen anderen Fällen muß man sich entscheiden, ob man anwaltliche Hilfe in Anspruch nehmen möchte. Wegen der Vielzahl in jedem Einzelfall unterschiedlicher, individueller und sachlicher Vorgaben kann im Rahmen einer Abhandlung, wie es die vorliegende ist, kaum eine Hilfe bei dieser Entscheidung gegeben werden.

Aufgrund des Einspruchs gegen den Strafbefehl oder nach Erhebung der Anklage durch die Staatsanwaltschaft kommt es zur Hauptverhandlung vor dem zuständigen Gericht. Diese ist für das gesamte Strafverfahren von besonderer Bedeutung, da der gerichtliche Teil des Strafverfahrens vom sogenannten Mündlichkeitsprinzip geprägt wird. Das bedeutet, daß für den Ausgang des Verfahrens nicht der Akteninhalt, der im wesentlichen vom Ermittlungsverfahren geprägt wird, ausschlaggebend sein darf, sondern weitestgehend nur das Ergebnis der mündlichen Verhandlung.

Die Hauptverhandlung in erster Instanz gliedert sich in acht Abschnitte. Sie beginnt mit dem sogenannten Aufruf der Sache, mit welchem in die förmliche Verhandlung eingetreten wird, indem die bzw. der Vorsitzende feststellt, in welcher Angelegenheit nun verhandelt wird und wer zu dieser Verhandlung erschienen ist. Es folgt die Vernehmung der oder des Angeklagten zur Person. Sie dient der Identitätsfeststellung, weshalb sich der oder die Angeklagte darauf beschränken kann, Namen, Geburtsdatum, Geburtsort, Familienstand, Beruf und Wohnanschrift zu nennen. Nunmehr wird von seiten der Staatsanwaltschaft der Anklagesatz verlesen, worauf die Vernehmung der oder des Beschuldigten folgt. Für diese stellt sich erneut die Frage, wie zuvor im Ermittlungsverfahren, ob sie Angaben machen wollen, denn verpflichtet sind sie dazu auch im Gerichtsverfahren nicht. Ob und wenn ja, mit welcher Intention man sich äußern möchte, sollte man vorher abgeklärt haben, denn ein Lavieren in der Gerichtsverhandlung ist äußerst unglücklich und provoziert bei sämtlichen Verfahrensbeteiligten Doppelgängerreaktionen.

Beim Vorwurf schwerer Straftaten kommt in diesem Teil der Verhandlung regelmäßig der biographische Hintergrund der Tat zur Sprache. Bei weniger schweren Angelegenheiten wie zum Beispiel fahrlässiger Körperverletzung im Straßenverkehr wird oft aus Zeitgründen von den Vorsitzenden kaum in diese Richtung gefragt, sondern nach den notwendigen Fragen zu den Einkommensverhältnissen und dergleichen rasch auf die vorgeworfene Tat zugesteuert. Möchte man aber zum besseren Verständnis des gesamten Tatkomplexes mehr zur eigenen Biographie sagen, kann man von niemandem daran gehindert werden.

Wenn der oder die Angeklagte nicht in vollem Umfange geständig ist, wird nach deren Vernehmung zur Sache in die Beweisaufnahme eingetreten. Hierbei werden Zeugen vernommen, Urkunden verlesen und Sachverständige gehört. Zuweilen begeben sich auch sämtliche Verfahrensbeteiligte zur Einnahme eines Augenscheins an den Ort des Geschehens, um sich zum Beispiel bei einem Verkehrsunfall von der Unübersichtlichkeit einer Straßenkreuzung einen unmittelbaren Eindruck zu verschaffen. In diesem Verfahrensabschnitt entscheidet es sich nun, ob das Gericht nach der Beweisaufnahme mit der für eine Urteilsbildung notwendigen Sicherheit feststellen kann, wie sich die Sache zugetragen hat. Die hierbei auftretenden Schwierigkeiten wurden bereits bei der Erörterung des Problemkreises Gerechtigkeit und Justiz (S. 126 ff.) angesprochen.

Ist die Beweisaufnahme abgeschlossen, folgen die Plädoyers, zunächst das der Staatsanwaltschaft und hierauf das der Verteidigung bzw. des oder der Angeklagten selbst, falls keine anwaltliche Vertretung vorliegt. Es werden Ausführungen gemacht, ob durch die Beweisaufnahme die vorgeworfene Tat nachgewiesen werden konnte, die Rechtslage wird erörtert, das heißt ob und gegebenenfalls welche Normen des Strafrechts verletzt wurden, und schließlich wird ein Antrag gestellt, wie das Gericht entscheiden möge. Auch hier steht die Erkenntnisarbeit im Vordergrund, das heißt eine von sachlichen Argumenten getragene Beweiswürdigung und eine gediegene rechtliche Würdigung des erwiesenen Sachverhaltes helfen dem Gericht bei der Urteilsfindung am meisten. Eine gute Rhetorik, die berühmte Brillanz des Plädoyers, kann darüber hinaus auch in gewissem Umfange die Entscheidung des Gerichts beeinflussen, und zwar in allen Bereichen, in denen das Empfinden eine Rolle spielt. Das ist zum Beispiel bei der Würdigung von Zeugenaussagen der Fall, wenn die Richtigkeit von Aussagen in Zweifel gezogen wird, denn Zweifel ist Empfindungssache. Auch bei der Strafzumessung spielt die

Emotionalität eine Rolle. Ist es doch schon fraglich, ob das Wegschließen eines Straftäters im hier eingeführten Sinne gerecht sein kann. Dann aber fehlt es auch vollständig an objektiven Kriterien, ob zum Beispiel der Versuch, den verhaßten Schwiegersohn zu töten, mit 4, 4 1/2, 5 oder 6 Jahren Freiheitsentzug zu bestrafen ist. In einer nicht unerheblichen Bandbreite ist das Gefühlssache.

Die Tatsache, daß an entscheidenden Stellen der Urteilsfindung Empfindungen und nicht die Denktechnik der Logik und rationale Gesetzesanwendung maßgeblich sein können, ist für die Psyche der Juristen und insbesondere der Richter schwer zu verkraften. Deren richtige Erfahrung ist ja zunächst auch die, daß es für die Konfliktbewältigung auf der Rechtsebene unabdingbar ist, das gesamte Konfliktgeschehen in kühler Gedankentätigkeit nach rechtlichen Kriterien zu ordnen, um herauszufinden, welches Verhalten die Beteiligten jeweils voneinander erwarten durften, welche Rechte und Pflichten sie hatten bzw. noch haben. Bereits hier spielt jedoch das Gefühlsleben desjenigen, der nach Kriterien für eine Beurteilung der Sache sucht, eine verborgene und deshalb leicht übersehene, aber gleichwohl bedeutende Rolle. Für eine bis ins Detail gehende Wahrnehmung muß der Beurteilende Interesse für die Sache aufbringen, da er sonst nur nach oberflächlicher Wahrnehmung zu Vorurteilen kommt. Allein, nur wer von einer sympathischen Gestimmtheit getragen ist, vermag sich mit Interesse für Wahrnehmungen zu öffnen. Antipathie dagegen verschließt, hemmt die Wahrnehmungsfähigkeit. Und Sympathie sowie Antipathie sind zweifellos dem Gefühlsleben zugehörig.

Da das Entstehen und der Wandel von Gefühlen schwer durchschaubar ist, hat sie unsere Kulturentwicklung erst einmal als untauglich für eine moderne Urteilsbildung abgetan. Sie sind eben »nur« subjektiv. Die naheliegende Einsicht, daß sie nichtsdestotrotz bei jedem Erkenntnisakt von tragender Bedeutung sind, wird verdrängt, was ihre Wirksamkeit nicht im mindesten beeinträchtigt. Sie bleiben lediglich unbewußt. Doch diese Verdrängung hat Folgen. Als unbeachtlich abgetan, entzieht man die Gefühlswelt der Kritik. Man bleibt naiv, weil man deren Wirkungen nicht in Rechnung stellt und sein schließlich gefundenes Urteil für objektiv richtig hält. Im weiteren wird eine Erziehung der eigenen Gefühlswelt – und diese kann man erziehen – verhindert. Sie bleibt unkultivierter Wildwuchs. Wäre es nicht an der Zeit, unsere Ängste vor ihr abzubauen, uns ihr mit Sympathie zu öffnen und uns, unsere Erkenntnisbemühungen beobachtend, Rechenschaft abzulegen von den Verhältnissen in den Bereichen Gefühl, Wahrnehmung, Vorstellung und Gedanke? Könnte solches der Ausgangspunkt dafür werden, daß wir an unserer Gefühlswelt arbeiten, um sie nach und nach zu einem Wahrnehmungsorgan zu gestalten, dem selbstlos klaren Auge vergleichbar?

Von solchen Erwägungen ist die Gerichtspraxis in der Regel noch weit entfernt. Mit einer gewissen fatalistischen Grundeinstellung wird daran gebastelt, die Objektivierbarkeit von Entscheidungen weiter voranzutreiben. So zum Beispiel stellt man Kataloge auf, in denen das Strafmaß für bestimmte, häufig auftretende Straftaten entnommen werden kann, um nicht immer wieder auf das mißachtete Gefühl verwiesen zu werden.

Zurück zum Gang des Strafverfahrens. Anwaltlich vertretene Angeklagte erhalten nach dem Plädoyer der Verteidigung das letzte Wort. Es besteht die Möglichkeit, noch einige persönliche Äußerungen zu machen, oder sich einfach den Ausführungen der Verteidigung anzuschließen.

Sodann zieht sich das Gericht zur Beratung zurück. Diese Beratungen sind, gleichgültig ob ein Einzelrichter mit sich zu Rate geht, oder mehrere Berufs- und Laienrichter beraten, nicht nur von den Schwierigkeiten geprägt, die die Beurteilung menschlichen Verhaltens und die Würdigung von Beweisen mit sich bringt. Sie werden auch maßgeblich davon geprägt, wie der oder die Angeklagte sich verhalten haben. Haben sie oder er sich durch Leugnen und/oder ausholendes Rechtfertigen verhüllt, bleiben auch die Richterinnen und Richter verhüllt, das heißt sie tun routinemäßig ihre Arbeit, wie es eben so üblich ist. So, wie es zur angeklagten Tat kam, wie es in der Verhandlung um den Nachweis des Verschuldens ging und wie es von der Verteidigung dargestellt wurde, vollzieht es sich in der Beratung. Das eigentlich Menschliche tritt nicht in Erscheinung: Gerichtsalltag. Anders aber, wenn die oder der Angeklagte im geschilderten Sinne um Klärung bemüht waren, und dies ohne Schielen auf das Wohlwollen des Gerichts. Dann wird in der Beratung das individuelle Verhängnis aller vom Tatgeschehen Betroffenen gefühlt und vielleicht auch erkannt, ebenso wie die vorgegebenen Unzulänglichkeiten des Justizwesens und das Problem für die darin Agierenden, gerechte Antworten auf aufgebrochene Schicksalsfragen zu finden.

Die Verhandlung endet, wenn das Gericht zu einer Entscheidung gekommen ist und das Urteil in Anwesenheit aller Verfahrensbeteiligten und der Öffentlichkeit verkündet wird.

Über das materielle Strafrecht, die Theorien über Sinn und Zweck von Strafen, das Strafverfahrensrecht und den Strafvollzug in den Vollzugsanstalten ließe sich viel Kritisches sagen, wie auch im weiteren zum Zivil- und Familienrecht. Ich lasse das, auch wenn es schwerfällt, aus folgenden Gründen: Zum einen müßte einer kritischen Untersuchung eine derart breit angelegte Schilderung der gegenwärtigen Situation, ihrer historischen und soziologischen Hintergründe sowie ihrer wissenschaftlichen Begründungen vorangehen, daß das eigentliche Anliegen dieser Schrift verdrängt würde. Denn nur so würden Leserinnen und Leser in die Lage versetzt, die bestehenden Verhältnisse und die daran geübte Kritik ihrerseits kritisch beurteilen zu können. Alles andere liefe auf Meinungsmache hinaus. Zum anderen ist es für den unmittelbar von der gegenwärtigen Situation des Rechts und der Justiz Betroffenen, sofern er auf diesem Felde weder berufliche noch politische Ambitionen hat, wenig hilfreich, sich diesen Lebensrealitäten sozusagen bis zum Stehkragen mit Kritik angefüllt zu nähern. Gerechtigkeit zu finden ist schwer. Noch schwerer wird das Ringen um Gerechtigkeit, wenn die Betroffenen in einer abwehrend kritischen Stimmung der Antipathie ihr Wahrnehmungsvermögen verengen; und diese Stimmung stellt sich unweigerlich ein, wenn die Kritik nicht auf tief gegründetem und breitem Fundament steht.

5. Im Zivilprozeß

Das Strafverfahren war von den Fragen nach Rechtsverletzung, Schuld, Sühne und Strafe geprägt. Ganz anders ist das im Zivilverfahren. Hier geht es darum, ob Klägerin oder Kläger von der Gegenpartei ein bestimmtes Verhalten erwarten konnten und wenn ja, was das für rechtliche Folgen hat. Ob also zum Beispiel Anspruch auf Schadensersatz besteht, eine Kündigung wirksam war oder dergleichen mehr. Es stehen also die

Fragen im Vordergrund: Wer hat gegen wen aufgrund welchen Rechts Anspruch auf was?

Im Strafprozeß herrscht der Amtsermittlungsgrundsatz, demzufolge das Gericht die zur Wahrheitsfindung notwendigen Beweismittel herbeizuschaffen hat, auch wenn dies weder von der Anklage, noch von der Verteidigung beantragt wurde. Deren Beweisanträge können Hilfen sein, denen sich das Gericht nur unter engen Voraussetzungen verschließen darf. Die Frage, ob ein Beweis erbracht ist oder nicht, richtet sich dann im Strafprozeß nach dem Grundsatz, daß im Zweifel für den Angeklagten zu entscheiden ist (in dubio pro reo). Daraus folgt, daß jede Unsicherheit zu Lasten der Anklage geht und sich zugunsten der oder des Angeklagten auswirkt. Im Zivilprozeß herrscht dagegen der Beibringungsgrundsatz, das heißt das Gericht stellt keinerlei Nachforschungen an. Die Parteien müssen den gesamten Prozeßstoff aufbereiten und dem Gericht vortragen. Dabei müssen sie alles, was bestritten und zudem für die Entscheidung von Bedeutung ist, unter Beweis stellen, indem zum Beispiel Zeugen benannt und Urkunden vorgelegt werden. Der Grund dafür ist darin zu suchen, daß der Staat bei zivilrechtlichen Auseinandersetzungen der Bürger kein Interesse hat, selbst initiativ zu werden (s. S. 181). Bleibt im Zivilverfahren nach der Beweisaufnahme eine Unsicherheit, kann also eine beweiserhebliche Tatsache nicht nachgewiesen werden, dann geht das durchaus nicht immer zu Lasten der Klägerseite. Im Zivilverfahren gibt es vielmehr eine stattliche Anzahl von Regeln, nach denen es sich entscheidet, zu wessen Lasten die mangelnde Nachweisbarkeit geht.

Das Zivilverfahren geht davon aus, daß es nicht um die Person, sondern um die Sache geht, weshalb die anwaltlich vertretenen Parteien nur dann persönlich vor Gericht erscheinen müssen, wenn dies vom Gericht ausdrücklich angeordnet wird. Auch hierin unterscheidet sich dieses Verfahren vom Strafprozeß, bei welchem die Anwesenheit der oder des Angeklagten grundsätzlich notwendig ist. Die Parteien haben allerdings immer das Recht, an der Verhandlung ihrer Sache teilzunehmen. Oft ist ihre Anwesenheit auch sehr nützlich. Manches Mal werden in der mündlichen Verhandlung Fragen aufgeworfen, die die Prozeßbevollmächtigten (also die Anwältinnen und Anwälte) mit ihren Parteien noch nicht erörtert haben und die von den anwesenden Parteien unmittelbar geklärt werden können. Werden die Parteien in die Verhandlung einbezogen, läßt sich zumeist auch eher der Konflikt durch einen Vergleich beilegen, wobei Regelungen getroffen werden können, die den Bedürfnissen der Parteien am ehesten gerecht und deshalb von ihnen akzeptiert werden. Für die Prozeßbevollmächtigten ist die Anwesenheit ihrer Parteien allerdings immer etwas problematisch. Letztlich tragen sie diesen gegenüber die Verantwortung für den Prozeßverlauf. Deshalb fürchten sie, daß dieser durch emotionale, mißverständliche oder aus verschiedenen Gründen untunliche Äußerungen ihrer Partei ungünstig beeinflußt wird. Dem kann die Partei dadurch Rechnung tragen, daß sie ihre Gefühle im Zaum hält und, kamen sie zum Ausbruch, sich sofort entschuldigt. Ferner indem sie nicht »vorprescht« und bei Fragen, die vom Gericht nicht unmittelbar an sie gerichtet werden, der Anwältin oder dem Anwalt den Vortritt läßt.

Während in Zivilverfahren, die beim Landgericht anhängig sind, die anwaltliche Vertretung zwingend erforderlich ist, ist bei Zivilsachen, die vor dem Amtsgericht verhandelt werden, eine anwaltliche Vertretung der Parteien nicht vorgeschrieben. Es stellt sich bei letzteren also wieder die Frage, ob man sich mit oder ohne professionelle Hilfe auf den Prozeß einlassen soll. Hierzu kann aus den auf Seiten 149 und 214 dargelegten Gründen auch an dieser Stelle kein Rat erteilt werden. Nur soviel sei gesagt, daß die Zivilrechtsabteilungen der Amtsgerichte so stark mit Arbeit belastet sind, daß der Unkundige nicht erwarten kann, fortlaufend mit richterlichen Hinweisen durch den Prozeß geführt zu werden.

Im Zivilverfahren geht es also um die Sache und nicht um die Person. Das prägt die eher geschäftsmäßige Atmosphäre seiner mündlichen Verhandlungen, die natürlich auch zuweilen bedrückend und viel zu selten von herzhaftem Gelächter begleitet sind. Es kann durch die Sachlichkeit ein heilsames Gegengewicht zu der jeder Partei drohenden Gefahr geschaffen werden, daß sie den Streitgegenstand (also das, worum gestritten wird) aus dem Auge verliert und den Prozeß zum Tribunal verwandeln möchte, auf welchem der Gegenseite bewiesen werden soll, wie verlogen, sozialfeindlich usw. sie doch sei. Etwas anderes ist es, wenn ich mit einer Person in Konflikt stehe, die vielleicht eine Institution vertritt, und ich befürchten muß, daß auch anderen derartige Unrechtmäßigkeiten widerfahren werden. Da kann es durchaus angebracht sein, mit der Sache vor Gericht zu gehen, auch wenn man selbst zum Beispiel mit der unrechtmäßigen Nebenkostenrechnung, oder was es sonst auch immer sei, leben könnte und deshalb für sich allein keinen Rechtsstreit beginnen würde. In derartigen Fällen ist es auch möglich, daß sich mehrere Betroffene zusammentun. Diese wählen eine Person aus, die die Klage erhebt, und vereinbaren zugleich, daß sie das Prozeßrisiko gemeinsam tragen wollen, das heißt sie verpflichten sich, die dann anfallenden Prozeßkosten gemeinsam zu tragen, wenn der Prozeß wider Erwarten nicht oder nur zum Teil gewonnen werden sollte. Hat die Sache Erfolg, dann können sich alle anderen ebenfalls auf das ergangene Urteil berufen, und die Gegenseite wird sich aus Kostengründen daher hüten, diesem gegenüber ihre unberechtigte Forderung gerichtlich durchsetzen zu wollen.

Nicht selten leidet ein Prozeß darunter, daß es dem Kläger weniger um die in Streit stehende Sache und schon gar nicht um eine Konfliktlösung zu tun ist, sondern es ihm vielmehr ums Recht geht. Ich erinnere mich in diesem Zusammenhang an einen Fall, den ich als Richter in Zivilsachen zu bearbeiten hatte. Der Kläger war Eigentümer eines sehr großen Gartens. Er klagte gegen seinen Nachbarn auf Entfernung eines 6 m langen Mauerfundamentes. Dieses zog sich in den Erdboden eingelassen auf seiner Seite direkt an der Grundstücksgrenze entlang und war kaum sichtbar. Die Nutzung seines Gartens wurde dadurch ganz unwesentlich beeinträchtigt. Er stützte seine Klage darauf, der Nachbar habe vor längerer Zeit einen Schuppen an der Grenze errichten wollen und nach Erstellung des Fundamentes das Vorhaben aufgegeben. Hierbei habe er versehentlich oder mutwillig einen Teil des Fundamentes auf seinem, also des Klägers Grundstück erstellt. Der Nachbar wehrte sich gegen die Klage mit der Behauptung, nicht er, sondern sein Vater habe mit Genehmigung vom Vater des Klägers äußerst geringfügig die Grundstücksgrenze überbauen wollen. Dies sei im übrigen vor mehr als 30 Jahren geschehen, weshalb der Beseitigungsanspruch in jedem Falle verjährt sei. Beide Väter waren inzwischen verstorben. Zum Beweis ihrer Behauptungen hatten deshalb die Parteien jeweils gut eine Hälfte der ortsansässigen Bevölkerung im reiferen Alter als Zeugen benannt. Um eine ausufernde und dienstleistungsintensive Beweisaufnahme zu vermeiden, machte ich den Parteien Vorschläge, wie sie den Streit einverständlich lösen und dadurch mit kalkulierbaren Kosten zu guter Letzt auch das nachbarschaftliche Verhältnis in freundlichere Bahnen lenken könnten. Allein, ich stieß auf taube Ohren. Der Kläger beharrte auf einer streitigen Entscheidung und verlieh seinem Begehren dadurch Nachdruck, daß er es mit dem Satz bekräftigte: »Ich will nur mein Recht, mehr nicht!«, während der Beklagte mit dem Ausruf: »Was Recht ist, muß Recht bleiben!« bei seiner Weigerung blieb.

Wer »sein Recht« will und nicht mehr, bleibt in der Vergangenheit verhaftet. Das wird an dem Beispielsfall deutlich. Vorausgesetzt, es läßt sich durch die Beweisaufnahme tatsächlich mit der notwendigen Sicherheit klären, wie sich die Dinge zugetragen haben, kann mit einem Urteil festgestellt werden, was aus der Vergangenheit her rechtens ist. Eine Verbesserung der zwischenmenschlichen und wie in unserem Falle nachbarlichen Verhältnisse wird dadurch zumindest nicht erreicht. Da der Blick auf die Vergangenheit fixiert ist, bleiben Entwicklungsmöglichkeiten ungenutzt.

So sehr auch die Richter und die Anwaltschaft über Prozesse, die nur ums Recht geführt werden, stöhnen mögen, nicht nur aus rechtsstaatlichen Gesichtspunkten muß es jedem möglich sein, um »sein Recht« zu kämpfen. Menschen, die sich in eine derartige Perspektivverengung verrennen, benötigen das Erleben eines gesteigerten Selbstempfindens, das sich eben im Ausleben des Egoismus einstellt. Und nichts anderes liegt dem zugrunde, wenn ich »mein Recht« will. Mir persönlich fällt es nicht immer leicht, Menschen in diesem Entwicklungsstadium mit dem notwendigen Verständnis zu begegnen. Die Achtung vor der Würde des anderen erfordert dies aber gerade, denn zu ihr gehört auch der Respekt vor seinem jeweiligen individuellen Entwicklungsstand.

Auch hartnäckig geführte Prozesse kommen einmal zu ihrem Ende. Weil die Parteien im Zivilverfahren den Gang des

Verfahrens bestimmen, wird dieses niemals im Wege einer Einstellung des Verfahrens durch das Gericht herbeigeführt. Das Zivilverfahren endet vielmehr durch Erledigung der Hauptsache, Klagerücknahme, Vergleich oder Urteil. Die Hauptsache ist erledigt, wenn der mit der Klage geltend gemachte Anspruch nach deren Zustellung erloschen ist, also zum Beispiel wenn nach einem Verkehrsunfall die Versicherung des Gegners endlich den gewünschten Schadensersatz bezahlt, nachdem ihr die Schadensersatzklage zugestellt worden ist. Zahlt sie vorher, muß die Klage zurückgenommen werden. Wer in diesen beiden Fällen letztlich ganz oder teilweise die Kosten trägt, hängt vom Einzelfall ab. Wird die Klage aus anderen Gründen zurückgenommen, hat regelmäßig die Klägerseite die gesamten Kosten zu tragen.

Wird das Verfahren durch einen vor Gericht geschlossenen Vergleich beendet, hat dieser die Wirkung eines rechtskräftigen Urteils, das heißt, das Verfahren ist beendet, und es kann aus einem solchen Vergleich die Zwangsvollstreckung betrieben werden. Bei Abschluß des Vergleichs müssen sich die Parteien einigen, wie sie die angefallenen Kosten verteilen wollen.

Wird ein Urteil verkündet, dann ist der Rechtsstreit endgültig beendet, wenn gegen das Urteil kein Rechtsmittel (Berufung oder Revision) eingelegt wird, oder wenn es kein Rechtsmittel gibt, weil ein solches in dem besonderen Falle von der Prozeßordnung nicht vorgesehen ist oder alle Möglichkeiten der Rechtsmittel bereits ausgeschöpft wurden. Das Urteil wird dann rechtskräftig.

Anders als im Strafverfahren wird das Urteil in Zivilsachen in den seltensten Fällen am Ende der mündlichen Verhandlung in Gegenwart der Parteien verkündet. In aller Regel wird zu seiner Verkündung ein besonderer Termin bestimmt, zu welchem niemand erscheinen muß und auch höchst selten jemand erscheint. Das verkündete Urteil wird den Parteien per Post zugestellt.

Mit dem zur Sache ergehenden Urteil wird zugleich entschieden, wer die Prozeßkosten zu tragen hat. Wurde die Beklagtenseite antragsgemäß verurteilt, hat sie die vollen Kosten zu bezahlen. Wurde die Klage vollständig abgewiesen, trägt sie die Klägerseite. Wurde der Klage dagegen nur teilweise stattgegeben, tragen die Parteien die Kosten im Verhältnis ihres Obsiegens und Unterliegens. Wurden also zum Beispiel 3.000.– DM eingeklagt, die Beklagtenseite aber nur zur Zahlung von 1.000.– DM verurteilt, haben die klagende Partei 2/3 und die beklagte Partei 1/3 der Kosten zu tragen.

6. Ehe- und Familiensachen

Ungefähr jede zweite bis dritte Ehe wird geschieden. Jeder Scheidung geht ein Konflikt voraus. Zumeist dauert die akute Konfliktsituation noch während des Scheidungsverfahrens an, zieht sich in nicht wenigen Fällen über Jahre hin und entzündet sich immer wieder am Geld und an den gemeinsamen Kindern, das heißt an Unterhaltsfragen und Problemen mit dem Umgangs- oder dem Sorgerecht.

Hilfen durch Therapie, Ehe- und Partnerschaftsberatung oder Mediation

Aus eigener Erfahrung wissen wir alle: Kein anderes Konfliktfeld bindet unsere Kräfte mehr, keines kann so bedrückend sein wie das der in häuslicher Gemeinschaft lebenden Familie, und allzu viele wissen inzwischen auch, daß dasselbe für die in Trennung befindliche und schließlich auch für die getrennte Familie gelten kann.

Innerhalb von Lebensgemeinschaften wirken sich die im ersten Teil des Buches genannten Grundursachen und Erscheinungsformen der Konflikte besonders gravierend aus, da die Beziehungen der Konfliktparteien zueinander enger und verwobener sind, als dies in anderen Lebenszusammenhängen der Fall ist.

Im Wechselspiel zwischen jeweils individueller und gesamtgesellschaftlicher Entwicklung sind die Menschen selbstbewußter geworden und in größerem Maße bereit, Konflikte offen auszutragen. Die Leidensfähigkeit früherer Frauengenerationen, die im Extrem bis zur Selbstverleugnung gehen konnte, ist den meisten gegenwärtigen Frauen unseres Kulturraumes fremd. Gleichzeitig sind die ehestabilisierenden Rahmenbedingungen der vorindustriellen Gesellschaftsformen wie zum Beispiel eine zumindest nach außen demonstrierte Moralität, die ökonomische Abhängigkeit der Frauen usw. nahezu vollständig geschwunden. An deren Stelle sind destabilisierende Faktoren getreten, wie die Isolation der Kleinfamilie, im Schichtdienst auszuübende Berufstätigkeiten, libertinistische Tendenzen und vieles andere mehr. Die Bereitschaft ist gewachsen, bei der Durchsetzung eigener Interessen den Zusammenhalt der Lebensgemeinschaft aufs Spiel zu setzen. So kommt es, daß inzwischen die meisten der von mir zu scheidenden Ehen nicht länger als drei bis vier Jahre »gehalten« haben.

In den meisten Fällen gehen der Trennung schwere Auseinandersetzungen voraus und führen bei den Ehepartnern zu seelischen Verletzungen. In nahezu allen Fällen aber führt, wenn Kinder vorhanden sind, das Erleben der sich zuspitzenden Konflikte und die Trennung bei diesen zu tiefen seelischen Verwundungen. Meine diesbezüglichen Erfahrungen stehen im Einklang mit den Ergebnissen neuerer familienpsychologischer Forschungen. Kinder haben ihre Mutter und ihren Vater gleichermaßen lieb. Dies ist überraschenderweise auch dann der Fall, wenn Kinder alt genug sind, um bei einem Elternteil bewußt beachtliche Fehlentwicklungen wahrnehmen zu können, eine Tatsache, die für das Elternteil, welches glücklicherweise in dieser Hinsicht weniger belastet ist, nahezu unbegreiflich bleibt. Streiten sich die Eltern, leiden die Kinder darunter, daß ein geliebter Mensch den anderen ebenfalls geliebten Menschen verletzt, der seinerseits dasselbe tut. Trennen sich die Eltern schließlich, so führt dies bei den Kindern zum Verlust des täglichen, selbstverständlichen Umganges mit einem geliebten Menschen, ein Umstand, der von dem Elternteil, das die Kinder bei sich behält, oft und gerne verdrängt wird, denn er fügt sich nicht in das durch den Streit verzerrte Bild des ehemaligen Lebensgefährten. Hinzu kommt bei allen Trennungs- und Scheidungskindern eine tiefgehende Erschütterung ihres Vertrauens in die Stabilität von sozialen Verbindungen. Mehr als andere werden sie ihr ganzes Leben lang Zweifel haben, ob sie sich existentiell mit einem Menschen oder einer Menschengruppe verbinden sollen. Sie werden in dieser Hinsicht zu einer Übervorsichtigkeit neigen, was im weiten Feld der sozialen Kontakte Belastungen mit sich bringt. Der soziale Teil ihrer Individuation ist empfindlich geschwächt.

Da es an äußeren ehestabilisierenden Faktoren fehlt, wird die Erhaltung einer familiären Lebensgemeinschaft zu einer von jedem einzelnen täglich neu zu leistenden Arbeit. Für kinderlose

Ehepartner lohnt es sich, diese Mühe auf sich zu nehmen, da mit einer Trennung zu allermeist die Grundprobleme nicht gelöst werden und jeder Ehepartner davon ausgehen muß, daß er 50 % des Konfliktpotentials, das zum Scheitern der Beziehung führte, in die nächste Beziehung mit einbringt. Sind Kinder vorhanden, fordert schon die Liebe zu diesen, ihnen soweit als möglich die geschilderten Verwundungen zu ersparen.

Wer also den Willen hat, Beziehungskrisen einer Lösung zuzuführen, aus welcher die Beziehung um eine Stufe gefestigter hervorgeht, und sollte das nicht leistbar sein, die Trennung durch bewußtes Handeln so gestalten will, daß aus dem Chaos eine neue Konfiguration der Beziehung erwachsen kann, der begibt sich auf den Erfahrungsweg. Dieser führt uns aus dem kindlichen Empfangen von Liebe (mit der Frustration, wenn sie ausbleibt) zur Produktion von Liebe auch unter den veränderten Bedingungen von Trennung und Scheidung. Liebe bedeutet ja nicht nur, daß ich von einer Welle der Sympathie und Zuneigung getragen die ständige Nähe des anderen suche. Das hat zumeist viel mit Selbstliebe zu tun, denn ich liebe dann zumindest auch das wohlige Gefühl des Liebens und hoffe auf seine Steigerung durch die Erwiderung dieser Liebe. Die hier gemeinte Liebe baut auf der Erfahrung jener Liebe auf, geht aber weiter und seelisch tiefer, sie wird gänzlich unsentimental, zunächst herb-schön und sehr viel später erst auf ihre Weise beglückend. Von ihr handeln im III. Teil dieses Buches die Kapitel 2 und 3 (Seite 149 ff.).

In diesem Zusammenhang kann dieses Buch nur soviel bieten wie ein Buch über alpines Wandern, mit welchem das Grundwissen für Gebirgstouren vermittelt und die Freude an beschwerlichen Touren mit unvergleichlichen Ausblicken geweckt werden soll. Für Gebirgstouren mit schwierigen Passagen empfiehlt jede Einführung in das Hochgebirgswandern, einen Bergführer zu nehmen. Derartiges gibt es – bezeichnenderweise häufiger in weiblicher Form – auch für die hier angesprochenen Erfahrungswege. Die hierfür erforderlichen Weghilfen werden von therapeutischer Seite angeboten, von Familienpsychologinnen, Seelsorgerinnen und ihren männlichen Kollegen wie auch von Beratungsstellen für Ehe-, Familien- und Lebensfragen, die von kommunalen, kirchlichen und freien Einrichtungen getragen werden. Die Sozialdienste der Städte und Kreise sind bei der Suche der geeigneten Einrichtung gerne behilflich.

Der erste Schritt zu einer solchen Hilfe kostet Überwindung, denn ich weiß, beim zweiten Schritt, dem Beginn der Beratung, werde ich meine Wunden zeigen und in den weiteren Schritten meine eigenen Unzulänglichkeiten anschauen müssen. Die Seele verschanzt sich in solchen Fällen gern hinter Argumenten wie zum Beispiel: »Was soll mir als Anthroposophin bzw. Anthroposoph eine auf einer materialistischen Wissenschaft beruhende Beratung an Hilfe bieten können?« oder: »Bei meiner Selbsterfahrung und meinem psychologischen Wissen schaffe ich es entweder allein, oder es geht eben nicht.«

Beide Einwände verkennen, daß es bei der Ehe- und Partnerschaftsberatung nicht um die Vermittlung von Erkenntnissen geht, sondern um kundige Begleitung von seelischen und sozialen Prozessen. Um in unserem Bild zu bleiben: Wer Bücher über Bergwanderungen und Klettern gelesen und das Kartenmaterial studiert hat, sollte sich gleichwohl in unbekanntem, schwierigem Gelände eines Bergführers bedienen.

Fähige Beraterinnen und Berater beherrschen die Kunst des verstehenden Zuhörens und des klärenden Fragens. Das prägt oder besser: trägt das Beratungsgespräch und macht es möglich, daß schon im Aussprechen bedrückender Tatsachen bislang übersehene Zusammenhänge deutlich werden. Dadurch wird es zudem möglich, daß von den Ehepartnern erstmals Dinge berührt werden, die zwischen ihnen nie ausgesprochen wurden, die aber im verborgenen wesentlich zum Konflikt beigetragen haben. Ihre Ausbildung und insbesondere die Erfahrung mit Ehe- und Partnerschaftskonflikten machen es Beraterinnen und Beratern möglich, den Weg zur Konfliktbewältigung helfend zu begleiten und dabei auch die Konfliktparteien durch Rat und Hinweise zu unterstützen.

Besonders, wenn Kinder von einer schweren Ehekrise betroffen werden, sollte mit der Inanspruchnahme solcher Hilfe nicht gezögert werden. Nun gibt es nicht selten das Problem, daß nur einer der Ehepartner die Notwendigkeit der Beratung sieht und zum ersten Schritt bereit ist. Besser ist es jedoch, wenn beide an der Beratung teilnehmen. Da mit der Beratung ein von den Betroffenen selbst zu gehender innerer Weg begleitet werden soll und eine innere Bewegung zu neuer Liebefähigkeit nur in Freiheit entstehen kann, kann der zögernde Ehepartner zu solchem Schritt nicht genötigt werden. Aber auch mit diesem Problem kann man eine Beratung angehen. Vielleicht weiß die Beraterin oder der Berater einen Rat, wie dem zögernden Ehepartner der Schritt zu einem Erstkontakt mit der Beratung ermöglicht werden kann.

Scheinen Trennung und Scheidung unvermeidbar und ist noch keine der genannten Hilfen in Anspruch genommen worden, dann sollten sie spätestens jetzt gesucht werden, falls die ersten Anzeichen dafür auftreten, daß der Konfliktstoff von den Parteien allein nicht bewältigt werden kann. Das ist zum Beispiel der Fall, wenn sich ein erbittert ausgetragener, rücksichtsloser Kampf anbahnt. Von anwaltlicher Seite kann in derartigen Fällen nur bedingt geholfen werden. Im wesentlichen kann von dieser Seite nur der Schutz des Schwächeren erreicht und die Einhaltung eines Mindestmaßes an Rechtlichkeit gewährleistet werden.

Eine Ausnahme bildet der Fall, daß beide Partner gemeinsam eine Anwältin oder einen Anwalt als Vermittler in einer sogenannten Mediation beauftragt haben. Es gibt inzwischen auch in Deutschland solche, die dafür die notwendigen Kenntnisse haben. Mediation wird aber auch zunehmend von den kommunalen Beratungsstellen für Ehe-, Familien- und Lebensfragen und freien Institutionen angeboten.

Mediation ist ein neuer Weg der Konfliktlösung bei Trennung und Scheidung. Sie kann beschrieben werden als eine Konfliktlösungsform, bei welcher ein neutraler, unparteiischer und über keine Entscheidungskompetenz verfügender Vermittler die Parteien darin unterstützt, eigenständige und gegenseitig akzeptable, interessengerechte Lösungen zu entwickeln.[44]

Die angestrebten Lösungen beziehen sich auf alle mit Trennung und Scheidung zusammenhängenden persönlichen und materiellen Probleme. Bei der üblichen Beauftragung eines Rechtsanwaltes oder einer Rechtsanwältin delegieren die Parteien die Regelung ihrer Probleme auf diese. Bei der Mediation dagegen vertreten sich die Parteien selbst, der Mediator oder die Mediatorin strukturiert und leitet ihr Gespräch. Anders als bei Therapie und Beratung zielt die Mediation auf den Abschluß einer verbindlichen Vereinbarung, mit der die Scheidungsfolgen geregelt werden. Sie ist ein Erfahrungsweg, der therapeutische Elemente hat und diese mit der Lösung der konkreten wirtschaftlichen und rechtlichen Probleme verbindet.

Da auch bei Ehe- und Familiensachen die Gesetze im Grunde von einer Gegensätzlichkeit der Parteien ausgehen, findet die Mediation, die ja ein gemeinsamer Weg ist, außerhalb des Scheidungsverfahrens statt. Sie mündet allenfalls nach ihrem Abschluß insoweit in das gerichtliche Verfahren ein, als die von den Eheleuten erarbeitete Vereinbarung als gerichtliche Vereinbarung zu Protokoll genommen wird.

Die Reorganisation der Familie

Im weiteren wollen wir uns den Fällen zuwenden, bei denen Trennung und Scheidung unvermeidbar wurden.

Sind aus der Verbindung keine Kinder hervorgegangen, kann es nach der Zeit des Getrenntlebens mit der Scheidung zur vollständigen persönlichen, wirtschaftlichen und rechtlichen Trennung der Ehepartner kommen.

Sind aber gemeinsame Kinder vorhanden, beschränkt sich die persönliche, wirtschaftliche und rechtliche Trennung auf bestimmte Bereiche. Verbunden bleibt die Familie durch das gegebenenfalls von den Eltern gemeinsam ausgeübte Sorgerecht für die minderjährigen Kinder, zumindest aber durch das dem vom Sorgerecht ausgeschlossenen Elternteil zustehende Recht, regelmäßig mit dem Kind oder den Kindern Kontakt zu haben (Umgangsrecht). Ferner wird die Verbundenheit der Familie durch die Unterhaltspflichten gegenüber den finanziell noch nicht selbständigen Kindern und oft auch durch die Unterhaltspflicht gegenüber dem die Kinder betreuenden Elternteil aufrechterhalten. Das Geflecht von persönlichen, wirtschaftlichen sowie rechtlichen Abhängigkeiten und gemeinsamen Interessen bleibt so stark, daß die Eltern bereits in der Trennungsphase überwiegend mit der Reorganisation der Familie beschäftigt sind, wodurch sich zunächst die Zahl möglicher Konfliktherde erhöht. In der Reorganisationsphase wird darum gerungen, die auseinanderstrebenden Bedürfnisse und Interessen von Mutter, Vater und den Kindern im Rahmen der durch die Trennung veränderten Verhältnisse soweit als immer möglich aufeinander abzustimmen. Vor der Trennung sind die Gestaltungsmöglichkeiten diesbezüglich größer als danach. Je mehr also vor Vollzug der Trennung diese auch unter dem Gesichtspunkt der Reorganisation vorbereitet wird, desto besser gestaltet sich die Zukunft für alle Beteiligten, insbesondere für die Kinder. Wir wollen uns das an dem bereits geschilderten Fall der Familie P.-K. (s. S. 81 ff. und 152 ff.) verdeutlichen.

Möglicherweise haben sich Frau P.-K. und Herr K. nie wirklich verstanden, das heißt einander nie wirklich zugehört. Derartiges wird ja auch zunächst überdeckt von den Gefühlen des Verliebtseins und dann von den sich rasch ändernden Lebensumständen wie dem Beginn des Zusammenlebens, Geburt des ersten Kindes, Geburt des zweiten Kindes, Beginn der Kindergartenzeit, beruflichen Veränderungen usw. Ab dem Moment jedenfalls, in dem Frau P.-K. von einem tiefen Bedürfnis nach persönlicher und beruflicher Weiterentwicklung ergriffen wird, tritt jene gegenseitige Verständnislosigkeit zutage, die die Auseinandersetzung im weiteren prägen wird und schließlich dazu führt, daß Frau P.-K. »Knall auf Fall« mit den Kindern auszieht.

Es werden dadurch Tatsachen geschaffen, aber keine Probleme gelöst. Diese werden dadurch nicht kleiner, denn gerade im Bereich der unlösbar bleibenden Verbindungen (Unterhalt, Sorge- und Umgangsrecht) muß ja – wie auch immer – die Familie reorganisiert werden. Da Herr K. und seine Frau dazu nicht in der Lage sind, sollen deshalb nun Prozeßbevollmächtigte und das Familiengericht die damit verbundenen Probleme lösen, die Prozeßbevollmächtigten freilich mit der Maßgabe, die Intentionen ihrer jeweiligen Partei durchzusetzen.

Der Spielraum für eine die Bedürfnisse aller Beteiligter berücksichtigenden Neustrukturierung der Familie ist in dieser Situation allerdings sehr klein. Herr K. sitzt allein in dem für ihn zu großen Haus und hat dessen Schulden zu tilgen. Frau P.-K. wohnt alsbald mit den Kindern in einer kleinen, aber teuren Wohnung mehrere hundert Kilometer entfernt in einer anderen Stadt, um den künstlerischen Teil ihrer Ausbildung zu beginnen. Der Vater kämpft darum, daß ihm einstweilen durch Gerichtsbeschluß bis zu einer endgültigen, mit dem Scheidungsurteil ergehenden Entscheidung das Sorgerecht übertragen wird. Dies mit wenig Aussicht auf Erfolg, da die Kinder bislang ganz überwiegend von der Mutter betreut wurden und er im übrigen durch seine Berufstätigkeit gehindert wäre, sich selbst ausreichend um die Kinder zu kümmern. Er darf die Kinder allerdings alle vierzehn Tage besuchen. Nach solchen Besuchen sind die Kinder dann mehrere Tage lang unleidig und schwierig, da ihnen durch den befristeten Kontakt mit dem Vater die Zerrissenheit all dessen vor die Seele gestellt wurde, was sie aus tiefstem Herzensgrund vereint erleben wollen. Das zehrt an den Kräften der Mutter, wodurch diese in eine Streßsituation kommt und die Schwierigkeiten der Kinder immer weniger auffangen kann. Herr K. hinwiederum kommt neben dem trennungsbedingten psychischen Druck auch in einen finanziellen. Die Finanzierung des Hauses war so eingerichtet worden, daß die Familie bei regelmäßiger Schuldentilgung ganz gut leben konnte. Allerdings, finanzieller Raum für die Anmietung einer weiteren Wohnung und die Mehrkosten durch die getrennte Haushaltsführung ist nicht vorhanden. Aber weder eine

Änderung der Finanzierung, noch ein Verkauf des Hauses sind von jetzt auf gleich zu bewerkstelligen.

Der enge Spielraum, innerhalb dessen das Gericht und die Prozeßbevollmächtigten nach tragbaren Gestaltungen suchen, ist also weitgehend abgesteckt. Freiräume für positive Entwicklungen sind kaum vorhanden. Die Sache wird für die Betroffenen zum Leidensweg und für die Juristen eine traurige und sie gleichzeitig sehr in Anspruch nehmende Arbeit.

Wie anders hätte es sich entwickeln können, wenn Frau P.-K. und ihr Mann zunächst versucht hätten, mit Hilfe einer Eheberatung ihre Ehe zu retten und, nachdem sich das als unmöglich erwiesen hätte, im Rahmen einer Mediation die Reorganisation der Familie vor der Trennung vorbereitet hätten. Wir können hier die leider nur im literarischen gegebene Möglichkeit nutzen und die Geschichte einfach umschreiben:

In der Periode nächtlicher Diskussionen wurde Frau P.-K. von der Kindergärtnerin des jüngeren Kindes darauf angesprochen, daß das Kind zappelig geworden sei und Schwierigkeiten habe, mit anderen Kindern zu spielen. Frau P.-K. deutete daraufhin an, daß es in letzter Zeit häufiger zu Auseinandersetzungen mit ihrem Mann gekommen sei, wodurch die Atmosphäre zu Hause ziemlich vergiftet worden sei. Den Rat der Kindergärtnerin, eine Eheberatung aufzusuchen, nahm sie an und sprach mit ihrem Mann darüber. Als dieser sich ablehnend äußerte, da die Dinge doch eigentlich ganz klar seien und es nicht viel zu reden gäbe, drohte sie ihm, mit den Kindern nach H. zu ziehen. Er müsse dann Unterhalt bezahlen und könne schauen, ob es ihm gelinge, die Kinder mehr als zweimal im Jahr zu sehen. Herr K. wandte sich an einen Rechtsanwalt und erfuhr, daß er seine Frau tatsächlich nicht daran hindern könne, nach H. zu ziehen und daß dann, unabhängig von der Rechtslage, aufgrund der Entfernung ein regelmäßiger Kontakt zu den Kindern schwierig sei. Zugleich rechnete der Anwalt ihm überschlägig vor, in welcher Größenordnung er dann Unterhalt an Frau und Kinder zu leisten habe. Daraufhin war er, wenn auch halbherzig bereit, an der Eheberatung teilzunehmen.

Durch die Beratungsgespräche konnte die Ehe nicht gerettet werden. Trotzdem führten sie zu wirksam positiven Ergebnissen. Frau P.-K. und Herr K. wurden sich klar darüber, daß sie die Ehe nicht fortführen wollten. Diese Klarheit wirkte beruhigend, die Konfliktsituation begann sich zu entspannen. Durch diese Entspannung begünstigt, konnte Herr K. bemerken, daß ihm mehr an den Kindern lag, als er bisher angenommen hatte. Um nicht den angedrohten Umzug von Frau und Kindern nach H. zu provozieren, mietete er sich ein Appartement an und zog aus dem Haus aus. Und ein weiteres wurde erreicht. Beide begannen in der Eheberatung das Zuhören zu lernen, das heißt sie lernten, während der andere sprach, die Stimme des eigenen Egos zu unterdrücken, das vorher regelmäßig sofort die ureigene Meinung aufbaute und dagegen setzte, wodurch es zu einem gesteigerten Erleben der eigenen Seele gekommen, zugleich aber ein Verstehen, ein Aufnehmen der Aussagen des anderen unmöglich geworden war. Sie lernten anfänglich, die Vorstellungswelt des anderen zu ertragen und begannen sie zu verstehen.

Die Eheberaterin riet nun den beiden, an einer Mediation teilzunehmen. Herrn K. war die Vorstellung sympathisch, daß das Ziel der Mediation Vereinbarungen sein sollten, die sie miteinander über die Trennungs- und Scheidungsfolgen schließen könnten.

In der Mediation konnten Herr K. und seine Frau auf dem aufbauen, was durch die Eheberatung an positivem veranlagt worden war. Es wurde weiter daran gearbeitet, sich seiner eigenen Interessen und Bedürfnisse bewußt zu werden, vor allem aber im Gespräch die Bedürfnisse und Interessen des anderen immer unvoreingenommener wahrnehmen zu können. Dabei trat das Erstaunliche zutage, daß bei ganz wesentlichen Punkten die Grundinteressen dieselben waren. Dies war zum Beispiel bei dem gemeinsamen Wunsch der Fall, daß sich die Kinder so vielseitig und gesund wie möglich entwickeln sollten, wozu ein enges, herzliches, angstfreies Verhältnis zu beiden Eltern unabdingbar ist. Die Bereitschaft wuchs, die elterliche Verantwortung wieder voll zu übernehmen. Nachdem ihr Mann, ohne dies an irgendwelche Bedingungen geknüpft zu haben, das Haus verlassen hatte, war es nun auch Frau P.-K. möglich, zunächst einmal auf die Ausbildung zur Maltherapeutin zu verzichten, womit sie den durch die Trennung der Eltern genügend belasteten Kindern den mit dem Ortswechsel verbundenen Wechsel von Kindergarten und Schule ersparte.

Ein anderer Punkt solcher parallel laufender Interessen war der optimale Einsatz des verfügbaren Familieneinkommens. Hierbei konnte unter anderem mit Hilfe eines Steuerberaters eine Lösung gefunden werden, wie der im nächsten Jahr zu erwartende und sich steuererhöhend auswirkende Wechsel in der Steuerklasse abgefedert werden sollte.

Natürlich hatten beide zu Beginn der Mediation versucht, bei den anstehenden Regelungen zur Reorganisation der Familie einseitig ihre jeweiligen Interessen durchzusetzen. Herr K. hatte dabei versucht, auf seine Frau Druck auszuüben mit seinem im Beruf erprobten Durchsetzungsvermögen, seinem Verhandlungsgeschick und insbesondere durch seine ökonomische Überlegenheit als demjenigen, auf dessen Konto das Einkommen überwiesen wird und an dem es liegt, es zu verteilen.

Dem waren von Frau P.-K. als Machtpotential ihre Verfügungsmöglichkeiten über die Kinder entgegengesetzt worden. Als Herr K. nach vorzeitigem Abbruch einer geschäftlichen Besprechung und vom Freitagnachmittagsverkehr genervt am Haus erschienen war, um zur vereinbarten Zeit die Kinder für einen Freibadbesuch zu übernehmen, war niemand zu Hause gewesen. Frau und Kinder waren irgendwo bei einem Geburtstagsfest. Die damals noch geringe Unterhaltsüberweisung war daraufhin am Anfang des nächsten Monats ausgeblieben. Frau P.-K. war dadurch genötigt worden, einen teuren Kleinkredit aufzunehmen, der letztlich wieder vom Einkommen des Herrn K. getilgt werden mußte. Erst nach dem nächsten Mediationsgespräch hatte der monatliche Unterhalt wieder zu fließen begonnen.

Im weiteren Verlauf der Mediation konnten Herr K. und seine Frau lernen, daß Vereinbarungen, die unter Einsatz von Machtmitteln dem anderen abgetrotzt werden, an dreierlei leiden: Sie sind brüchig und werden vom Unterlegenen bei nächster Gelegenheit unterlaufen; sie vertiefen das wechselseitige Mißtrauen und sind schließlich auf lange Sicht unwirtschaftlich. Die Kunst des machtfreien, an der Sache und an den wechselseitigen Interessen und Bedürfnissen orientiertem Aushandelns von tragfähigen Vereinbarungen, die auf gegenseitigem Vertrauen beruhen, ist uns nicht in die Wiege gelegt. Derartiges will erworben sein.

Ohne sich dessen bewußt zu sein, begannen Frau P.-K. und ihr Mann auf ihrem vom Mediator begleiteten Weg zwischen den drei sozialen Beziehungsebenen zu unterscheiden (s. S. 101 ff.) sowie die sozialen Gesetzmäßigkeiten der jeweiligen Ebene zu beachten (s. S. 110). Sie prägen auch den mikrosozialen Bereich partnerschaftlicher und familiärer Beziehungen.

Auch hier ist von entscheidender Bedeutung, ob sich die handelnden Menschen auf der jeweiligen Beziehungsebene mit dem jeweils angemessenen sozialen Gestus begegnen. Um die Interessen und Bedürfnisse des anderen wahrzunehmen, seien sie nun seelischer, kultureller oder materieller Art, muß ich mich ihm zuwenden, ihm also zu allererst einmal zuhören. Der uns auf der Bedürfnisebene so schwerfallende Gestus ist der des Sich-Öffnens für den anderen. Es ist mir nicht freigestellt, ob ich mich den Interessen und Bedürfnissen des anderen öffne oder nicht. Unterlasse ich es, muß ich zur Aufrechterhaltung der Beziehung Gewalt anwenden, und sei sie noch so subtil, oder die Wege führen auseinander.

Unfrei machende Gewalt und Trennung als dem untauglichen Versuch, den Problemen zu entgehen, treten dadurch genau an die Stelle, an der auf der Fähigkeitsebene Freiheit herrschen müßte, ausgelöst durch einen den anderen freilassenden Gestus. Denn alles deutet darauf hin, daß Partnerbeziehungen Individuationsbeziehungen sind. Eine gesunde Persönlichkeitsentwicklung aber kann nur ermöglicht, niemals jedoch von Menschen erzwungen werden. So konnte Herr K. nur die Voraussetzungen dafür schaffen, daß seine Frau mit einem großen inneren Entwicklungsschritt für die nächste Zeit ihren Ausbildungswunsch opfert. Er hätte es nicht erzwingen können.

Die wechselseitige Wahrnehmung der Bedürfnisse führt zum Aushandeln dessen, was davon befriedigt werden kann und soll, und gegebenenfalls zur Realisation. In jedem Stadium ist es erforderlich, daß von mir und dem anderen jeweils verläßlich bestimmte Verhaltensweisen erwartet werden können. Äußert der andere seine Bedürfnisse, muß er darauf vertrauen können, daß ich ihn nicht mit meinem so gewonnenen Wissen »in die Pfanne haue«. Ist besprochen, daß seine Interessen in bestimmter Weise berücksichtigt werden sollen, muß die Vereinbarung tragfähig sein, das heißt er muß darauf vertrauen können, daß sie nicht unterlaufen oder schon morgen wieder in Frage gestellt wird. Die innere Entwicklung schließlich benötigt einen hinreichend stabilen Rahmen, der vor autoritären Eingriffen schützt und die Bedingungen schafft, innerhalb derer ich es wagen kann, die zu meiner Entwicklung und der der anderen notwendigen Opfer zu bringen, ohne innerlich unfrei zu werden. Das schafft die Voraussetzung für mögliche Wandlungen. Und dieser Rahmen besteht aus Zusagen und Vereinbarungen. Frau P.-K. und ihr Mann haben erlebt, daß der zu tragfähigen Vereinbarungen führende soziale Gestus auf dieser Rechtsebene ein solcher ist, der den anderen als gleichwertig annimmt, also auf Gewalt verzichtet.

Die Mediation konnte abgeschlossen werden, als Herr K. und seine Frau eine umfangreiche Scheidungsfolgenvereinbarung getroffen hatten. Sie vereinbarten, auch nach der Scheidung die elterliche Sorge für beide Kinder weiterhin gemeinsam auszuüben. Wegen der beruflichen Beanspruchung des Vaters war es nicht möglich, ein regelmäßiges, zum Beispiel vierzehntägiges Besuchsrecht an den Wochenenden zu vereinbaren. Statt dessen sollte viel Raum für kürzere gemeinsame Zeiten gegeben werden und der Vater die Gelegenheit haben, zweimal im Jahr mit den Kindern einen Urlaub zu verbringen. Mutter und Kinder sollten, sobald für sie eine geeignete Wohnung gefunden sei, längstens nach einem Jahr, aus dem Haus ausziehen, damit es verkauft werden könne, um das nun von der doppelten Haushaltsführung belastete Familieneinkommen von den Zins- und Tilgungslasten zu befreien. Frau P.-K. verzichtete für die Zeit bis zum 12. Lebensjahr des jüngsten Kindes auf eine Zusatzausbildung; danach sollte diese unter

Berücksichtigung der Entwicklung der Kinder möglich sein, wobei Herr K. zusagte, seiner Frau während der Ausbildungszeit drei Jahre lang einen an den BAFöG-Höchstsätzen orientierten Unterhalt zu bezahlen. Frau P.-K. hinwiederum verpflichtete sich, ab dem 8. Lebensjahr des jüngsten Kindes mit einem halben Deputat und nach der Zusatzausbildung, spätestens ab dem 15. Lebensjahr dieses Kindes vollschichtig berufstätig zu sein. Die Höhe des von Herrn K. an Frau und Kinder monatlich zu bezahlenden Unterhalts wurde festgesetzt. Der Hausrat wurde geteilt, wobei Frau und Kinder den allergrößten Teil behielten. Im Gegenzug wurde Herrn K. gestattet, innerhalb bestimmter Grenzen die Kosten für seine Neuanschaffungen bei der Berechnung des Unterhalts in Abzug zu bringen.

Schließlich war noch eine Regelung über die güterrechtlichen Folgen der Scheidung zu treffen. Da die Eheleute keine notarielle Vereinbarung über den Güterstand getroffen hatten, lebten sie im Güterstand der Zugewinngemeinschaft, das heißt, jeder war Eigentümer seiner ihm gehörenden Sachen. Die Zugewinngemeinschaft endet mit dem Tode eines Ehepartners oder mit der Scheidung. Bei ihrem Ende ist der von den Eheleuten während der Ehezeit erwirtschaftete Vermögenszuwachs durch eine Geldzahlung auszugleichen. Wer mehr erworben hat, muß grob gesagt dem anderen soviel abgeben, daß jeder mit demselben Zugewinn aus der Gemeinschaft hervorgeht. Herr K. und auch seine Frau hatten die Ehe ohne nennenswertes Vermögen begonnen. Da der Hausrat hier nicht berücksichtigt wird, bestand ihr Vermögenszuwachs im wesentlichen aus dem Haus, an welchem jeder zur Hälfte Miteigentümer war. Des weiteren bestand der Vermögenszuwachs aus dem Pkw der Frau P.-K. im Werte von rund 12.000.– DM

(Herr K. konnte einen Firmenwagen benutzen), einer Lebensversicherung des Herrn K. mit einem Rückkaufswert von 8.000.– DM und einem gemeinsam angesparten Guthaben von 14.000.– DM. Da – ohne das Haus – Frau P.-K. einen Zugewinn von 19.000.– DM und Herr K. einen solchen von 15.000.– DM hatte, vereinbarten sie, daß Herr K. vom gemeinsamen Sparguthaben 9.000.– DM und Frau P.-K. 5.000.– DM erhalten sollte. Das Haus sollte nach dem Auszug von Frau und Kindern verkauft werden. Sollte dabei nach Tilgung der Schulden ein Erlös übrig bleiben, sollte über dessen Verteilung unter Berücksichtigung der jeweils gegebenen wirtschaftlichen Verhältnisse entschieden werden.

Ehe- und Familiensachen vor Gericht

Was das gerichtliche Verfahren in Ehe- und Familiensache anbelangt, können wir an dem gegebenen Überblick (s. S. 186 ff.) anknüpfen. Da die persönlichen, rechtlichen und wirtschaftlichen Probleme von der Trennung bis zur Scheidung ineinander verwoben sind, war der Gesetzgeber bemüht, soweit als möglich alle in diesem Zusammenhang gerichtlich auszutragenden Konflikte in einem sogenannten Verbundverfahren zusammenzufassen, welches mit der Scheidung beendet wird. Die Ehe soll erst dann geschieden werden, wenn sich die Parteien entweder über die Scheidungsfolgen geeinigt haben, wozu die Reorganisation der Familie zählt, oder wenn darüber zugleich mit dem Scheidungsurteil entschieden werden kann, das heißt dem Gericht das erforderliche Erkenntnismaterial vorliegt, um die Scheidungsfolgen autoritativ mit einem Urteil zu regeln.

Mit dem Scheidungsurteil ist regelmäßig die Entscheidung zu treffen, ob die elterliche Sorge für die ehegemeinschaftlichen Kinder der Mutter oder dem Vater zu übertragen ist, oder aber, ob sie den Eltern zur gemeinsamen Ausübung verbleibt. In den meisten Fällen ist diese Entscheidung unproblematisch, da sich die Eltern vor dem Scheidungstermin verständigt haben, für welche der drei Möglichkeiten sie sich entscheiden wollen. Sie werden dabei vom zuständigen Jugendamt beraten, das dem Gericht in einem Bericht mitteilt, ob der gemeinsame Vorschlag der Eltern befürwortet werden kann. Steht das Wohl der Kinder dem übereinstimmenden Vorschlag der Eltern nicht entgegen, folgt das Gericht in seiner Entscheidung ihrem Willen.

Das gemeinsame Sorgerecht kann nach der Scheidung nur dann fortgeführt werden, wenn beide Eltern dies wollen und sie zudem in der Lage sind, sich zu verständigen, wenn es um erzieherische, rechtliche oder wirtschaftliche Fragen der Kinder geht. Anderenfalls ist die elterliche Sorge einem Elternteil allein zu übertragen.

Meiner Beobachtung nach sind Väter häufig viel zu schnell bereit, einer Sorgerechtsübertragung auf die Mutter zuzustimmen. Dem gegenüber sind Mütter allzuoft in der Illusion, ihre Situation werde einfacher, wenn das Elternrecht des Vaters auf das Minimum, nämlich das Umgangsrecht beschränkt werde. Sobald Eltern einer Fortführung des gemeinsamen Sorgerechts ausweichen, zeigen sie, daß sie ihren Konflikt noch nicht ausreichend bewältigt haben, das heißt den hier mehrfach angedeuteten inneren Weg nicht beschritten oder resigniert abgebrochen haben. Dieses Defizit wird die Familie über Jahre hin begleiten und seine Folgen haben. Der latente Konflikt wird bei den verbleibenden Berührungspunkten, dem Umgangsrecht des Vaters und seiner Unterhaltspflicht, immer wieder aufbrechen. Es besteht dann auch die Gefahr, daß auf den Begegnungen von Vater und Kindern ein Schatten liegt, da die Mutter die Kinder nur ungern gehen läßt. Diese spüren das. Was demzufolge im Falle der kleinen Zoe (s. S. 39 ff.) deutlich zutage trat, durchzieht mit verschiedener Intensität alle derartigen Fälle. Sind die Kinder nach solchen Begegnungen unleidig, wird das von der Mutter schnell mit Unfähigkeiten des Vaters in Verbindung gebracht. Zu allermeist ist die Ursache jedoch in dem ungelösten Konflikt zu finden wie auch in dem Schmerz der Kinder über die Trennung der Eltern.

Zieht sich der Vater schließlich resignierend (oder aus Bequemlichkeit) zurück, fehlt den Kindern das für ihre Entwicklung so notwendige Erleben des anderen Elternteils. Dieses kann auch nicht durch ein ungetrübtes Verhältnis zum neuen Lebenspartner der Mutter ersetzt werden.

Die mit dem Scheidungsurteil ergehende Sorgerechtsentscheidung ist nicht unabänderlich. Sollte sich nach der Scheidung herausstellen, daß die gemeinsame Ausübung des Sorgerechts wider Erwarten zu belastenden Auseinandersetzungen führt, kann die Entscheidung geändert und die elterliche Sorge einem Elternteil übertragen werden. Und umgekehrt ist es möglich – wovon leider so gut wie nie Gebrauch gemacht wird –, die ursprünglich einseitige Sorgeregelung aufzuheben und beiden Eltern die elterliche Sorge zu übertragen, wenn sich das Verhältnis der Eltern zueinander harmonisiert hat.

In seltenen Fällen sind Eheleute während der gesamten Zeit, in welcher die Familie reorganisiert und die Scheidungsfolgen geregelt werden müssen, zu keinerlei Verständigung in der Lage. Das ist zum Beispiel nach einem lange andauernden kalten Konflikt möglich, wenn sich wechselseitiges Mißtrauen und Mißachten tief in die Seelen gefressen haben oder wenn ein Ehepartner an einer Psychose leidet. Dies kann auch der Fall sein, wenn ein Ehepartner vom anderen seelisch tief verletzt wurde. Die Folge ist, daß von der Wohnungszuweisung über das Sorgerecht, das Umgangsrecht, den Unterhalt bis zur Hausratsteilung und, ist Vermögen vorhanden, auch noch um den Zugewinn zäh und unerbittlich gekämpft wird. Es wird ein langwieriges, leidvolles und teures Prozessieren mit Ergebnissen, die kaum befriedigen können, da dann immer nur Streitpunkte abgehakt und erledigt werden können und keine Entwicklungen stattfinden.

Erfreulicherweise nimmt die Zahl solcher Paare zu, die ihren Partnerschaftskonflikt zu bewältigen versuchen. Haben sie dann auch noch in Familiensachen erfahrene Rechtsanwältinnen oder Rechtsanwälte an ihrer Seite, können die gerichtlichen Verfahren zu Ausgangspunkten von Entwicklungen werden. Die Parteien suchen dann unter der versachlichenden Gesprächsleitung des Gerichts mit Hilfe ihrer Prozeßbevollmächtigten nach eigenständigen Lösungen. Das setzt jedoch bei den Parteien ein nicht unbeachtliches Maß an Beweglichkeit voraus und bei den Prozeßbevollmächtigten und der Familienrichterin bzw. dem Familienrichter Kenntnisse und Fähigkeiten, die das juristische Fachwissen übersteigen. Erfreulicherweise ist das bei Juristen, die überwiegend mit Familiensachen befaßt sind, oft der Fall. Die Verhandlungen bei Gericht haben in solchen Fällen einen mediationsartigen Charakter. Sie können jedoch, wenn eine der Voraussetzungen fehlt, die Mediation nicht ersetzen. Stellt sich nach Anrufung des Gerichts heraus, daß eine Trennungsberatung oder eine Mediation hilfreich ist, kann auf Antrag der Parteien das Gerichtsverfahren bis zum Abschluß der Beratung oder der Mediation für beruhend erklärt werden.

7. Und wenn ich mit der Entscheidung des Gerichts nicht einverstanden bin?

Nur wer arbeitet, macht Fehler, und nur wer Entscheidungen trifft, trifft auch Fehlentscheidungen. Aber nicht jede Gerichtsentscheidung ist eine Fehlentscheidung, nur weil meinem Antrag oder meiner Klage nicht stattgegeben wird oder weil ich im Strafverfahren verurteilt werde.

Ob ich mich gegen eine gerichtliche Entscheidung wehren soll, ist eine Frage, die, sollte ich anwaltlich vertreten sein, in Ruhe mit meiner Anwältin oder dem Anwalt abzuklären ist. Gehe ich mit der starken Erwartung in diese Beratung, daß die Entscheidung revidiert werden müsse, setze ich auf subtile, aber gleichwohl wirksame Weise den Anwalt oder die Anwältin unter Druck, vorausgesetzt natürlich, daß die fragliche Entscheidung von Gesetzes wegen überhaupt angefochten werden kann. Dem so belasteten Gespräch fehlt die sachliche Atmosphäre, die bei schwierigeren Fällen eine wesentliche Voraussetzung zur Beurteilung dessen ist, ob nach der Sach- und Rechtslage ein gegen die Entscheidung einzulegendes Rechtsmittel Aussicht auf Erfolg hat, mit welchem Kostenrisiko und mit welchen anderen Risiken es verbunden ist. Es besteht dann die Gefahr, daß, dem Erwartungsdruck nachgebend, der erwartete Rat erteilt wird, und das, was in solcher Gesprächssituation leicht der Fall ist, unter Außerachtlassung des einen oder anderen Faktors, der gegen ein Rechtsmittel gesprochen hätte.

An dieser Stelle möchte ich noch auf den nicht seltenen Fall hinweisen, daß ganz am Anfang der Konflikt von anwaltlicher Seite allzu rasch unter Verkennung der Erfolgsaussichten auf die gerichtliche Ebene gebracht wurde und die Sache zu keinem positiven Ergebnis führte. Wird dieser Mißerfolg nun von der oder dem Prozeßbevollmächtigten damit begründet, daß bekannterweise das mit der Sache befaßte Gericht zu höchst eigenartigen Rechts- und Lebensauffassungen neige (»... das macht dieser Klotzkopf immer so« oder »... diese Kammer ist dafür bekannt ...«), dann ist ein rascher Anwaltswechsel zu empfehlen. Sollte das nämlich wirklich der Fall und keine Notlüge sein, was durchaus auch einmal vorkommen kann, dann hätte man das von anwaltlicher Seite in Betracht ziehen müssen, ehe man sich auf den Rechtsweg begeben hat. Aufgrund des allgemein zugänglichen Geschäftsverteilungsplans des Gerichts stand nämlich von vornherein fest, welche Abteilung oder Kammer für die Entscheidung der Sache zuständig ist und mit welchen Richterinnen und Richtern diese besetzt sind.

Sollte man bis zu der gerichtlichen Entscheidung, mit der man nicht einverstanden ist, ohne anwaltliche Hilfe gewesen sein, dann ist sie spätestens jetzt in Anspruch zu nehmen. Denn ob man sich gegen sie wehren kann, sei sie in Form eines Beschlusses oder eines Urteils ergangen, ist bei den verschiedenen Gerichtsbarkeiten und Verfahrensarten ebenso unterschiedlich geregelt wie die für die jeweiligen Rechtsmittel vorgeschriebenen Formen und die einzuhaltenden Fristen. Und gerade wegen der Fristen sollte man in solchem Falle unverzüglich handeln.

Fragen zum Thema:

Frage:
Wie ist es zu verstehen, daß für die »gleiche« oder ähnliche Straftat oft so unterschiedliche Strafen erteilt werden ?

Antwort:
Bei der Strafzumessung spielt die Persönlichkeit des Täters eine nicht unwesentliche Rolle. Schon aus diesem Grunde kann es sein, daß bei zwei im äußeren Geschehensablauf sehr ähnlichen Straftaten die Täter unterschiedlich bestraft werden. Hinzu kommt, daß die Strafzumessung innerhalb der gesetzlichen Grenzen mangels objektiver Kriterien eine Gefühlssache ist (s. S. 217 ff.). Richterinnen und Richter sind Menschen. Die Gefühle der Menschen können nicht gleichgeschaltet werden. Des weiteren gibt es regionale Unterschiede bei der Strafzumessung. Das steht in Zusammenhang mit der Häufung bestimmter Straftaten in gewissen Gegenden. Kommt es zum Beispiel in einer Region nach Diskothekenbesuchen gehäuft zu Trunkenheitsfahrten, kann es aus Gründen der Abschreckung in dieser Gegend zu einer schärferen Bestrafung dieser Delikte kommen, als das in benachbarten Bezirken üblich ist.

Frage:
Vertrauenskrise der Bürger bezüglich des Umgangs mit Recht, Gericht usw. – beruht das nicht durchaus auf Erfahrungen? Müßte bei solchen Empfindungen nicht Aufklärungsarbeit geleistet werden?

Antwort:
Von einer Vertrauenskrise der deutschen Bürger bezüglich ihres Rechtswesens kann man nicht sprechen. In keinem anderen Land werden die Gerichte so häufig von den Bürgern angerufen, wie das in unserem der Fall ist. Bestünde kein Vertrauen in die Justiz, würden die Bürgerinnen und Bürger andere Möglichkeiten zur Konfliktlösung suchen und finden. Wie es dazu

kommt, daß sie nicht selten vom Ausgang »ihres Verfahrens« enttäuscht sind, wurde oben im 3. Kapitel des II. Teils (S. 125 ff.) dargestellt. Dem wäre hinzuzufügen, daß die Gefahr solcher Negativerfahrungen dadurch verstärkt wird, daß die Betroffenen durch den Rechtsstreit oder die Anklage emotional angespannt sind und diese Spannung dadurch erhöht wird, daß ihnen die Grundlagen unseres Rechtswesens unbekannt sind. Dadurch kommt es zu Wahrnehmungsmängeln, Mißverständnissen und Fehlinterpretationen. Das alles muß nicht sein, auch wenn wir uns bedauerlicherweise daran gewöhnt haben, daß es so ist. Durch eine entsprechende Aufklärungsarbeit könnte hier vieles verbessert werden. Ich denke in diesem Zusammenhang an Rechtskundeunterricht in den Schulen und eine Pressearbeit, die weniger auf Sensationen und mehr auf sachliche Information Wert legt. Einen kleinen Beitrag zu dieser Aufklärungsarbeit möchte auch diese Konfliktsprechstunde leisten.

Fraglos kommt es unabhängig davon zuweilen auch deswegen zu schlechten Erfahrungen mit dem Gerichtswesen, weil das Gericht und/oder die Prozeßbevollmächtigten in einzelnen Fällen nicht die erforderliche Qualität zur Ausübung ihres Berufs haben.

Frage:
Man hört oft von Zeugen, daß es sehr lästig sei, bei Gericht erscheinen zu müssen, und daß sie das »nie wieder« machen würden. Was sagen Sie dazu?

Antwort:
Diese Einstellung ist mir bekannt. Sie ist typisch deutsch. Engländer und Amerikaner, die in der Regel eine weitaus positive-

re Einstellung zu ihrem Recht und ihren Gerichten haben, empfinden das als selbstverständliche Bürgerpflicht, wenn nicht gar als ehrenvoll und interessant. Sie sind aber auch über das, was als Zeuginnen und Zeugen auf sie zukommt, sehr viel besser informiert, da in englischen und amerikanischen Romanen und Filmen sehr häufig Gerichtsverfahren im Mittelpunkt des Geschehens stehen.

Was es dem Zeugen lästig macht, seiner Pflicht nachzukommen, sind die gerade in Strafverfahren oftmals langen Wartezeiten, bis man zur Aussage in den Verhandlungsraum gerufen wird. Manchmal müssen auch Termine verlegt werden. Das geschieht gewiß nicht ohne zwingende Gründe. Es kann für einen Zeugen aber bedeuten, daß er nach eineinhalb Stunden vergeblichen Wartens auf dem Flur eines Gerichtes oder in einem Zeugenraum entlassen wird und zu einem später anberaumten Termin wieder erscheinen muß. Der zeitliche Ablauf einer Hauptverhandlung mit Beweisaufnahme läßt sich nur in beschränktem Umfange vorhersehen. Nicht selten kann ein Zeuge zu der Beweisfrage nichts sagen. Das kommt vor, wenn er nur aufgrund von Mutmaßungen als Beweismittel eingeführt wurde. In diesem Falle gestaltet sich seine Vernehmung entsprechend kurz, und der nächste Zeuge wird nach wenigen Minuten in den Verhandlungsraum gerufen. Ist ein Zeuge unsicher oder besteht der Verdacht, daß er die Unwahrheit sagt, dann zieht sich seine Vernehmung in die Länge und die nachfolgenden Zeugen müssen entsprechend lange warten.

Die Erfüllung seiner Pflicht kann für einen Zeugen aber auch durchaus empörend sein, wenn ihm von seiten der Verteidigung im Strafverfahren oder von einem der Prozeßbevollmächtigten in den anderen Verfahrensarten zynische oder hinterhältige Fragen gestellt werden oder wenn von dieser Seite versucht wird, die Zeugin oder den Zeugen durch die Fragen zu verwirren, um so seinen Antworten den Beweiswert zu nehmen. Der Schutz des Zeugen vor solchen Machenschaften ist im deutschen Recht und in der Gerichtspraxis nur sehr unzulänglich entwickelt. Ich selbst habe derartige Entgleisungen nur selten erlebt. Wie häufig sie tatsächlich sind, vermag ich nicht zu sagen, da es darüber kein gesichertes statistisches Material gibt. Auch wenn man als Zeuge nach lästigen oder gar unangenehmen Erfahrungen gerne ein »nie wieder« sagen würde, so läßt sich das vor der sozialen Verantwortung, die jeder trägt, nicht vertreten. Ohne umfassende Sachaufklärung ist eine gerechte Entscheidung des Gerichts nicht möglich, und gerade die Zeugenaussagen sind ein ganz wesentlicher Bestandteil des Erkenntnisverfahrens.

Frage:
Was heißt »Nebenkläger«?

Antwort:
Die Nebenklage ist ein Bestandteil des Strafverfahrens. In allen Strafverfahren vertritt die Staatsanwaltschaft die Öffentlichkeit, indem sie die Anklage vertritt, das heißt die Anklage erhebt und sozusagen als Prozeßbevollmächtigter der Öffentlichkeit in der Hauptverhandlung auftritt. Bei ganz bestimmten Straftaten, zum Beispiel bei Sexualdelikten, Körperverletzungsdelikten, Mord und Totschlag können die Geschädigten neben der Staatsanwaltschaft als Nebenkläger auftreten. Sie können dann in der Hauptverhandlung als Prozeßbeteiligte teilnehmen und an der Sachaufklärung mitwirken, indem sie Beweisanträge stellen und an Zeugen und Sachverständige

Fragen richten können. Sind die Nebenkläger nach Schluß der Hauptverhandlung mit der Entscheidung des Gerichts nicht einverstanden, können sie unabhängig von der Staatsanwaltschaft gegen das Urteil ein Rechtsmittel einlegen. Um in die Position eines Nebenklägers zu kommen, muß man als Geschädigter eine sogenannte Anschlußerklärung bei dem zuständigen Gericht schriftlich einreichen. Der Nebenkläger kann sich durch eine Rechtsanwältin oder einen Rechtsanwalt vertreten lassen.

Frage:
Weiß in einem Mordfall beispielsweise der Verteidiger die Wahrheit? Und wenn ja, wie kann er den Täter trotzdem (auch gewissensmäßig) verteidigen?

Antwort:
Es kommt immer wieder vor, daß Beschuldigte ihren Verteidigern nicht die Wahrheit sagen. Das erschwert die Arbeit des Verteidigers, denn die zwischen ihm und dem Beschuldigten vor der Hauptverhandlung zu führenden Beratungen haben keine reale Grundlage. Ein guter Rat setzt Kenntnis aller wesentlicher Fakten voraus.

Auch wenn der Verteidiger genau weiß, daß der Beschuldigte eine furchtbare Tat begangen hat, kann er ihn guten Gewissens verteidigen. Ich meine, daß es sogar seine Pflicht ist, das zu tun, wenn er von einem Straftäter darum gebeten wird und als erfahrener Strafverteidiger noch Kapazitäten frei hat, auch diesen Fall zu übernehmen. Die Aufgabe des Strafverteidigers ist ja nicht, den Angeklagten in der Hauptverhandlung auf Biegen und Brechen »herauszuhauen«. Die Aufgabe der Verteidigung im Strafverfahren ist vielmehr, darauf zu achten, daß die Rechte des Angeklagten gewahrt werden und aufgrund eines sauberen Erkenntnisverfahrens ein gerechtes Urteil gesprochen wird.

Anders liegt der Fall, wenn der Strafverteidiger weiß, daß der Beschuldigte die ihm vorgeworfene Straftat tatsächlich begangen hat und dieser ihn mit dem Ziel beauftragen möchte, auf einen Freispruch hinzuwirken. Erfährt er dies beim ersten Mandantengespräch, kann er die Übernahme der Verteidigung ablehnen. Stellt sich das erst nach der Übernahme des Mandats heraus, kann er jederzeit die Verteidigung niederlegen.

Schlußbetrachtung

Gewiß, es gibt behaglichere Themen als die hier angeschnittenen. Unsere gegenwärtige Lebenssituation läßt uns allerdings immer wieder auf sie stoßen, und da die Konflikte auf allen sozialen Ebenen und in allen sozialen Bereichen nicht abnehmen, sondern zunehmen, sind wir wohl aufgerufen, uns den damit verbundenen Fragen zu stellen. Für den Weg des einzelnen, der diesen Fragen nicht ausweicht, habe ich versucht, einige Orientierungshilfen zu geben.

Die gesellschaftliche und politische Dimension blieb unberücksichtigt. Das Konfliktproblem ist auf dieser Ebene nicht weniger drängend. Durch Parteiprogramme sind Konflikte nicht wegzuprogrammieren, durch immer neue Gesetze nicht wegzuregeln und durch schiere Machtausübung nicht zu unterdrücken. Positive Ansätze zu lebensvollen Techniken der Konfliktbewältigung wird es überall im gesellschaftlichen Rahmen, sei es in Institutionen oder auf staatlicher Ebene erst dann geben, wenn die in diesen Lebensbereichen initiativen Menschen selbst zu Gängern des Erfahrungsweges wurden und bereit sind, aus der Erfahrung und nicht aus Gedankenkonstruktionen heraus Einrichtungen zur Konfliktbewältigung und Konfliktvermeidung zu schaffen.

Anmerkungen

1 Jean Gebser, *Gesamtausgabe,* Band II, S. 133 ff.
2 Frank Teichmann, *Die Kultur der Empfindungsseele,* Stuttgart 1990.
3 Frank Teichmann, a.a.O. S. 45.
4 Frank Teichmann, a.a.O. S. 96 f.
5 Rudolf Steiner, *Geisteswissenschaft und soziale Frage,* Einzelausgabe, Sonderdruck zu GA Nr. 34, Dornach 1977, S. 34.
6 Fritz Riemann, *Grundformen der Angst,* Basel 1986.
7 Rudolf Steiner, *Das Geheimnis der menschlichen Temperamente;* durch C. Englest-Faye aus mehreren Vorträgen im Wortlaut zusammengearbeiteter Text, Basel 1975.
8 Fritz Riemann, a.a.O. S. 13 ff.
9 Fritz Riemann, a.a.O. S. 15.
10 Rudolf Steiner, *Das Geheimnis der menschlichen Temperamente,* a.a.O. S. 16.
11 Rudolf Steiner, a.a.O. S. 30.
12 Sie durchziehen Rudolf Steiners gesamte Schriften und Vorträge. Hier sei zum Beispiel zum »Einstieg» nur hingewiesen auf:
Die Philosophie der Freiheit, Grundzüge einer modernen Weltanschauung. Seelische Beobachtungsresultate nach naturwissenschaftlicher Methode. GA 4 (als Taschenbuch erhältlich).
Theosophie. Einführung in übersinnliche Welterkenntnis und Menschenbestimmung. GA 9 (als Taschenbuch erhältlich).
Metamorphosen des Seelenlebens. Taschenbuchausgabe in thematischer Zusammenstellung.
Notwendigkeit und Freiheit im Weltgeschehen und im menschlichen Handeln. GA 166.
13 Aus der großen Fülle an Literatur ebenfalls zum »Einstieg«: C. G. Jung, *Die Beziehungen zwischen dem Ich und dem Unbewußten.* 9. Auflage, Olten 1971, als Studienausgabe, oder in *Gesammelte Werke,* Band 7.
Josef Rattner, *Der schwierige Mitmensch,* Olten 1971.
14 Zum Beispiel Rudolf Steiner, GA 178, *Individuelle Geistwesen und ihr Wirken in der Seele des Menschen,* Vortrag v. 16.11.1917.

15 Aus psychologischer Sicht handelt es sich darum, daß Teile des Unbewußten, insbesondere Anima/Animus und Persona sich der vorhandenen Intelligenz bemächtigen, wobei sie deren Potential sehr weit ausschöpfen können, da sie möglicherweise sonst gegebene Blockierungen umgehen. So bestimmen sie innerhalb einer Interaktion die Handlungen, ohne daß sich der Handelnde dessen bewußt ist.

16 Fritz Riemann, a.a.O. S. 13 f.

17 Fritz Riemann, a.a.O. S. 73.

18 Riemann, Fritz: *Grundformen der Angst: eine tiefenpsychologische Studie.* München; Basel: E. Reinhardt, 1986.

19 In einer sozial reifen, ökonomisch arbeitenden Gruppe »möchte« nicht »wer« etwas regeln. Wird dort vielmehr ein Regelungsbedürfnis erkannt, wird in der Gruppe das weitere Vorgehen besprochen, sofern nicht im konkreten Fall früher von der Gruppe verabredete Vorgehensweisen anzuwenden sind.

20 Friedrich Glasl: *Konfliktmanagement*, 2. vollst. überarb. Aufl. Bern/Stuttgart 1990.

21 Friedrich Glasl, a.a.O., S. 69 ff.

22 Zu den Fragen von Gruppenbildung, Bildgestalt, Urteilsbildung, Beschlußfassung ausführlich B.C.J. Lievegoed, *Soziale Gestaltung am Beispiel heilpädagogischer Einrichtungen.* Eine Vortragsfolge, Frankfurt/M. 1990; und P. Lüdemann-Ravit, Erziehungskunst 1994, Heft 1-2, S. 19 ff.

23 Niklas Luhmann, *Rechtssoziologie*, Reinbek 1972, Bd. 1, S. 40 ff.

24 Rudolf Steiner, Vortrag vom 16.Juni 1920, in *Neuordnung des Bodenrechts als soziale Forderung der Gegenwart,* Hrsg. Dr. Roman Boos, Stuttgart 1957.

25 Literaturhinweise für Leser, die sich näher mit der von Rudolf Steiner herausgearbeiteten Dreigliederung des sozialen Organismus und dem daraus folgenden sozialwissenschaftlichen Ansatz befassen wollen:
Rudolf Steiner: *Kernpunkte der sozialen Frage*, 1919, Gesamtausgabe Bd. 23.
Rudolf Steiner: *Soziale Frage und Anthroposophie.* Vorträge, ausgewählt und herausgegeben von Dietrich Spitta, Stuttgart 1985.
Christof Lindenau: *Soziale Dreigliederung: Der Weg zu einer lernenden Gesellschaft,* 2. Aufl., Stuttgart 1989.

26 In Anlehnung an Christof Lindenau, a.a.O. S. 63, 74 und 83.

27 Unter Individuation wird hier im Sinne C. G. Jungs der Weg verstanden, »auf welchem wir zum Einzelwesen werden, und, insofern wir unter Individualität unsere innerste, letzte und unvergleichbare Einzigartigkeit verstehen, zum Selbst werden. Man könnte ›Individuation‹ darum auch als ›Verselbstung‹ oder als ›Selbstverwirklichung‹ übersetzen.« (C.G. Jung, *Die Beziehung zwischen dem Ich und dem Unbewußten*, Ges. Werke Bd. 7, S. 191).

»Da das Individuum nicht nur Einzelwesen ist, sondern auch kollektive Beziehung zu seiner Existenz voraussetzt, so führt auch der Prozeß der Individuation nicht zur Vereinzelung, sondern in einen intensiveren und allgemeineren Kollektivzusammenhang.« (Derselbe, *Psychologische Typen*, Ges. Werke Bd. 6, Definitionen, S. 477).

28 Entelechie wird in diesem Zusammenhang als Bestimmung und Möglichkeit des Menschen gesehen, von Erdenleben zu Erdenleben dazu heranzureifen, sich als freies Wesen in die Entwicklungsnotwendigkeiten von Erde und Kosmos zu stellen. Was den dahinterstehenden Reinkarnationsgedanken anbelangt, so folgt dieser den Erkenntnissen Rudolf Steiners, wonach nur das von Christus geleitete Schicksal den Weg in diese Richtung führen kann.

29 In der Wortkonkordanz zum revidierten Luthertext der Bibel (Stuttgart, 1969) finden sich zum Beispiel zu den Stichwörtern gerecht, Gerechter, Gerechtigkeit 211, zu den Stichwörtern Liebe, lieben, liebhaben bzw. lieb haben 149, zu den Stichwörtern fromm, Frommer 20 und zu den Stichwörtern allmächtig, Allmächtiger 18 Einzeltextstellen.

30 Siehe oben S. 49.

31 »Wirkliche Selbsterkenntnis wird dem Menschen nur zuteil,
Wenn er liebevolles Interesse entwickelt für andere;
Wirkliche Welterkennnis erlangt der Mensch nur,
Wenn er das eigene Wesen zu verstehen sucht.«
Rudolf Steiner, *Wahrspruchworte,* GA 40, S. 227.

32 In bestimmten Fällen, wenn zum Beispiel »nur« eine Geldstrafe und die Entziehung der Fahrerlaubnis verhängt werden soll, kann das Gericht auf Antrag der Staatsanwaltschaft von der Durchführung einer mündlichen Verhandlung (Hauptverhandlung) und der anschließenden Verkündung eines Urteils absehen und statt dessen gegen den Beschuldigten einen schriftlichen Strafbefehl erlassen, welcher den Tatvorwurf und die verhängte Strafe und ggfs. die »Maßregel der Besserung und Sicherung« enthält. Legt der Beschuldigte gegen diesen Strafbefehl nicht innerhalb von zwei Wochen nach dessen Zustellung Widerspruch ein, wird er rechtskräftig, das heißt der Beschuldigte hat die Geldstrafe zu bezahlen und die ggfs. dazuverhängte Maßregel zu erdulden.

33 Palandt-Heinrichs, Kommentar zum Bürgerlichen Gesetzbuch, 138 Randnummer 2.

34 Prozeßaufwand bei Gericht und Anwalt; Dr. H. Franzen und K. Apel in NJW. 1988, S. 1059 ff.

35 C. G. Jung: *Die Beziehungen zwischen dem Ich und dem Unbewußten*, 9. Auflage, Olten 1971 als Studienausgabe oder: Gesammelte Werke Band 7. Derselbe: *Aion, Beiträge zur Symbolik des Selbst*, Gesammelte Werke Band 9-11, IV. und V. Kapitel.

36 Rudolf Steiner, Vortrag vom 22.05.1905 in GA Nr. 93, *Die Tempellegende und die Goldene Legende*, Dornach 1982, S. 144.

37 Die Bedeutung der inneren Ruhe und einen durch regelmäßiges Üben zu ihr führenden Weg beschreibt Rudolf Steiner im Kapitel ›Innere Ruhe‹ seiner Schrift *Wie erlangt man Erkenntnisse der höheren Welten*, GA-Nr. 10

38 Siehe hierzu Rudolf Steiner, *Die Geheimwissenschaft im Umriß*, GA-Nr. 13, Kapitel ›Die Erkenntnis der höheren Welten‹ in der Taschenbuchausgabe 1972, S. 249 ff.

39 Dem Fremdwort Technik liegt das griechische Substantiv *téchne* »Kunstfertigkeit, Handwerk, Kunst« zugrunde.

40 Rudolf Steiner, *Die Philosophie der Freiheit*, GA Nr. 4, XII. Kapitel.

41 Zitiert aus: *Herders Kleines philosophisches Wörterbuch*, 2. Auflage, Freiburg 1959.

42 Zitiert aus: *Philosophisches Wörterbuch*, 19. Auflage, neu bearbeitet von Prof. Dr. G. Schischkoff, Stuttgart 1974.

43 Rudolf Steiner, Geheimwissenschaft im Umriß, GA Nr. 13 a.a.O.

44 Mediation, Skript der Dres. Gisela und Hans-Georg Mähler, München.

Sachregister

Mathias Wais

Biographiearbeit und Lebensberatung

Krisen und Entwicklungschancen des Erwachsenen

2. Auflage, 392 Seiten, Pappband

Als Mitarbeiter einer Beratungsstelle für Kinder, Jugendliche und Erwachsene schöpft Mathias Wais aus einem reichen Erfahrungsschatz. Anhand von Fallbeispielen läßt er den Leser an der Aufarbeitung von Lebensproblemen teilhaben, wie sie täglich und überall auftauchen. Schmerzliche Erlebnisse, äußere Widerstände, Erschütterungen und Schicksalsschläge wie auch innere Lebenskrisen: alles das wird in diesem Ratgeber behandelt. Er gibt dadurch Hilfen, sich im anschauenden Denken zu üben und dieses auf die eigene Biographie mit ihren Problemen und Krisen anzuwenden.

Aus dem Inhalt:

Der Erwachsene in der Entwicklung. Was ist heute eine Biographie? Biographiearbeit oder Psychotherapie? Wege zum Ich. Der »Sinn« des Lebens. Begegnung, Trennung. Wenn die Kinder größer werden. Die Suche nach dem Spirituellen. • Gesetzmässigkeiten der Entwicklung. Biographische Rhythmen. Die Mondknoten. Die Jahrsiebte. Die Lebensmitte. Entwicklung – Veränderung – Wachstum – Reifung. • Wege des Frauseins, Wege des Mannseins. Die Chancen der körperlichen Begegnung. Zur biographischen Situation der Frauen. Probleme und Chancen des Alleinerziehens. • Ehe. Vor der Ehe. Ehe heute – ein Übungsfeld. Der überpersönliche Aspekt der Ehe. Der biographische Zusammenhang des Ehebruchs. • Individuum und Familie. Spannungsfeld Familie – Beruf. Wie kann die Zukunft der Familie aussehen? • Fragen über die Grenzen des menschlichen Lebens hinaus. Gesichtspunkte zu Karma und Wiedergeburt. Der Engel in der Biographie. Die Begegnung mit dem Tode.

Urachhaus

Markus Treichler

Sprechstunde Psychotherapie

Krisen – Krankheiten an Leib und Seele – Wege zur Bewältigung

480 Seiten, Pappband

Seelische Belastungen, Krisen und sich daraus entwickelnde psychosomatische Krankheiten nehmen von Jahr zu Jahr zu. Eine umfassende Orientierung und Überschau in diesem breiten Spektrum von alltäglichen Problemen bis hin zu schweren Krankheitsbildern wird deshalb dringend gesucht. Markus Treichlers »Sprechstunde Psychotherapie« erfüllt diese Aufgabe. In einem ersten Teil werden die menschenkundlichen Grundlagen, insbesondere die leiblichen und seelischen Entwicklungsstufen, zum besseren Verständnis von Störungen und Risikofaktoren dargestellt und die Frage nach dem biographischen Sinn von Krankheit behandelt; die wichtigsten Krankheitsformen werden charakterisiert. Im zweiten Teil werden spezielle Krankheitsbilder aus Psychosomatik und Psychiatrie betrachtet, wobei der Zusammenhang von Psyche und Organen ausführlich zur Darstellung kommt. Sodann werden die psychiatrischen Krankheitsbilder in systematischer Gliederung dargestellt. Im dritten Teil werden spezielle psychotherapeutische Themen behandelt wie z.B. die Frage des Unbewußten, die Stufen der psychotherapeutischen Beziehung, Chancen und Grenzen des Mitleids in der Psychotherapie und Seelsorge.
Das Buch wendet sich an Betroffene und Mitbetroffene, an Patienten, Angehörige, Pflegende und Ärzte. Es ist die erste umfassende Darstellung von Psychosomatik und Psychotherapie aus anthroposophischer Sicht.